페미니즘 교육은 가능한가

별도의 표시가 없는 한 교육공동체 벗이 생산한 저작물은 크리에이티브 커먼즈 [저작자표시-비영리-변경금지 4.0 국제 라이선스]에 따라 이용하실 수 있습니다.
http://creativecommons.org/licenses/by-nc-nd/4.0

페미니즘 교육은 가능한가
차이를 탐색하고 공존을 모색하는 성평등교육을 위하여

ⓒ 엄혜진 외 2021

2021년 12월 13일 처음 펴냄

글쓴이 | 엄혜진, 신그리나, 김서화, 김수자, 최기자, 윤보라, 이진희, 임국희
기획·편집 | 서경, 공현, 이진주
출판자문위원 | 이상대, 박진환
디자인 | 이수정, 박대성
제작 | 세종 PNP

펴낸이 | 김기언
펴낸곳 | 교육공동체 벗
이사장 | 최은숙
사무국 | 최승훈, 이진주, 설원민, 서경, 공현
출판등록 | 제2011-000022호(2011년 1월 14일)
주소 | (03971) 서울시 마포구 성미산로1길 30 2층
전화 | 02-332-0712
전송 | 0505-115-0712
홈페이지 | communebut.com
카페 | cafe.daum.net/communebut

ISBN 978-89-6880-156-3 93370

페미니즘 교육은 가능한가

차이를 탐색하고 공존을 모색하는 성평등교육을 위하여

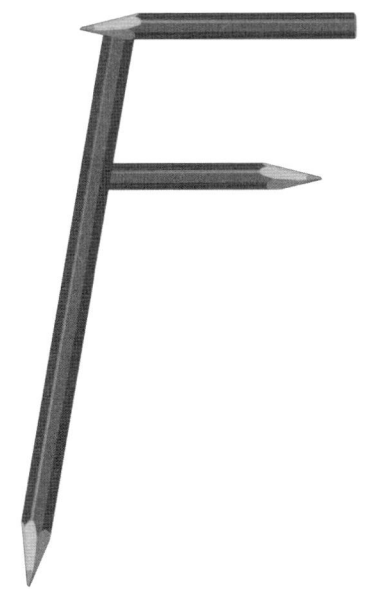

젠더교육연구소 이제 IGE 엮음

엄혜진 · 신그리나 · 김서화 · 김수자 · 최기자 · 윤보라 · 이진희 · 임국희

교육공동체벗

| 차례 |

서문
이제는 페미니즘 교육이 무엇인지 말해야 할 때 · · · · · · · · · 006

페미니즘 교육은 가능한가 · · · · · · · · · 015
신자유주의적 교육 체제와 성평등교육의 의미 구성 | 엄혜진

성평등교육은 왜 '위험한 교육'이 되었나 · · · · · · · · · 047
학교 성평등교육의 형식적인 관리 체계와 효과 | 신그리나

경쟁 교육 체제는 성평등을 어떻게 상상하게 하는가 · · · · 071
학교폭력 규율 체계와 정신건강 관리 체계를 중심으로 | 김서화

갈등과 긴장을 배움으로 만드는 페미니즘 교육 · · · · · · · 111
대안학교 페미니스트 교사의 교육 실천 | 김수자

젠더폭력 예방 교육은 왜 반복해서 실패할까 · · · · · · · · · 145
폭력 예방 교육 및 정책의 현황과 한계 | 최기자

'나쁜 재현'에 대한 비판과 성폭력 피해 예방을 넘어 · · · · · 181
디지털 리터러시 교육의 현재성과 과제 | 윤보라

여성성/남성성을 벗어나는 것만으로는 부족하다 · · · · · · · 213
'나답게'를 넘어 '관계' 속에서 성차를 재/사유하는 성평등교육으로 | 이진희

연애와 사랑을 페미니즘의 언어로 배운다는 것 · · · · · · · 251
페미니즘 지식으로 친밀한 관계를 탐구하기 | 임국희

참고 문헌 · · · · · · · · · · · · · · · · · 281
이 책의 집필에 참여한 분들 · · · · · · · · · · · 288

서문
이제는 페미니즘 교육이 무엇인지 말해야 할 때

플라톤이 세운 철학 학교, 아카데미academy에 들어가려면 여성은 남장을 해야 했다. 버지니아 울프는 여성이라는 이유로 도서관 출입을 제지당했다. 2003년까지도 이화여대에는 금혼 교칙이 있어, 결혼을 하면 자퇴를 해야 했다. 오늘날 우리가 페미니즘 교육을 말할 때 종종 망각되는 역사지만, 이렇듯 최근까지도 배움은 여성들에게 쟁취의 대상이었다. 여성은 왜 지식 탐구의 주체로부터 배제되었는지, 이를 승인한 젠더 질서는 무엇인지, 성적 차이가 불평등으로 이어지지 않는 사회는 어떻게 가능한지를 질문하며 페미니즘과 페미니즘 교육은 태동했다. 대학 여성학 교육뿐 아니라, 학교, 직장, 지역 사회에 성평등교육이나 젠더폭력 예방 교육 등의 이름으로 페미니즘 의제가 시민교육으로 대중화된 지금도 이 질문은 여전히 유효한 근간을 이루고 있다. 성적 차이와 그 의미를 구성하는 질서 및 권력을 이해하고, 불평등을 낳는 사회 구조, 제도, 문화 등을 비판적으로 성찰하여, 보다 성평등한 사회를 지적으로 모색하는 과정이 바로 페미니즘 교육인 것이다.

널리 알려진 내용은 아니지만, 페미니즘 교육은 1960~1970년대 제2물결 페미니즘과 더불어 등장한 이래 고유의 이론사를 갖고 있다. 학문적으로는 페미니즘의 사상과 실천을 교육철학 및 방법에 접목시킨 페미니스트 페다고지feminist pedagogy라는 개념으로 발전해 왔다. 페미니즘이 이론이자 실천이며, 지적인 과제와 정치적 과제를 함께 가지고 있는 것처럼, 페미니스트 페다고지 역시 학문적이며 실천적이고, 제도적인 동시에 반제도적이라는 이중의 기획을 갖고 있다. 지식을 탐구하는 데만 그치는 것이 아니라, 지식의 사회적 상호작용을 강조하며, 불평등한 젠더 관계를 재생산하는 교육 체제를 비판하는 동시에, 교육을 인간 해방의 수단이자 사회 변화의 도구로도 바라보는 것이다.

이 철학은 지금껏 유지되고 있지만, 페미니즘 이론의 발전사를 따라 쟁점은 변화해 왔다. 1970~1980년대에는 교육과정과 교실 환경이 젠더 편향적이라는 점을 지적하고 성평등한 교과 내용과 교육 관행을 만드는 데 주력했다. 가령 수학, 과학, 체육 교과목에서 왜 남학생이 더 두각을 나타내는지를 분석하고, 여학생의 성취를 격려할 수 있도록 교과 과정과 교육 시스템의 개선을 도모했다. 1980~1990년대에는 남성과는 다른 여성의 경험, 문화, 역사에 주목하여, 이를 지식으로 구성하려는 페미니즘의 이론적 관심이 반영되었다. 이는 자율적이고 경쟁적인 남성성과 달리 관계적 자아와 보살핌의 윤리를 체현한 여성성을 페다고지의 새로운 잠재력으로 드러내고 이를 교수 방법론으로 개발하려는 시도로 나타났다. 그러나 이것이 여성성과 모성성의 신화를 재생산하면서 공사 권력 관계에서 오히려 여성 교육자와 여성 학습자의 위치를 취약하게 만든다는 점이 지적되었다. 특히 여성 정체성의 본질성, 단일성, 안정성에 대해 의심하고, 차이와 위치 짓기를 강조하는 페미니즘의 새로운 흐름이 비판적 성찰을 자극했다. 이러한 과정을 통해 오늘날에는 젠더가 계급, 인종, 섹슈얼리티 등과 교차하면서 발생하는 차이를 대화와 참여적 학습을 통해 인식하고 그 의미를 발견해 나가는 과정을 중시하고 있다. 연대기를 따라 서술했지만, 사실 이 모두는 동시적으로 공존하고 있는 쟁점이라 할 수 있다. 우리는 여전히 이런 질문을 던지고 있기 때문이다. 왜 남학생은 이공 계열을, 여학생은 인문 계열을 주로 선택하게 될까? 타인을 적대시하는 무한 경쟁을 정상화하는 학교와 사회에서 그동안 여성성의 영역으로 남겨져 있던 돌봄과 공존의 가치를 어떻게 보편적 윤리로 만들 수 있을까? 학교 성교육 현장은 동성애 성적 지향을 갖는 학생들에게 안전할까?

    이러한 페미니즘 교육의 역사를 상기하는 이유는 현재성을 반추하기 위해서다. 페미니즘 교육 의무화 청원 운동이 벌어질 만큼 그 필요성에는 많은 이들이 뜻을 모으고 있는 지금, 정작 페미니즘 교육이 무엇이며 페미니즘 교육을 할 때 어떤 지식을 어떻게 다뤄야 할지에 관한 논의는 활발하지 않은 것 같다. 한국 사회와 교육 체제가 인권과 평등 의제를 충분히 포용하지 못하고 있는 데 더해 페미니즘에 대한 백래시backlash에 대응하는 데 급급한 현실이 원인을 제공한다. 그러나 그 역사가 말해 주듯 페미니즘 교육은 이러한 현실과 구조 자체를 지식과 학습의 대상으로 삼는다. 그렇다고 할 때, 페미니즘 교육의 규범적 당위성을 설파하는 데 그치는 것이 아니라 오늘날 페미니즘 교육을 둘러싼 주요 쟁점과 과제를 정식화하고 논의 수준을 높여 나가야 할 시점이라고 제안하고자 한다. 이 책은 그 제안서의 서문 격으로 쓰였다.

　이 책에 참여한 필진은 모두 여성학 전공자들로, 젠더교육연구소 이제IGE 연구원들이다. 2017년, 10여 명이 모여 창립할 때 목표는 소박했다. 연구자는 대체로 연구뿐 아니라 교육을 숙명의 업으로 삼게 되는데, 경험을 통해 스스로 교육 방법을 터득하거나 선배들에게 귀동냥으로 얻은 지식으로 교육 현장에 적응해야 하는 상황을 개선해 보고 싶었다. 한정된 대학원 과정에서는 페미니스트 페다고지를 정교하게 다룰 수 없었기 때문에 함께 모여서 페미니즘 교육에 관해 연구도 하고 실천도 하자는 것이다. 마침 사회적으로는 페미니즘의 대중화와 호응하여 페미니즘 지식과 교육에 관한 관심도 증대하고 있었다. 대학의 여성학 강의뿐 아니라 성평등교육, 성인지 감수성 교육, 젠더폭력 예방 교육, 강사 양성 교육 등에 참여하면서 페미니즘 교육의 현실을 보다 구체적으로 대면할 수 있었다. 여기에 실린 글들은 그 경험을 기반으로 공동 연구와 토론을 거쳐 나온 고민들을 담고 있다. 필자들에게서 공통의 문제의식을 발견했다면 이 과정이 잘 표현된 것이고, 이질적인 면이 있다면 여전히 분명하게 해결되지 못한 의제들을 각자 고군분투하며 탐색하는 중이라 여겨 주면 되겠다.

엄혜진은 이 책 전반에서 다루는 페미니즘 교육의 의미와 과제를 동시대 젠더 관계 및 교육 체제의 성격과 결합해 짚어 본다. 학교와 사회의 부진한 성평등 인식을 보여 주는 사건들이 연이어 일어나면서 페미니즘 교육의 필요성이 공론화되고 있다. 하지만 저자는 페미니즘 교육을 요구하는 주장에도 교육을 단순히 개인의식을 계몽하기 위한 도구로 바라보는 통념이 내포되어 있는 것은 아닌지 의문을 제기한다. 그리고 페미니즘 교육의 당위적 필요성을 말하기 이전에 학교 성평등교육의 모습을 반추해 보고 페미니즘 교육의 의미와 과제는 무엇인지 생각해 보자고 제안한다. 저자는 동시대 페미니즘 교육은 성평등이라는 시민 의제를 경쟁하는 시장 행위자 간의 절차적, 형식적 권리로 환원하는 신자유주의적 교육 체제를 지적, 실천적으로 비판하는 학습이자 정치의 과정이 되어야 한다고 역설한다.

신그리나는 최근 페미니즘 및 성소수자 이슈에 대한 반동으로 성평등교육의 내용과 이를 수행하는 교사에 대한 압력이 심화되고 있는 상황에서 학교 성평등교육의 실태를 다시 들여다본다. 현재 학교에서 이뤄지는 성평등교육은 성교육, 젠더폭력 예방 교육, 양성평등교육으로 일별할 수 있는데 각각이 문제를 안고 있을 뿐 아니라, 서로 모순적으로 상호작용하면서 성평등교육을 '옵션' 교육이자 '위험한' 교육으로 만들고 있다고 분석한다.

신그리나의 글이 성평등교육의 체계와 교과서 내용 등 가시적 교육과정을 다뤘다면, 김서화는 명시적으로 드러나지 않는 학교의 잠재적 교육과정을 통해 성적 차이와 성평등의 의미가 어떻게 구축되는지 분석한다. 저자는 1990년대 중반 이후 공교육의 이념 전환을 상징하는 학교폭력 규율 체계와 정신건강 패러다임의 도입에 주목한다. 양자는 공교육이 제안하는 '경쟁력 있는 개인'이라는 시민성을 주조하는 데 깊게 관여하는 주요 장치로서, 심신을 경쟁력 창출의 도구로 삼아 위험은 기질화하고, 폭력이나 인권 의제를 사사화하는 주체가 되도록 격려하고 있다. 저자는 이것이 성적 차이를 해부학적 차이로, 성평등을 기계적 균형으로 다룸으로써 젠더화된 시민성을 형성하는 중심축이기도 하다는 점을 강조한다.

김수자는 대안학교 교사로서 페미니즘 교육 현장에서 경험한 사례와 고민을 생생하게 담아냈다. 페미니즘 실천은 일상생활과 관계를 흔들며 학교 구석구석에서 갈등과 긴장을 만들어 내기 마련인데, 이러한 갈등과 긴장을 또 다른 배움과 성장의 기회로 삼아야 한다고 제안한다. 경계 없이 이루어지는 풍부한 대화, 틀을 깨는 도발적인 질문, '나'의 일을 넘어 '공동체'의 변화를 위한 실천 등 저자가 제시하는 화두를 따라 페미니즘 교육 주체라면 누구나 공감할 만한 내용적, 방법론적 모색을 함께해 보길 바란다.

최기자는 페미니즘 교육의 제도화 성과로 평가되는 젠더폭력 예방 교육이 지난 20여 년 동안 제자리에 머물고 있는 원인을 탐색한다. 처벌에 대한 위협을 강조하거나 피해자/가해자가 되지 않기 위한 대처 방안으로 채워지는 젠더폭력 예방 교육의 관행을 검토하는 것으로 시작해, 최근 들어 젠더폭력 예방 교육이 수직적 정량 평가에 기반한 품질 관리의 대상이 되면서 나타난 문제와 효과를 분석한다. 젠더폭력 예방 교육이 불평등한 젠더 체계를 성찰하고, 남녀 모두 동등한 시민적 주체가 되는 민주적 공동체를 만들어 가는 길에 일조하기 위해서는 페미니즘의 지적 사유와 실천들로 구성된 전환적 발상이 필요하다고 제안한다.

윤보라의 글은 오늘날 중요성이 뜨겁게 대두되고 있는 디지털 리터러시 교육을 젠더 관점에서 검토한다. 최근 수년간 디지털 리터러시 교육이 확산되어 왔지만, 현재 수행되고 있는 교육을 살펴보면 젠더는 체계적으로 탈각되어 있거나, 형식적인 성폭력 예방 교육의 테두리 안에서 부분적으로만 다뤄지고 있다. 저자는 디지털 리터러시 교육이 디지털화된 세상과 급변하는 젠더 변동의 상호작용을 성찰할 수 있는 자원을 제공해야 한다고 본다. 기존의 미디어 비평 패러다임을 넘어, 성적 차이를 가진 인간이 디지털을 매개로 한 삶 속에서 조화롭게 공존하는 방법을 탐색하는 교육으로 확장하기 위한 새로운 논의의 장을 열자고 제안한다.

이진희는 최근 10대 여성들에게서 두드러지게 나타나고 있는 '프로아나'와 '탈코'라는 두 대극적 현상에 주목해서 몸의 경험과 성적 차이를 성찰할 수 있는 성평등교육의 방향을 제시한다. 지금까지 성평등교육은 여성성/남성성의 성별 고정 관념으로부터 탈피하는 것을 우선시하는 전략 속에서 '나답게' 살 것을 독려하는 데 집중했다. 이는 성적 차이를 가진 인간들이 서로로 연결된 '우리'로 공존하며 살아가는 방식에 대한 사유를 저해해 왔다. 저자는 페미니즘 이론이 성숙시켜 온 돌봄의 윤리를 기반으로, 차이와 타자성을 평등한 젠더 관계와 민주주의를 실현할 수 있는 긍정적인 존재론적 역량으로 재/사유할 수 있는 성평등교육으로의 전환이 필요하다고 역설한다.

마지막으로 임국희의 글은 이 책을 닫는 의제로서 삶을 해석하고 변화시키는 페미니즘 교육의 힘과 가능성을 확장하자는 제안을 담고 있다. 저자는 이를 친밀한 관계를 다루는 교육에서 페미니즘의 지식을 어떻게 접합할 수 있는지에 대한 고민으로 풀어낸다. 오늘날 페미니즘은 연애나 사랑과 같은 친밀한 관계와 불화하는 것처럼 보이지만, 사실 친밀한 관계를 평등하게 만들어 나가는 데 페미니즘만큼 적실하며 효과적인 자원은 없다. 저자는 친밀한 관계에서 벌어지는 위험에 대처하는 소극적 교육에서 벗어나, 역사적인 관점으로 젠더 관계를 조망하는 것과 시민적 덕목으로서 돌봄 노동을 접합하는 전략을 제시한다.

여기에 모은 대부분의 글은 여성주의 저널 〈일다〉에 기고한 칼럼을 바탕으로 재구성한 것이다. 페미니즘 교육에 관한 깊이 있는 논의와 토론의 필요성을 페미니스트 저널리즘의 감각으로 포착해서 제안해 주지 않았다면, 이 글들은 훨씬 늦게 세상에 나왔을 것이다. 조이여울 편집장님과 〈일다〉에 감사드린다. 교육공동체 벗은 칼럼으로 연 문제의식이 휘발되지 않도록 채찍질하듯 얼른 책으로 묶자고 선뜻 제안해 주셨다. 현실 교육을 비판적으로 검토해서 희망의 교육을 만들기 위한 담론장을 만드는 데 앞장서 온 출판사를 통해 우리의 글이, 그리고 페미니즘 교육에 관한 책이 나올 수 있어 다행스럽고 감사하다.

2021년 12월
필자들을 대표하여 엄혜진

페미니즘 교육은 가능한가

신자유주의적 교육 체제와 성평등교육의 의미 구성

·
·
·

엄혜진

본 글은 엄혜진(2018), 〈페미니즘 교육은 (불)가능한가?〉, 《한국여성학》; 엄혜진(2019), 〈대학 여성학 교양 교육 연구에 나타난 페미니스트 페다고지의 역사와 현재성〉, 《한국여성학》; 엄혜진·신그리나(2019), 〈학교 성평등교육의 현실과 효과 : 젠더 규범의 재/생산, '위험한' 성평등교육〉, 《페미니즘연구》; 엄혜진·김서화(2020), 〈공교육의 시장화와 '성평등' : 가해자/피해자, 정상군/관심군, 그리고 수컷/암컷 이분법에 기반한 시민성 개발〉, 《한국여성학》을 재구성하고 보완한 것이다.

'성평등'에 찬성하면서 '페미니즘'에 반대하는 아이러니

성평등을 말하는 도입어가 바뀌고 있다. '나는 페미니스트는 아니지만'도 아니고, 이제 '나는 페미니즘에는 반대하지만'이라는 전제가 성평등을 정의롭게 바라보는 관점이자 태도인 양 행사되고 있는 시절인 것이다. 1990년대 이후 초·중등교육을 받은 여성과 남성은 학교와 사회의 성평등 수준을 평가하는 데서뿐 아니라,* 페미니즘에 관한 수용도에서 심대한 차이를 드러내고 있다. 특히 20~30대 남성을 중심으로 페미니즘을 비판하는 정도를 넘어서, '안티 페미니스트'로서의 정체성을 적극적으로 구축하는 경향도 나타나고 있다(천관율·정한울, 2019). 이들은 여성의 권리가 남성과 동등하거나 그 이상의 수준으로 신장되었기 때문에 여성에 대한 차별을 시정하기 위해 만들어진 성평등 기구, 제도, 정책은 오히려 남성을 차별한다고 여기면서, 온·오프라인을 막론하고 실력 행사를 벌이기도 한다. 이런 인식의 대표적인 근거들이

• 2017년 발표된 여성가족부의 양성평등 실태 조사에 따르면 우리 사회의 양성평등 수준에 대해 남녀가 평등하다고 본 경우는 여성과 남성이 각각 17.7%와 36.2%였으며, 여성 청소년의 76.1%는 여성이 불평등하다고 인식한 반면, 남성 청소년은 31.7%만 '그렇다'고 답변했다.

학교와 교육을 둘러싼 경험에서도 나온다. 여학생은 '알파걸'이 되었으며, 우유 당번 등 궂은일을 전담하는 차별을 경험한 것은 오히려 남성이라는 것이다.

아이러니한 점은 다양한 수준에서 실시되는 성평등 의식 실태 조사를 보면 청년 세대를 포함한 남성의 성평등 의식은 과거에 비해 높은 편이라는 데 있다. 이는 우리가 성평등이 어떻게 정의되고 있으며, 우리 사회가 성평등을 실천하는 바람직한 시민성을 어떻게 이상화하고 있는지에 초점을 두고 문제를 검토해야 함을 보여 준다. 즉 성평등 의식과 페미니즘 수용 태도 간의 (무)의식적 반목이야말로 '젠더 전쟁' 혹은 '젠더 갈등'으로 호명되는 이 시대 젠더 관계를 해명할 수 있는 중요한 단서라 할 수 있다. 젠더 관계는 중층적이며 다각적으로 구성되지만, 학교 교육이 어떤 기여를 해 왔는지를 살펴보는 일은 매우 중요하다. 학교는 공적 시민성을 형성하는 1차적 장소일 뿐 아니라, 1990년대 이후 한국 사회의 변화를 가장 체계적으로 반영하고 주도해 온 공간이기 때문이다.

교육 문제라는 진부성과 페미니즘 교육의 불온함

1990년대 이후 한국 사회의 민주화 궤적을 따라 학교 역시 성평등 의제를 수용하고, 이를 교육과정과 운영 전반에 반영해 왔다. 성차별적인 교과서 내용을 개선하고, 성평등교육을 확대했으며, 교원 연수·학부모 교육 등을 통해 구성원의 인식 개선을 도모해 온 것이다. 과거 남학생에게는 기술 교과를, 여학생에게는 가정 교과를 가르치고, 품행 교육이나 면학 분위기 조성을 구실로 여학생의 속옷이나 양말 같은 복장까지 단속하면서 성차별을 적극적으로 제도화하고 실천해 왔던 학교의 역사를 상기했을 때, 이는 큰 진전이라 여기게 된다. 말하자면 학교가 과거보다 성평등한 공간이 되었으며, 페미니즘 의식을 함양한 시민을 양성하는 데 더 많은 기여를 해 왔을 것이라는 기대를 품게 한다. 기대와는 사뭇 다른 퇴적물이 쌓여 왔다는 게 드러나 사회적인 관심을 받게 된 계기는 비교적 최근의 일이다. 2015년 교육부에서 만든 〈국가 수준 학교 성교육 표준안〉이 30년 전 인식과 크게 달라진 게 없어 보였을 때였고, 2017년 '페미니스트 교사'라는 이유로 한 초등학교 교사의 퇴출 운동이 벌어지는가 하면, 2018년 '스쿨 미투' 운동에 대한 학교 및 교육 당국의 응답이 무능했을 때였다. 하나같이 학교 안팎의 부진한 성평등 인식을 보여주는 실망스러운 현상들이었다.

이런 여파 속에서 2018년 청와대 게시판에 '초·중등학교 페미니즘 교육 의무화' 청원이 올라와 단번에 21만 명이 호응한 사건은 일면 반가우면서도, 무거운 고민거리를 던져 줬다. 청원의 내용을 꼼꼼히 따져 보면 교육과 페미니즘에 관한 우리 사회의 통념과 실태를 폭로하고 있기 때문이다.

"아직 판단이 무분별한 어린 학생들이 학교에서 **여성 비하적 요소가 들어 있는 단어들을 아무렇지 않게 장난을 치며 사용**합니다. 선생님들께 말씀드려도 제지가 잘 되지 않고 아이들 또한 심각성을 잘 모릅니다. 이러한 문제에 경각심을 가지고 개선해 나가야 하지만 쉽게 접할 수 있는 **'유튜브', '페이스북'에서 이미 자극적인 단어들이 중·고등학생뿐만 아닌 초등학생 사이에서도 쉽게 쓰입니다.** 이에 아이들이 양성평등을 제대로 알고 페미니즘이 무엇인지 자세히 알아야 할 필요가 있을 것 같습니다. 학교에선 **주기적으로 페미니즘 교육을 실시**하고 학생뿐만 아닌 선생님들까지도 배우는 제도가 있었으면 합니다."•

청원은 학생들이 "쉽게 접할 수 있는 '유튜브', '페이스북'" 등에서 유통되는 "여성 비하적" 표현을 함부로 쓰는 등 성차별적인 인식과 언행이 심각한 상황이라고 지적하고, 이를 개선하기 위해서는 "양성평등에 대해 제대로 배울 수 있는", "페미니즘 교육이 주기적으로 실시"되어야 한다고 역설하고 있다. 누구나 공감할 만한 현실을 지적하고 있지만, 교육에 관한 일반적인 통념과 마찬가지로, 페미니즘 교육에 대

• 청와대 국민 청원 게시판. 강조는 인용자.

해서도 단지 개인의 행실을 손쉽게 변화시킬 수 있는 도구로 바라보는 것은 아닐까 우려스럽다. 얄궂은 것은 이러한 관점이 지난 30년간 학교에서 수행되어 온 성평등교육의 방향성과도 크게 다르지 않다는 것이다. 그렇다면 지금까지 학교 교육은 어디서 실패해 왔으며, 학교에서 페미니즘을 교육한다는 것은 어떤 의미인지를 토론하는 게 유익할 뿐 아니라 필수적인 일이 된다. 청원의 내용을 따라 몇 가지 질문을 구체적으로 꼽아 보면서 페미니즘 교육의 당위적 필요성이 아니라 그 의미와 과제를 중심으로 생각해 보자고 제안하고 싶다.

첫째, 그동안 관련 법령에 따라 이미 의무적으로, 또한 "주기적으로" 수행되어 온 성희롱·성폭력·성매매·가정폭력 예방 교육은 페미니즘 교육이 아니었다는/아니라는 말인가? 지난 수십 년간 페미니즘 운동 및 연구의 성과가 다양한 사회 정책에 반영되어 왔고, 학교와 일터에서 의무화된 젠더폭력 예방 교육은 대표적인 성평등 정책 중 하나로 자리 잡았다. 이 교육들 모두 젠더 불평등으로 인한 차별과 폭력의 양상을 이해하는 데 목적이 있다는 점에서, 페미니즘의 지식과 사유를 중심에 두고 성찰을 독려해야 하는 시민교육이다. 그러나 이를 페미니즘의 관점에서 접근해야 한다고 믿는 사람은 드문 것 같다. 오히려 '성폭력 예방 교육을 하는데 페미니즘을 가르친다'라고 항의하는 민원이 제기되는 실정이니 말이다. 학습자뿐 아니라, 교·강사 및 연구자들이 입을 모아 지적해 왔듯이, 1년에 한두 차례 요식 행위로 치러질 뿐 아니라, 범죄 예방에 초점을 맞춘 매뉴얼식 교육 관행이 빚어낸 효과도 반영되어 있다.

중요성이 강조돼 온 성교육이나 양성평등교육 역시 페미니즘과 거리를 두어 오기는 마찬가지다. 성교육은, 인간이 성적 존재라는 의미를 탐색하는 한편 평등하고 풍요로운 성적 관계의 상상을 제안하는 페미니즘 의제와 본격적으로 맞닿아 있다. 그러나 〈성교육 표준안〉에서 드러난 바와 같이, 학교 성교육은 1950년대 정결교육으로 시작한 이래 생리학과 발달심리학에 기초한 보건교육의 인식 틀을 크게 벗어나지 못하고 있다. 생식(기)에 대한 지식 전달을 중심에 두고, 주로 여성의 성적 주체성을 억압하는 방법으로 청소년의 성을 단속하는 데 치중되어 있기 때문이다. 성평등과 페미니즘을 본격적으로 다룰 것으로 생각되는 양성평등교육은 더 한심한 상황이다. 교육부나 교육청이 주기적으로 제시하는 교육 개혁안의 가치 표상에나 나타나 있을 뿐, 해당 교육을 받아 보았다는 학습자는 거의 없을 정도다. 다음 학생의 경험처럼 교과서에 두세 줄로 언급되는 데 그치거나, '남녀평등 글짓기' 등의 요식 행위로 대체될 뿐이다.

남녀평등 글짓기를 했던 것도 생생하게 기억이 난다. **내가 배운 남녀평등은 앞서 언급했던 정도, 도덕책 첫 단원에 나오는 두세 줄이 전부**였기 때문에 나는 내가 아는 한에서 최선을 다해서 적었다. 이 남녀평등 사회에서 남자는 남자대로 여자는 여자대로 각자 힘든 점이 있으니 서로 이해하고 도우며 잘 살자는 내용이었다. (중략) 그럼에도 불구하고 **나는 당연히 남자 문단과 여자 문단의 양을 비등하게 맞추어야 한다고 생각했다. 균형을 맞추지 않으면 내 열렬한 분노가 근거 없는 시샘처럼 보일 거 같다는 두려움이 있었다.** (중략) 억지로 균형을 맞춘 그 글은 상을 받았고 그것은 마치 학교가 나에게 보내는 신호 같았다. 아무리 아니꼽고 억울해도 남녀평등은 계속 분량을 맞춰 가며 해야 한다고 알려 주는.●

이 학생의 중요한 통찰은 양성평등교육이 형식적이며 명목상의 교육으로 유지되고 있다는 점을 보여 주는 데서 그치지 않는다. "남녀평등은 계속 분량을 맞춰 가며 해야 한다고 알려 주는" 교육이었다고 지적한 바, 교육 현실을 짚어 보기 위해서는 성평등을 기계적인 평등으로 접근하는 학교의 '신호', 즉 잠재적 교육과정을 함께 들여다봐야 한다는 것이다. 교과 구성이나 교과서 내용과 같은 가시적 교육과정만이 아니라, 교사가 우유 당번과 학급 서기를 뽑을 때 각각 남학생과 여학생을 선호하고 있는 것은 아닌지, 교사-학생 간, 혹은 학생 간 발생하는 성폭력 사건에 대해 학교가 사고 처리에만 급급한 것은 아닌지 살펴봐야 한다는 의미이다. 청원이 전제하고 있는 것처럼 학교는 성평

● 정소연(2018), 〈내가 바라는 페미니즘, 내가 배운 페미니즘〉, 《젠더교육연구소 이제 1주년 기념 북 콘서트 '준비됐나요, 페미니즘 교육?' 토론회 자료집》. 강조는 인용자.

등교육이나 페미니즘 의제를 그저 방기해 온 것이 아니다. '성평등교육' 대신 '양성평등교육'이라는 이름을 고집하고 있는 데서 상징적으로 나타나듯, 오히려 특정한 형태와 의미로 '적극' 실천해 왔다. 이것이 오늘날 시민의 성평등 의식을 형성하는 데 어떻게 관여하고 있는지를 살펴보는 일이 우리의 과제가 되어야 한다.

둘째, 학교는 차별 선동과 실천이 난무하는 자극적인 "유튜브, 페이스북" 세계의 경험을 그저 반영만 하는 공간일까? 1990년대 이래 사소해 보이는 언어폭력에서부터 심각한 따돌림, 그리고 물리적 폭력에 이르는 학교폭력이 증대한 원인이 무엇일지 숙고해 볼 필요가 있다. 특정한 일탈을 통제함으로써 주류 질서의 이해에 부합하는 주체를 만드는 사회 형식으로서, 학교 교육의 관행들은 오래전부터 비판적 도전을 받아 왔다. 과거에는 권위주의와 교육폭력(체벌 등)이 고질적인 병폐로 지적돼 왔다면, 오늘날에는 시장 원리와 고도화된 경쟁 시스템을 도입하면서 벌어진 파괴적 효과에 절망적 탄식이 쏟아지는 상황이다. 학교 간, 학생 간 서열주의를 강화하고 소수의 승자를 선별하여 다수를 낙오자로 만드는 교육 시스템은 필연적으로 타인을 공존과 유대가 아니라, 증오와 혐오의 대상으로 삼는 폭력의 정동을 낳았다. 수평적인 이전투구가 아니라, 여성/남성, 빈곤층/부유층, 장애/비장애, 이주민/원주민 등의 권력 위계를 따라 형성된다는 것이 이 정동 구조의 요체다. '사소한 장난'으로 시작한 학교폭력 가해 행위의 세부 사유를 살펴보면 '못생겼으니까', '뚱뚱하니까', '없어 보이니까', '병신이니까', '다문화니까', '변태니까', '인기가 없으니까', '이상하니까' 등으로(박민영, 2015) 구체화된다. 이는 학교 안에서의 폭력 문화가 사회적 차별 및 배제의 심화 현상과 긴밀하며, 교육의 서열화 및 계층화와 상호작용하고 있음을 보여 준다.

물론 디지털 생활 세계는 가짜 뉴스와 혐오 발화의 범람 등 그동안 발전시켜 온 민주주의에 관한 사회적 상식에도 미달하는 소통 양식을 아직 효과적으로 관리하지 못하고 있다. 그러나 우리가 이미 경험하고 있듯, 오늘날 개인의 정체성, 의식, 행위 양식은 온라인과 오프라인이라는 가상과 실제로 나뉘어서 구성되지 않으며, 온라인과 오프라인이 흐린 경계로 서로를 포섭하면서 자아 전반을 구성하는 데 관여하고 있다. 일찍이 교사와 교육 전문가들이 학교가 '교실 붕괴'를 넘어 '교육 불가능'의 공간이 되어 가고 있다고 토로해 왔다는 점(엄기호, 2013; 이계삼, 2011)을 상기해 보면, 학교가 스스로를 디지털 생활 세계와 분리해서 '오염'을 '정화'할 수 있는 순수하고 안전한 공간으로 자처하기 어렵다는 것이다. 온라인과 오프라인, 학교와 가정, 개인과 사회의 관계 속에서 우리가 어떤 삶을 경험하고 있으며, 교육 체제는 여기에 어떤 기여를 하고 있는지를 선행, 혹은 병행해서 성찰할 때에만 해법을 마련할 수 있다.

셋째, "여성 비하적 표현"을 사용하지 않는 등 개인의 행실과 태도를 변화시키는 것이 페미니즘 교육의 궁극적 목적일까? 교육을 정답을 갖고 개인을 계몽하는 행위로 바라보는 진부한 통념이 혹시 페미니즘 교육에 대한 일사불란한 요청 뒤에도 자리 잡고 있는 것은 아닐까? 아이들에게 여성혐오가 무엇이고, 왜 문제인지를 알려 줄 수는 있다. 그러나 그 지식이 개인의 의식, 나아가 실천과 자동 결합하는 것은 아니다. 학교와 사회가 스쿨 미투 운동에 응당하게 화답하지 않는 환경에서라면, 학생들은 교실 안에서 배운 여성혐오에 대한 비판적 지식을 학교생활과 개인의 삶에서 반추하고 실천해야 할 이유를 찾지 못할 것이다. 이제 직장인들이 직장 내 성희롱의 개념쯤은 스스로 설명할 수 있게 되었지만, 성희롱이 일어났을 때 피해자를 고립시키고 가해자와 기관장이 건재하는 환경이라면 성희롱 예방 교육은 무용함을 넘어 희화화된 지식으로 남기 쉽다.

익숙하게도, 사회 문제가 발생할 때마다 교육은 도깨비방망이나 만능열쇠로 등장해 왔다. 성평등 의제도 예외는 아니다. 학교에서 학생들이 여성혐오 표현을 함부로 쓰거나, 직장에서 남성들이 여성 동료를 성적으로 대상화할 때, 혹은 공직자들의 형편없는 성 인식이 드러날 때마다 성평등교육, 성인지 감수성 교육 등의 이름으로 페미니즘 교육이 필요하다는 주장에 모두가 뜻을 모아 왔다. 공적 교육에 대한 불신이 만연한 동시에 교육에 관한 기대가 높은 사회라는 점이 새삼 흥미롭게 여겨진다. 교육 때문에 이 나라를 떠나고 싶다고 아우성치는 사회에서 다시 교육이라니. 일반 시민뿐 아니라, 정책 관계자와 연구자 역시 마찬가지다. 교육과 젠더에 관한 많은 연구는 성차별, 성폭력에 대한 의식을 바꿔 내기 위한 방안으로 성평등교육의 양적, 질적 혹대를 반복적으로 제시해 왔다. 성평등교육 내용의 질적 제고와 교육 당국의 보다 강화된 정책 실천 의지가 중요하지 않다는 뜻은 아니다. 성평등교육의 양적, 질적 확대를 도모하기 위해서라도 학교와 교육이 성평등을 어떻게 상상하고 사유하게 만드는 공간이자 체제인지를 질문하는 게, 페미니즘 교육의 중요한 출발점이 되어야 한다는 것이다.

교육이 사유와 성찰을 여는 과정이라는 오랜 지혜에 더 깊게 공감할 필요가 있다. 이는 단지 내용과 기법을 다듬어야 한다는 뜻이 아니다. 헨리 지루의 표현을 따르면 교육은 문화 정치의 한 형태다. 교육은 의미를 생산하는 풍토와 경험을 돌아보는 지적 활동이며, 따라서 권력에 대한 정치적 통찰과 실천을 필연적으로 동반한다는 얘기다. 정치와 분리된 순간, 교육은 비판적 성찰의 의제를 소요와 불안으로 간주해 이를 달래기 위해 사용해 왔던 구태의연한 알리바이에 그칠 뿐이다. 특히 성적 차이의 의미와 이를 둘러싼 권력 투쟁이라는, 인류의 가장 오래되었으면서 최신인 의제를 지식의 대상으로 삼는 페미니즘 교육은 정치적으로 안온하다기보다는 불온한 행위다. 페미니즘 교육은 이 불온함을 정당하게 요구하는 페미니즘 정치의 활약과 분리될 수 없다. 이것이 페미니즘 교육의 시작점이 된다. 독특한 주장이 아니라 페미니즘 교육이 주창된 이래 유지되어 온 철학이자 방법론이다.

페미니즘 교육, 교육을 넘어서기 위한 교육

페미니즘 교육은 1960~1970년대 제2물결 페미니즘이 성차별을 재생산하는 교육 체제를 비판하면서 태동했다. 당대 여성들은 제1물결 페미니즘, 즉 어머니와 할머니 세대의 참정권, 교육권, 직업권, 친권, 재산권 투쟁 덕분에 남성과 동등하게 제도 교육에 입성할 수 있었다. 그러나 여성의 열등성을 전제하고 여성을 배제하는 교육 제도와 관행에 직면했다. 교과서는 성별 고정 관념을 노골적으로 드러냈고, 체육 동아리 활동은 남학생에게만 장려되었으며, 학교장과 대학 총장은 남성들로 채워졌다. 이러한 차별은 졸업 이후의 성별화된 gendered 삶과 직결되어 있었다. 남성과 똑같이 고등교육을 받은 여성들에게 허용된 직업은 비서나 단순 서비스직 등 이른바 '여성적' 직종이었고, 임금은 남성과 비교해 이유 없이 낮았다. 그나마도 학위를 갖고서도 주부, 아내, 어머니 역할에 만족해야 했던 대부분의 여성보다는 나은 처지였다.

페미니스트들은 교육이야말로 불평등한 젠더 관계가 발현되는 공간이자, 또한 충돌하고 경합하는 정치 투쟁의 장이라는 점을 꿰뚫었다. 교육을 변화시켜야 했으며, 이를 위해서는 또한 교육이 필요했다. 교육을 여성 힘기르기empowerment의 수단이자, 성평등한 사회를 만드는 데 개입해야 할 초석으로도 바라본 것이다. '교육을 넘어서기 위한 교육'이 페미니즘 교육의 핵심 철학이 된 배경이다. 당대 페미니즘 운동의 실천 방식은 이 철학에 구체적 상상력을 제공했다. 여성의 경험에 대한 전문가는 다름 아닌 여성 자신이며, 여성의 일상적인 삶으로부터 지식이 도출될 수 있다고 믿었다. 그 무렵엔 소그룹 단위로 모여 스스로 읽고, 쓰고, 말하는 과정을 통해 여성의 삶을 정치적으로 재해석하는 자기 교육과 동료 교육이 활성화되어 있었다. 이러한 실험을 기반으로 교육자와 학습자 간의 수평적 관계, 비판 의식의 강조, 생각과 행위의 결합 등을 교육의 과정, 환경, 방법에 적용하고자 했다(송현주, 2002).

이는 지식과 앎의 남성 중심성을 문제 삼는 일과 병행됐다. 기존 학문 체계가 객관성, 보편성, 자명성을 전제하고 있지만, 사실은 여성을 타자로 구성해 온 근대의 이분법적 젠더 체계에 근거해 지식의 내용, 인식의 주체, 앎의 방식을 남성 중심적으로 구조화해 왔다는 것이다. 그리고 가치 중립성의 문제, 지식 생산의 주체와 객체 간의 관계, 연구 과정에서의 성찰성 등에 관심을 기울이면서 여성의 삶과 경험을 해석할 수 있는 새로운 인식론을 탐구해 왔다(조순경, 2000). 이를 기반으로 지식과 경험, 이론과 실천, 교육자와 학습자 사이의 분리와 괴리를 극복하려는 페미니즘 교육의 특징적 성격이 구성되었다.

페미니즘 교육과 그 방법론의 형성 과정에는 전통 교육학에서 가정하고 있는 기능적 사회화 이론을 거부한 비판 교육론critical pedagogy의 급진적 논의도 기여했다. 비판 교육론의 선구자인 프레이리를 따라 학습을 자유의 실천이자 인간 해방의 과정으로 바라본 것이다. 그러나 계급적 관점에 충실했던 비판 교육론은 교육과 학습의 주체를 남성과 동일시하는 것이기도 했다. 다시 말해 프레이리의 계급 정치학에 기초한 교육 이론은 젠더 이외의 사회적 범주가 여성의 정체성 형성 과정에 결속된다는 점을 통찰할 수 있도록 해 주었지만, 성차별주의적 언어와 성맹성gender blindness을 고수하고 있었다. 페미니스트들은 교육이 젠더뿐 아니라 인종, 계급, 민족, 장애 여부, 성적 지향 등 다양한 범주를 따라 사회적 불평등이 기입되고 재생산되는 장인 동시에 다층적 권력들이 충돌하고 경합하는 정치적 투쟁의 장이기도 하다는 점을 통찰했다(Hooks, 1984). 그리하여 페미니즘 교육은 성차별뿐 아니라 인종차별, 계급차별, 동성애 혐오 등으로 발현되는 불평등한 사회 구조를 바꿔 내고, 이를 위해 교실을 해방적 환경으로 조성하기 위한 교수-학습 과정에 관한 이론으로 정립되었다.

이렇게 볼 때 페미니즘 교육은 '페미니즘에 관한' 교육일 뿐 아니라, '교육에 관한' 페미니즘적 실천이라고 할 수 있다. 페미니즘 인식론과 지적 도구를 기반으로 성적 차이를 둘러싼 세계의 질서를 이해하여, 보다 평등한 사회를 향한 공존의 철학과 방법을 탐색하는 교육인 동시에, 교육 제도와 관행이 성차별을 포함한 사회적 불평등을 반영하고 또한 생산해 내는 구조를 비판하면서, 구체적인 교육과정에서부터 교육 체제에 이르기까지 대안적 발상을 적용하는 실천 행위인 것이다. 이런 이유로 페미니즘 교육은 수직적이고 위계적인 교육 체제를 넘어설 수 있는 대안적 교육 패러다임으로서도 지속적인 관심을 받아 왔다. 상호 불신을 야기하는 위계적 서열 경쟁 교육, 지배와 권력 구조에 기초한 폭력적 교육 문화, 다양성을 수용하지 못하는 획일적 공장 모델식 교육, 비인간적 교육에 대한 비판적 대안 논의로 바라본 것이다(곽삼근, 2008). 따라서 우리가 페미니즘 교육을 주창하는 것은 페미니즘 사상에 기반해 여성 해방, 인간 해방의 사유를 저변화하는 일일 뿐 아니라, 교육을 해방적 과정으로 만드는 데 동참하는 일이 된다. 평등의 한 자원이자 경로로 여겨져 왔던 학교 교육이 불평등을 개선하는 데 도움이 되기는커녕, 오히려 조장, 심화하는 데 기여하고 있다는 관찰이 팽배해지고 있는 오늘날의 현실에서는 더 긴요한 인식이다. 구체적으로는 오늘날 학교 성평등교육이 어떻게 실패해 왔는지, 그 근본적 원인은 무엇인지를 분석할 때도 적용되어야 할 인식 자원이다.

성평등교육은 어떻게 '나답게' 교육이 되었나

교육자와 학습자들이 두루 지적해 왔듯이 성교육, 젠더폭력 예방교육, 양성평등교육 등 학교의 성평등 관련 교육은 각각 여러모로 문제점을 안고 있다. 그런데 크게 주목되지 않은 측면이 있다. 이 교육들 모두가 성차와 성평등을 사회 정치적인 의제가 아니라 개인적 의제로 삼아, 능동적 자기 관리의 대상으로 두고 있다는 점이다.

우선 양성평등교육은 성차별과 성불평등의 역사적 구조를 성 역할 고정 관념이란 개념으로 축소해 다루면서 이를 벗어나기 위한 개인의 태도 변화와 노력을 강조한다. 사회, 가정 등 관련 교과 단원에서는 남자는 의사, 여자는 간호사를 해야 한다거나, 아빠는 돈을 버는 사람, 엄마는 집안일을 하는 사람이라는 편견을 벗어나자는 내용이 주를 이루고 있다. 문제는 개인의 편견 깨기에만 집중할 뿐, 성별 고정 관념이 만들어져 유지되는 구조와 현재적 의미를 다루지는 않는다는 점이다. 여성도 의사를 할 수 있는 시대에 징병 의무를 남성만 지는 것은 부당하다고 여기기는 쉬우면서, 사회와 국가가 공동체에 대한 책무 및 그 주체를 어떻게 성별화해 왔으며, 그것이 성차별과 어떻게 호응해 왔는지를 사유하지 못하게 하는 셈이다. 대부분의 '성평등 의식 실태 조사' 역시 성 역할 고정 관념을 성평등 인식 여부를 판단하는 주요 지표로 구성하고 있다. 과거보다 성평등 의식이 높게 나오는 이유이며, 여성 할당제가 남성에 대한 차별이라 주장하면서도 스스로는 성평등에 찬성하는 사람임을 자임하게 되는 맥락이다.

성교육은 남성과 여성의 생물학적 차이를 극단적으로 대립시키는 한편, 여성의 몸은 임신과 출산이라는 '위험'을 회피하고 스스로 '안전'을 도모해야 하는 것으로 표상한다. 여학생의 섹슈얼리티를 위험 관리의 대상으로 둘 뿐 아니라 이를 개인화한다는 점에서 문제인데, 더불어 주목해야 할 점이 있다. 성 역할 고정 관념을 벗어나야 한다는 인식은 비교적 빠르게 확산되고 있는 반면, 성적sexual 가치와 태도를 둘러싼 젠더 규범은 여전히 강하게 유지되고 있는 간극이 빚어내는 효과다. 과거와 달리 딸의 교육적, 사회적 성취도 독려하고 있지만, 성조숙증을 걱정하는 건 여전히 여학생의 부모다. 성적 존재로서 여성과 남성 간의 불균형한 권력관계가 상존하고, 이로부터 발생할 수 있는 성폭력 등의 위험에 대처할 수 있는 문화적, 제도적 기반을 문제 삼거나 이를 바꾸려는 노력이 미흡한 사회에서, 여성의 성적 권리를 옹호하는 대신 '보호'의 이름으로 단속하여 스스로 잘 관리하도록 장려하는 것이 안전하기 때문이다. 남성과 다름없이 적극적으로 성취하되, 남성과 달리 성적으로는 소극적이고 방어적이어야 한다는 모순적 메시지가 학교, 교사, 그리고 학부모의 욕망의 교집합을 통해 형성되고 있는 것이다. 이는 여성의 생애 기획에 있어 이중적 과업을 부여하게 된다. 남성처럼 욕망하되, 또한 남성처럼 욕망해서는 안 된다는 것이다.

성폭력 예방 교육에서 성폭력은 약물·음주·흡연 등과 마찬가지로, 구체적인 행동 지침에 따라 개인이 예방하고 대응할 수 있는 사안으로 다뤄진다. 교육 현장에서 '성폭력 피해자가 되지 않는 법'과 같은 황당한 성폭력 예방 지침이 여전히 통용되는 현실은 이를 잘 드러낸다. 최근 들어 '가해자가 되지 않는 법'을 가르치는 교육으로 이동하고 있지만, 성폭력의 문제를 피해자와 가해자 구도로 나누어, 범죄를 예견하고, 범죄자를 선별하고, 범죄 상황에 개인이 대처하는 방법이 중심을 이루고 있다는 점에서는 크게 다르지 않다. 이러한 접근의 문제점은 학습자들로 하여금 '잠재적 가해자'로 취급받는다는 불쾌감을 유발함으로써, 교육의 효과를 떨어트린다는 데 그치는 것이 아니다. 더 근본적으로는 성폭력을 성차별적인 구조가 아니라 일탈적인 개인의 문제로 환원하며, 공동체의 사회·정치적 과제가 아니라 개인적 위기 관리 의제로만 인식하기 쉽게 만든다는 데 문제가 있다.

성평등 관련 교육들에 나타나는 이와 같은 문제는 우연적이거나, 철학적 공백 탓이 아니다. 능동적인 자기 계발과 자기 관리를 통해 경쟁력을 갖추는 개인을 이상적 시민으로 바라보는 시장화된 교육의 이념과 정확히 일관되어 있다. 1990년대 이후 한국의 교육 체제는 수월성과 효율성을 강조하면서, 초등학교부터 체계화된 선발과 탈락의 경쟁 구조를 통해 시장의 원리를 수용하고 내면화하는 주체를 만드는 데 주력해 왔다. 경쟁력 있는 개인은 모든 삶의 영역을 스스로 선택하고 책임지는 자율적이고 독립적인 존재로 표상되는데, 이러한 체제는 사실 자기 주도성이나 자율성 대신 부모와 교육 상품에 더욱 의존하게 만들면서도 경쟁력을 오로지 개인의 역량에 따른 것으로 인식하게 만들었다. 또한 이 시민상은 경쟁의 장에 대한 형식적이고 피상적인 규칙에 철저하게 복종하는 주체로서, 차별 현상과 구조를 개인화할 것을 독려받는다. 학업, 취업, 임신, 출산, 양육 등 삶의 주요 요소를 둘러싼 계급적이며 성별화된 맥락은 삭제한 채, 이것들을 '공정한 룰'에 따라 그 '선택'에 참여한 개인의 역량이자 자기 관리의 문제로 간주하게 하는 것이다. 단순하게 말해, 과거에는 여성에게 노골적으로 전업주부의 삶을 강요했다면, 이제 선택권을 여성에게 부여했으니, 어떤 직장에 취업을 할 것인지, 임신, 출산, 육아를 위해 직업 경력을 중단할지 말지에 대한 판단과 그 결과는 오로지 여성 개인의 책임이며, 따라서 차별이 아니라고 생각하게 만드는 형국이다.

   그동안 확장되어 온 학교 성평등교육이 성과보다는 오히려 역효과를 내는 구조가 이 지점이다. 시장화된 공교육 체제의 이념과 철저히 호응하면서 만들어진 성평등교육은 성평등이라는 시민 의제를 경쟁하는 시장 행위자들 간의 절차적, 형식적 권리 담론에 포갬으로써, 역사적이며 현재적인 불평등한 권력관계를 성찰할 수 있는 지평을 삭제시켜 왔다. 성적 차이는 개인이 저마다 타고난 특질의 하나일 뿐이고, 성차별은 남성과 다른 여성의 집합적 경험에 주목하는 행위 자체가 되며, 성폭력을 개인적 일탈 행위이자 위험으로 간주하는 만큼, 성평등은 권력관계가 사라진 자리에서 이미 달성된 과제가 된다. 과거와 마찬가지로 남성과 다른 여성의 차이가 학교와 사회에서 여전히 존중되지 않고 있고, 이것이 여성이 경험하는 폭력과 차별의 구조적 원인임에도 불구하고, 남성 역차별 논리가 만들어질 수 있는 기저가 여기에 있다. 일부 청년 남성들이 성 역할 고정 관념은 문제라고 지적하면서도, 성별 고정 관념을 생성하는 권력관계 비판에 정초한 페미니즘에 저항하는 이유이기도 하다. 성평등은 찬성하지만, 페미니즘에 반대하는 아이러니는 이렇게 생성되었다.

교과서뿐 아니라 한국양성평등교육진흥원 등 공공 기관에서 제작한 성평등교육 콘텐츠, 그리고 관련 대중서 등에서 성평등교육을 성별 고정 관념을 넘어서서 '나다움'을 발견하는 교육으로 치환하는 상황을 걱정스럽게 바라보는 것은 이러한 배경에서다. 신자유주의 시대 자기 계발서들이 나와 타자의 관계를 숙고하게 하기보다 오롯이 '나'에게 집중하라고 독려하는 바와 같이, 시장화된 교육 체제에 안주한 성평등교육은 궁극적으로 '나다움'을 갖추도록 격려하고, 성평등 의식을 지니는 것을 이와 동일시하는 교육이 되었다. 물론 성별 규범과 남성성/여성성에 대한 고정 관념을 해체하는 일은 매우 중요하다. 그런데 이것이 곧 단순한 다양성 담론으로 흩어져 성적 차이의 의미와 경험을 평면화하거나 삭제하는 일이 되어서는 안 된다. 여성에게 '남성처럼 욕망하되, 남성처럼 욕망해서는 안 된다'는 모순적 삶을 강요하는 지금의 불평등한 구조와 현실, 그리고 이로 인한 여성의 이중적 고통을 드러내는 데 실패하게 된다. 무엇보다 성별화된 경험과 성적 차이를 개인화하는 교육은 차이를 가진 타자를 이해하고 공존의 윤리를 탐색하는 페미니즘 교육의 지향점과 가장 거리가 멀다. '남자답게', '여자답게'라는 성별 고정 관념이 '나답게' 살지 않아서 생겨난 일인지 생각해 보자고 제안하는 것이 바로 페미니즘 교육이다.

교육은 여성을 어떻게 타자화하는가

'나답게' 교육이 가진 근원적인 문제점은 현재의 교육 체제가 구성하고 있는 경쟁력 있는 개인이라는 추상적 시민상에 은폐된 남성 중심성을 인식하지 못한다는 데 있다. 신자유주의는 경제적 인간을 '자유', '선택', '권리' 등의 용어를 통해 젠더 중립적인 것으로 가장하지만, 성별 권력관계를 해소하기보다 경쟁 원리와 시장 규범에 맞게 재조직함으로써, 남성 주체의 특권을 유지시키는 구조를 갖고 있다. 이는 교육 제도와 실천에도 반영된다. 아니, 우리 사회 경쟁장의 뜨거운 불판이라 할 수 있는 학교 교육을 둘러싸고 가장 격렬하게 발현되고 있다. '남학생 위기' 담론이 형성되고, 여학생, 여교사, 어머니 등 학교 안팎의 여성 존재에 대한 배척, 그리고 혐오로까지 나아가는 현상을 통해 단서를 찾을 수 있다.

학생의 학업 성취에 관한 표준화된 글로벌 평가 프로그램들이 등장해 국가 간 비교 지표로 부상하기 시작한 2000년대 이후, 페미니즘에 기반한 여성 권리의 증대와 남학생에게 역차별적인 학교 시스템을 남학생 부진의 원인으로 지목하는 담론이 국제적으로 부상했다. 교육과정에서의 신체 활동 축소, 학교폭력에 대한 무관용 원칙, 능숙한 자기 관리와 자기 주도적인 학습 등은 남학생 고유의 본질적 특성에 사실상 페널티를 부과하는 것과 다름없다는 것이다(Sommers, 2013). 여학생들의 대학 진학률이 남학생을 초과하고, 특정 직업군 진입에서 두각을 나타내는 현상은 남학생에 대한 차별을 보여 주는 대표적인 근거로 거론되었다. 근대 교육이 등장한 이래 평교사의 대다수는 언제나 여성이 차지해 왔지만, 여성 교사가 남학생 교육에 부적합하거나 불리하다는 주장 역시 동반되었다.

이러한 주장이 진지하게 확인해 주는 유일한 점은 학교 교육이 그동안 남성에게 우호적이었다는 사실이다. 실제로 공적 영역의 이상적 노동력은 남성이었고, 학교는 이에 호응하여 규범적 주체를 남성으로 동일시하면서 이를 공고히 하는 젠더 시스템을 작동시켜 왔다. 그런데 시장화된 공교육 체제는, 미래의 생계 부양자로서 가부장적 윤리 의식과 그에 따른 도덕적 책임감을 기반으로 조형해 왔던 남성성에 대한 개조를 요구했다. 선발 시스템의 고도화와 기회 과정의 공정함을 최고의 가치로 내세우기 때문에, 공격성이나 폭력성 등 전통적 남성성의 일부로 용인되었던 요소들은 경쟁 질서를 훼손하는 것으로 간주되면 규제되어야 했다. 또한 교육의 과정과 내용에서 제도화된 여성에 대한 가시적 차별은 개선되어야 했다. 이것이 최근 학교 교육 경험을 남성의 낙오와 탈락으로 경험하는 이유이다. 경쟁장의 '공정한' 자격과 형식을 조정해 온 과정을 남성 기득권에 대한 침식으로 여기는 것이다.

남성 중심성이 편재하고 행사되어 온 학교에서, 아이러니하게도 여성은 타자이면서도 언제나 교육의 주 행위자였다. 역사적으로 여학생, 여성 교사, 학(부)모에 대한 부정적 사회 담론(가령, '여자애들은 어차피 시집갈 거 공부시켜 봤자 쓸데없다', '여교사는 소명 의식이 약하다', '엄마들의 치맛바람이 애들과 교육을 망쳤다')이 존재해 왔는데, 얼마간은 이 불균형에 대한 무/의식적 반응이라 할 수 있다. 여성에 대한 이런 타자화는 신자유주의적 '공정' 담론에 의해 사라지는 것이 아니라 재구성되고 있다. 병역 가산점 제도 위헌 판결 이후 여성의 권리 신장이 남성의 희생을 대가로 한다는 역차별 담론이 팽배해지면서, 교직은 남성의 기회를 가로막는 불공정한 경쟁을 나타내는 대표적인 직군으로 운위되어 왔다.

2000년대 이후 여학생에 대한 대표 담론으로 부상한 '알파걸'도 유사하다. 여학생이 학업 성취와 리더십 면에서 두각을 나타내는 현상은 사회적으로 장려될 일이 아니라, 남학생을 경쟁에서 탈락시키는 '우려스러운' 상황이자 '비정상적'인 상태로 간주되고, 경쟁의 규칙이 여성에게 유리하도록 불공정하게 구성되어 있다는 증거로 사용된다. 남학생의 부진만을 비정상적인 상황으로 바라보고 그 반대의 경우에 대해서는 문제 삼지 않아 왔으며, 학업 성취와 이후 사회적 지위 상승과의 관계에서 남학생이 여학생에 비해 여전히 높은 상관도를 보이는 현실(이수빈·최성수, 2020)을 참조하지 않는다는 점에서 매우 부주의한 주장이라 할 수 있다. 이 부주의함은 다름 아닌 '공정한' 기회만 제공된다면 경쟁력 있는 개인은 남성의 얼굴을 하고 있을 것임에 틀림없으며, 또한 그래야 한다는 권력 충동이다.

학교 안팎의 여성 존재에 대한 경계가 분노와 증오의 정념으로 확산되고 있음을 극적으로 보여 주는 것은 학부모를 대표하는 모성에 대한 태도다. 학교를 사회 이동과 계급 재생산의 수단으로 인식하는 한국 사회에서 양육과 교육은 여성의 주된 역할로 여겨져 왔다.

1990년대 말 경제 위기 이후 가족의 책임 체계가 강화되고, 교육 양극화가 심화되면서 모성의 주체상 및 교육 실천의 압박이 새로운 형태로 나타났다. 이른바 '매니저 엄마'라는 표상이다. 여성은 교육 소비자이자 교육 관리자로서 자녀 교육을 경영하는 주체이자, 자녀를 경쟁력 있는 개인으로 만들 수 있도록 스스로의 경쟁력을 갖추고 입증하는 존재로 위치해야 하는 것이다(박소진, 2009). 자녀에게 경쟁의 불안을 끊임없이 상기시키고, 스스로도 체화해야 하는 '매니저 엄마'는 시장화된 교육 체제의 가장 전면에 선 수행자로서, 이 체제에서 누적된 피로감과 분노의 분출 대상이 되고 있다. 우리 시대에 모성 혐오('맘충')가 공공연하게 일어나고, 학생들 사이에서 모성이 욕설('느금마')로 사용되는 현상이 빚어지는 까닭이다. 학교에서 여성 비하나 여성혐오 표현이 난무하여 발화되는 것은 단순히 온라인상의 놀이 문화가 오프라인에서 연장되어 나타난 것이라기보다, 이렇게 학교 안팎에서 구성되고 있는 젠더 권력관계의 효과이자 반영인 것이다.

'치맛바람 날리는 엄마'를 대체한 '매니저 엄마'라는 새로운 모성 주체는 신자유주의가 성적 차이와 성역할에 대한 기존 규범을 해소하지 않고 얼마나 효과적으로 활용하는지를 상징적으로 보여 준다. 자녀의 경쟁력을 높이기 위해 스스로 경쟁력 있는 매니저가 되기를 선택했으니, 그에 따른 책임과 결과는 개인이 감수해야 할 일이 된다. 성별 분업이 사라진 것이 아니라, 시장 논리에 의해 새롭게 구성되어 존속하고 있는 것이다. 시장 질서에 기반한 공정한 경쟁이란 이러한 위계를 비가시화함으로써만 유지될 수 있는 메커니즘을 갖고 있으며, 그럼으로써 남성 기득권이 유지되는 이 구조가 도전받지 않을 때, 성별 이원성을 넘어선 존재란 여전히 남성의 모습으로 귀결된다. 우리가 페미니즘 교육을 요청한다는 것은, 그리고 이 시대적 요청에 진지하게 응답하는 일은 바로 이렇게 시장화된 교육 체제가 구성하고 있는 젠더 관계의 새로운 차별과 불평등을 비판적으로 분석하는 데서 출발해야 한다. 그리고 이를 넘어설 수 있는 대안적 양식을 교육 실천에 적용하는 과정, 그것이 페미니즘 교육이 되어야 한다.

페미니즘 교육의 지적 급진성을 실천할 때

타자를 통해 자신을 되돌아보는 성장과 배움이 교육적 만남이라고 할 때, 학생 간, 교사 간, 학생-교사 간 관계를 오로지 경쟁, 경계, 불신의 대상으로 삼도록 격려하는 학교와 사회에서, 교육은 불가능하게 되었다고 교사들은 토로하고 있다(이계삼, 2011). 학생과 학부모도 마찬가지다. 할 수만 있다면 학교 밖이든, 나라 밖이든 탈출 기회를 엿보고 있다고 해도 과언이 아닐 만큼, 우리 사회의 교육 현실은 절망적인 상황이다. 그렇다면 이 교육 불가능의 시대에 페미니즘 교육은 가능할까? 아니, 이 교육 불가능의 시대에 페미니즘 교육이 사회적으로 요청받고, 사유되고 있는 것은 어떤 의미일까? 차이를 가진 타자와의 공존을 이기적으로 배척하는 주체를 양성하려는 그곳에서, 여성과 페미니즘에 대한 타자화를 독려하는 그곳에서, 역설적이게도 페미니즘 교육이야말로 이 교육 불가능을 넘어설 잠재력을 갖고 있기 때문은 아닐까?

페미니즘 대중화의 시대를 맞이하여 페미니즘 지식 및 교육 담론이 활성화되고 다양한 교육 실험이 이어지고 있는 현상은, 이 가능성을 구체화하고 확장해 나갈 수 있는 매우 반가운 일이다. 페미니즘 교양서들이 베스트셀러가 되고, 페미니즘 대중 강좌들이 큰 호응을 얻고 있으며, 자생적으로 형성된 페미니스트 그룹들에 의해서 재기발랄한 페미니즘 교육/학습 콘텐츠들이 생산되고 있는 것이다. 그 가운데서도 페미니스트 교사 모임이 활발하게 조직되어 성평등교육의 가치와 방향성을 제안하고 사회적으로 공유해 나가는 과정은 중요한 시도라 생각한다. 청년, 청소년 그룹들이 페미니즘의 학습자일 뿐 아니라 교육자라는 정체성을 세우고 네트워킹하는 움직임도 소중하다. 제도 안팎의 이러한 실천들이 제도 교육의 변화를 이끄는 데도 큰 역할을 하리라 기대한다.

그런데 이러한 흐름이 단절되지 않고 성과로 쌓이기 위해서는 페미니즘 교육의 제반 여건을 돌아보며 성찰적 과제를 살필 필요가 있다. 1977년 국내에서 여성학 강좌가 처음 개설된 이래 페미니즘이 제도 학문에 들어선 역사가 40년을 넘어서고 있지만, 그 지위는 여전히 불안정한 상태다. 특히 2000년대 초·중반 전국의 여성학과 및 여성학 협동 과정이 대거 폐지되고 여성학 교양 강좌 수가 대폭 줄어들면서 페미니즘 지식 생산 및 후속 세대 양성이 위기를 맞이하기도 했고, 지역별 편차는 지금도 심각한 상황이다. 무엇보다 운영되고 있는 여성학 석·박사 과정에서도 페미니스트 페다고지feminist pedagogy, 즉 페미니즘 교육에 관한 이론을 거의 다루지 않고 있는 게 현실이다. 이는 발전된 페미니즘 연구 성과에 기반해 지식 및 교육 담론을 만들어 내고, 나아가 학교와 직장뿐 아니라 사회의 다양한 영역과 수준에서 광범하게 수행되고 있는 페미니즘 관련 교육 현장에 체계적으로 개입하고 환류하지 못하고 있다는 의미이다. 또한 페미니즘 교육 이론이 강조해 온 바와 같이 교육자뿐 아니라 학습자가 함께 형성한 지식을 다시금 페미니즘 연구와 교육 이론에 반영하는 순환 구조도 취약하다는 것이다. 여기에 디지털 생활 세계의 확장은 새로운 도전 과제를 부여하고 있다. 지식 담론의 생산, 소비, 유통이 익명성, 수평성, 속도성을 기치 삼아 이뤄지면서, 일방적, 권위적, 계몽적 교육을 낙후시키는 한편, 특정한 지식과 지식 주체가 편향적으로 과잉 대표되어, 단편적이고 탈맥락적으로 수용되기 쉬운 경향도 낳고 있다. 디지털 양식을 단순히 활용한다는 차원을 넘어 이 새로운 지식 형성과 소통의 양태를 페미니즘 교육 이론 및 방법과 어떻게 접목할지 계획이 필요한 시점이다.

이러한 조건이 복합적으로 작동하면서 나타나고 있는 걱정스러운 현상들은 반지성주의로 수렴된다. 리처드 호프스태터(Hofstadter, 1963)에 따르면 반지성주의는 지성과 지식인을 경시하는 관념 및 태도를 말한다. 집단 지성과 지식의 민주화에 대한 열광 이면에 지적 탐구와 지식인의 권위를 비하하는 문화가 불거지며, 탈진실post-truth 정치에 의해 파급력을 높이고 있다. 페미니즘 역시 이와 거리를 두기 어렵다는 게 달갑지 않은 현실이다. 페미니즘 지식을 단순하고 편향적으로 섭식하거나 심지어 왜곡해서, 가령 페미니즘 운동을 '여자만을 위한' 정치운동으로 인식하거나 정당화하는 현상마저 빚어지고 있다. 이는 성교육, 젠더폭력 예방 교육, (양)성평등교육, 성인지 교육, 젠더 감수성 교육 등 다양한 이름으로 수행되고 있는 페미니즘 교육의 현장에서도 나타난다. 페미니즘의 모범 답안이 이미 주어진 것처럼 전제하고, 이에 대한 정서적 공감에 치중하는 모습이 교육자와 학습자 모두에 의해 벌어지고 있다. '성인지 감수성gender sensitivity'은 젠더를 사유의 도구로 삼아 세계를 지적으로 해석하고 또한 실천적으로 조직하는 역량을 일컫는 개념이다. 하지만 이를 그저 특정한 말과 행동을 하지 않는 개인의 태도로 이해하는 경향이 있다. 페미니즘 교육 방법론에서 중요하게 제기해 온 '여성의 경험 말하기'를 지식을 새롭게 발견하고 쌓아 가는 과정이 아니라 단지 개인적 사건의 '폭로'나 주관적 감정의 발산으로 오해하는 경우도 흔하다.

오늘날 페미니즘 학습자들이 과거와 다른 경험을 하고 있다는 점에서 이 문제는 두드러진다. 1990년대 이후의 세대는 초·중등학교에 도입된 (양)성평등교육을 받고, 성차별적 요소들이 조금이나마 개선된 성교육을 경험했으며, 직장과 사회에서 의무 교육 및 직무 교육의 일환으로 젠더폭력 예방 교육, 성인지 교육, 젠더 감수성 교육 등을 받아 왔다. 즉 생애에 걸쳐 성평등 담론이 보다 활성화된 사회를 살아왔으며, 페미니즘에 관한 배경 지식과 가치관을 다양한 경로로 접하며 살아가고 있다. 이에 따라 페미니즘에 대해 갖는 기대도 다층적이며, 무엇보다 페미니즘에 대한 지적 욕구 역시 성장하고 있다. 성별 분업, 성차별, 성불평등에 대한 개인의 의식 고양뿐 아니라, 페미니즘 이론의 개념적 도구들과 방법론을 활용하여 세계를 분석할 수 있는 보다 심화된 학습을 바라거나 이미 수행하고 있는 것이다. 이는 페미니즘의 사회적, 이론적 성장을 반영하는 것이며, 그에 따라 페미니즘 교육 역시 개인의 태도나 정서적, 심리적 차원을 강조하는 데서 더 나아가 계속해서 발전해 온 페미니즘 지식과 통합하여 구성될 필요가 있음을 제기한다.

벨 훅스(Hooks, 1984)는 지적으로 발달할 권리와 혜택이 남성에게 주어져 왔다는 점을 제기하면서 이론에만 경도되는 주지주의도 경계해야 하지만, 경험에만 가치를 두는 반지성주의 역시 여성 억압과 피해를 그저 반복적으로 재현하는 데 집중함으로써, 결과적으로 특정 여성의 경험을 착취하는 데 공모하는 과정이 될 수도 있다는 점을 통렬하게 지적한 바 있다. 페미니즘 교육은 페미니즘의 지적 권위를 바로 세우는 과정과 분리될 수 없다는 얘기다. 사실 오늘날 '안티 페미니즘'이야말로 반지성주의를 가장 적극적인 양분으로 삼고 있다.• 경험과 지식, 사유와 실천을 분리하면서 민주주의, 평등, 시민성 등의 가치를 지성과 대립시키려는 충동에서 양자는 수렴하고 있다. 이에 맞설 가장 유용한 지적 자산을 다름 아닌 페미니즘이 갖고 있다. 지식의 역사적 구성 방식과 사회적 역할에 대해 성찰할 수 있는 이론적 개념을 제안해 온 학문이 바로 페미니즘이며, 페미니즘 교육이야말로 반지성주의적 태도가 외면하고 있는 행동과 실천의 지적 작용을 강조해 온 철학이자 방법론이기 때문이다. 페미니즘이 개발한 지식을 통해 삶과 세계를 통찰하는 동시에, 보다 평등한 사회를 전망할 수 있는 지식을 또한 새롭게 생성하는 장, 페미니즘 교육의 현장은 그래야 한다.

• 2016년경 〈나무위키〉에 '젠더 이퀄리즘'이라는 개념이 등장하고, 날조임이 드러난 이후에도 현실과 정치 공간에서 페미니즘 반대자들이 세력화되는 계기를 마련하는 등 파급력을 갖게 된 과정은 상징적 사례라 할 수 있다.

성평등교육은 왜 '위험한 교육'이 되었나

학교 성평등교육의 형식적인 관리 체계와 효과

•
•
•

신그리나

본 글은 엄혜진·신그리나(2019) 〈학교 성평등교육의 현실과 효과 : 젠더 규범의 재/생산, '위험한' 성평등교육〉, 《페미니즘연구》를 재구성하고 보완한 것이다. 학교 성평등교육의 실태를 파악하고, 그 의미와 효과를 진단하기 위해 성평등교육 관련 중학교 교과서 내용을 분석하였고, 학교 성평등교육에 직·간접적으로 참여한 교사와 학생들을 인터뷰하였다.

페미니즘은 성차별적 구조에 대한 근본적인 성찰을 통해 개인과 사회의 변화를 도모하는 인식이자 실천이며, 성평등교육의 필요성을 제기한 사상이자 이론이기도 하다. 그런데 최근 페미니즘과 성소수자 이슈에 대한 백래시backlash와 함께 학교 성평등교육의 내용과 이를 수행하는 교사들에 대한 압력이 심화되고 있다. 2021년 9월 9일 전국교직원노동조합이 발표한 '학교 내 페미니즘 백래시와 성희롱·성폭력에 대한 교사 설문 조사' 결과에 따르면, 여성이거나 연령대가 낮을수록 백래시 피해를 경험한 비율이 높게 나타나, 20대 여성 교사의 경우 3명 중 2명(66.7%)은 학교에서 페미니즘에 대한 조롱이나 공격을 경험한 것으로 나타났다. 이 통계의 현실성을 가장 가시적으로 보여 주는 사례는 2017년 한 초등학교 교사가 뉴미디어 채널의 인터뷰에서 학교 운동장이 남학생들에게 전유되는 현상을 지적하며 비판적 사고 능력을 길러 낼 수 있는 페미니즘 교육의 필요성을 강조했다는 이유로 공격을 받은 일이다. 이렇게 페미니즘의 지식과 실천을 배척하는 학교에서 성평등교육은 과연 안녕할까?

지난 수십 년간 한국 사회는 성차별을 극복하고 성평등을 지향하기 위한 다양한 제도와 정책을 마련해 왔으며, 성평등이 민주주의의 발전과 진보를 위한 필수적 의제라는 점에 사회적 합의를 이뤄 가고 있다. 이는 성평등교육의 중요성이 환기되고 제도와 실천에 반영되어 온 역사이기도 하다. 성평등교육이 공식 교육과정에 자리 잡아, 성평등의 의미를 이해하고 성평등 의식과 실천을 함양할 수 있는 제도적 기반이 마련돼 온 것이다. 그러나 페미니즘 교육 의무화 청원, '스쿨미투'에 이어 최근 증대하고 있는 성평등교육 수행 교사에 대한 백래시는 그동안 학교에서 수행되어 온 성평등교육에 대한 면밀한 평가와 분석을 요구하고 있다. 학교 성평등교육은 우리 사회가 성평등의 의미와 가치를 다루는 방식을 가장 잘 보여 주는 지표 중 하나라는 점에서도 중요한 의미를 지닌다. 본 글은 교육 체계 및 구성, 내용, 실천의 복합적 상호작용 속에서 형성되고 있는 성평등교육의 실태를 파악하고, 그 의미와 효과를 진단하고자 한다.

학교 성평등교육의 형식적 관리 체계와 젠더 규범의 재생산

'성평등교육gender equality education'은 젠더에 관한 지식을 기반으로 성평등의 관점과 가치를 이해하고 실천하도록 독려하는 교육이다. 그런 의미에서 학교 성평등교육은 성교육, 젠더폭력 예방 교육, 양성평등교육을 모두 포괄한다. 우선 이 세 가지 교육의 현황을 차례로 살펴보자.

그간 성교육은 일관된 원칙과 흐름 없이 양적, 질적 발전과 퇴행을 거듭해 왔다. 1982년 문교부가 '성교육'이라는 용어를 공식적으로 사용하면서 성교육 실태와 문제점에 관한 연구가 수행되었고, 학생, 교사, 학부모 대상 성교육 지침서도 개발·보급되기 시작했다. 1990년대에는 생물학적 지식만을 전달하던 기존의 성교육 내용에 왜곡된 성 지식과 성 행동을 다루는 내용이 포함되기 시작했다. 청소년 범죄의 증가, '빨간 마후라'로 불렸던 미성년자 성 착취 영상물 유포, '원조교제'로 불렸던 아동·청소년 성 착취 등이 사회적으로 큰 문제가 되기 시작하면서부터이다. 그러나 학교 성교육에서 다뤄지는 내용은 금욕을 강조하고 성적 위험 상황에 노출되지 않도록 경계시키는 내용에서 크게 벗어나지 않았다.

1990년대 학교 교육을 받은 세대들은 "'성교육' 하면 낙태 동영상과 성병 사진밖에 안 떠오른다", "나는 선생님이 나눠 준 순결 사탕 먹고 성관계를 하면 진짜로 큰일이라도 나는 줄 믿고 살았다"라며 성은 드러내면 안 되는 것, 위험하고 공포스러운 것으로 인식하게 만든 그 시절 학교 성교육의 문제점에 대해 이야기하곤 한다. 2000년대에 교육을 받은 세대에게는 조금 다른 반응들을 기대할 수 있을까? 적어도 이들은 보건 과목 내에서 학교별로 지정된 성교육 담당 교사에게 10시간 이상의 성교육을 필수적으로 받은 세대 아닌가.

그러나 여전히 많은 학생이 어릴 적에 배웠던 "안 돼요! 싫어요! 도와주세요!"를 떠올리며 제대로 된 성교육이 필요하다고 주장하는 모습을 보면, 이 시기 학교 성교육의 관점과 내용도 이전과 다를 바 없이 폭력으로서의 성을 강조하고 그런 상황에 노출되지 않도록 경계시키는 것에 그쳤음을 쉬이 짐작할 수 있다.

생물학적 지식 전달 위주의 교육, '피해자 되지 않기'만 강조하는 교육에서 벗어나 성sexuality에 관한 지식, 기술, 태도, 가치를 고루 갖추도록 하는 교육으로 나아가야 한다는 논의는 2009년이 되어서야 활기를 띠었다. 유네스코가 〈국제 성교육 가이드〉를 통해 여성과 남성의 신체 구조의 차이와 같은 생물학적 특징만을 다루는 것이 아닌, 인간의 생애에서 성과 관련된 모든 경험을 포괄하는 교육의 의미로 '포괄적 성교육'을 제안하면서부터이다. 학교 안팎에서 유네스코의 가이드라인을 참조하며 학교 성교육의 체계와 내용을 검토하기 시작했고, '포괄적 성교육'을 어떻게 교육과정에 담아낼 것인가에 대한 구체적 논의도 수행되었다. 그러나 교육부는 이런 논의들을 무색하게 하는 국가 수준의 성교육 표준안을 개발, 2015년에 발표하였다.

2015년 3월 발표된 교육부의 〈성교육 표준안 연수자료〉는 "성교육은 교사의 성적 가치를 전수하는 것이 아니다"라는 내용을 담고 있다. 표준안에 담긴 가치만 전달하라는 의미인데, 이 표준안은 국제적 수준과 동향에 한참 뒤떨어진 교육철학에 기초해 있으며, 일선 학교에서 성교육을 담당해 온 보건 교사들마저 반발할 만큼 변화하는 사회와 교육 현실을 제대로 반영하지 못하고 있다는 평을 받았다. 성평등교육에 관한 교육 당국의 사회적 합의 과정 및 전문성 관리에도 문제가 있었다. 정책 형성 과정에서 다양한 보건 교사의 경험과 견해를 고려하지 않았고, 학교 안팎에서 성교육을 수행해 왔던 여성, 인권, 청소년 관련 전문가 집단의 의견을 배제한 채 이루어졌기 때문이다(김대유, 2016). 이러한 문제 제기에도 불구하고 이 표준안은 폐기되지 않았고, 일부 수정된 채 아직까지 교육 현장에 적용되는 유일한 지침으로 기능하고 있다. 현재 학교 성교육은 이 문제들을 그대로 내재한 채 최소 1개 학년, 연간 15차시 이상(젠더폭력 예방 교육 3시간 포함) 수행되고 있다.

젠더폭력 예방 교육*은 단순히 개인의 일탈 행위를 단속하는 데 치중하는 것이 아니라 성평등한 관점과 태도에 대한 시민성을 함양하는 교육이다. 따라서 학교 성평등교육의 중요한 일부라고 할 수 있다. 초·중·고등학교 대상으로는 2004년 성매매 예방 교육, 2007년 가정폭력 예방 교육, 2011년 성폭력 예방 교육이 차례로 의무화되었고, 2015년에는 「양성평등기본법」에 근거해 기관 평가 대상에 초·중·고등학교가 포함되면서 관리 체계까지 갖추게

* '젠더폭력 예방 교육'은 개별 법에 근거하여 따로 수행되던 여러 폭력 예방 교육을 성평등 관점에서 통합 시행하도록 규정한 이후 이들 교육을 통칭하는 정책 용어로 사용되고 있다.

되었다. 현재 초·중·고등학교 대상 젠더폭력 예방 교육은 관련 법령들에 근거하여 성평등 관점에서 통합적으로 연 3시간 이상 수행하도록 규정되어 있다.

그러나 그 형식은 전교생을 대상으로 한 집체 교육이거나 강사가 혼자 방송실에 앉아 진행하는 비대면 방송 강의로 이뤄지는 경우가 대부분이다. 그마저도 중간·기말고사 이후 단축 시행하는 등 형식적으로 운영되는 경우가 많다. 내용적으로도 가해자-피해자 구도를 기반으로 매뉴얼화된 지식을 전달하는 등 문제점이 지적되고 있는 상황이다. 고등학생 A의 경험은 이런 실태를 잘 대변하고 있다. 집체 교육으로 외부 전문 강사가 수행하는 성폭력 예방 교육을 듣는데, "짧은 치마 입지 마라", "프로필에 사진을 올려 두지 마라", "조심하면 예방할 수 있다" 등 폭력의 원인과 책임을 피해자에게 전가하는 내용으로 강의가 진행되었다고 한다. 다른 교육도 아니고 성폭력 예방 교육인데 이건 아니다 싶어 교사에게 강의 내용을 전달하고 문제를 제기했는데, 이 과정에서 알게 된 사실은 놀라웠다. 해당 강사는 4년째 그 학교에서 성폭력 예방 교육을 수행해 온 강사였고, 매년 비슷한 내용으로 강의했지만 한 명도 문제를 제기하지 않았다는 것이다. 학생 A는 "어차피 아무도 안 듣는 교육이니까", "이상하다고 느껴도 어차피 계속 볼 선생님은 아니니까"라며 그 원인을 진단하였다.

젠더폭력 예방 교육 전문 강사로서의 내 경험도 크게 다르지 않다. 교육을 위해 중·고등학교를 방문하면 보건 교사가 나를 방송실로 안내한다. 방송실에는 수업을 알리고 장비를 다루는 학생 두어 명만 있다. 방송반 학생은 막 시작될 교육 주제를 교사로부터 제대로 안내받지 못해 "방송 안내를 해야 하는데 오늘 수업 주제가 뭐냐"고 묻는다. 멘트를 적어 주고 교육이 시작되는데 내가 준비한 교육 자료와 목소리만 교실로 송출되는 형태이다. 교사가 방송실 문을 열고 들어와 "몇 학년 몇 반은 송출 꺼 주세요"라고 요청하는 경우도 있었다. 교육이 마무리되지 않아도 시간이 종료되면 종이 울리고 자동으로 마이크가 꺼진다. 학교에서 교육을 수행해 본 교사와 강사들은 45분 동안 학생들의 집중과 참여를 끌어내는 것이 얼마나 어려운 일인지 잘 알 것이다. 대면도 아닌 상황에서 과연 45분 동안 교육을 집중해서 듣는 학생들이 얼마나 될까? 젠더폭력 예방 교육이 매년 "똑같은" 내용으로 반복적이며 형식적으로 수행되고 있다는 비판은 이 맥락들에서 짚어져야 한다.

　마지막으로 살펴볼 양성평등교육은 성교육과 젠더폭력 예방 교육을 제외한 나머지 형태의 성평등교육을 지칭하는 용어로 사용되고 있다. 성교육은 보건교육으로 교과 영역이 명확히 설정되어 있고, 젠더폭력 예방 교육 또한 개별 법에 근거해 별도의 교육 영역으로 수행되고 있기 때문에 이들을 제외한 나머지 영역을 양성평등교육으로 보는 것이다. 학교 양성평등교육이 성교육이나 젠더폭력 예방 교육과 다른 가장 큰 차이점은 의무 교육이 아니고, 시행령이 존재하지 않아 추진 근거나 체계가 빈약하다는 점이다.

양성평등교육은 1999년 교육부가 '양성평등교육 이념의 확산'을 교육의 방향성으로 제시하면서 7차 교육과정부터 추진되었지만 주로 범교과 학습*을 통해 수행되었다. 그런데, 2015년 개정 교육과정에서 39개에 달했던 범교과 학습 주제가 대폭 축소되면서 '양성평등'이 빠지게 되었다. 교육부는 범교과 학습에서 '양성평등'을 빼는 대신 교육 운영 모형을 제안하여 교과 통합형과 융합형 수업 등에 '양성평등'의 요소를 넣어 재구성하도록 권고하였다. 현재 '양성평등'의 의미와 가치는 사회, 도덕, 국어, 기술·가정, 보건, 체육 등의 교과목 관련 단원에서 부분적으로 다뤄지고 있다. 초·중·고등학교 양성평등교육의 84.2%는 교과교육에서, 62.3%는 창의적 체험·특별·재량활동에서 수행되고 있는 것으로 파악된다(최윤정 외, 2019).

그러나 교과교육 안에 내용적으로 포섭되어 있는 양성평등교육은 교사의 교육관과 신념에 전적으로 의존해 수행되기 때문에 기본적인 실태조차 파악할 수 없는 상황이다. 현재 사용되고 있는 2015년 개정 교육과정은 '창의 융합형 인재 양성'을 목표로 교과 내용을 소수의 핵심 개념 중심으로 재구조화하고, 학생 중심 수업을 통해 학습 경험의

* 범교과 학습이란 기본 교과과정 외 주제별 학습을 일컫는 것으로 해당 학습 주제를 교과와 창의적 체험활동 등 교육과정 전반에 걸쳐 통합적으로 다루도록 되어 있다.

질을 개선하는 것을 중점 방향으로 설정하고 있다. 이에 따라 교과서는 핵심 개념 등 "큰 덩어리"만 주고 세부 내용은 교사 재량에 의존하고 있다. 그러다 보니 성평등교육이 자의적이거나 형식적으로 이뤄지고 있는 현실이다. 도덕 담당 중학교 교사 B는 성평등교육의 중요성과 필요성에 공감하는 교사들은 "깊게 들어가고" 그렇지 않으면 아예 "빼 버리는" 것도 가능한 교과교육 내 양성평등교육의 실태를 지적한다. 그나마 실적 보고를 해야 하는 성교육과 젠더폭력 예방 교육의 경우에는 교육 수행이 가시적이지만, 양성평등교육은 교육 수행 여부조차 알 수 없는 것이 지금의 현실이라는 것이다.

　이렇게 학교에서 수행되는 성평등교육들은 각기 다른 배경과 경로에 따라 도입되었고, 교육의 근거와 과정도 다르게 구성되어 있어 성평등교육이라는 포괄적 관점에서 체계적이고 일관된 내용을 구성하기는 힘든 구조이다. 2008년 교육부가 성평등교육 정책 담당 부서를 폐지한 이후, 성평등교육에 관한 통합적 비전을 수립하여 운영, 관리하는 시스템이 필요하다는 인식이 제도와 정책에 다시 반영되기 시작한 것은 비교적 최근이다. 2015년부터 시행된 「양성평등기본법」은 중앙 행정 기관이나 시·도지사가 양성평등 정책을 원활히 수행할 수 있도록 양성평등 정책 책임관을 의무적으로 지정하도록 하였다. 이는 교육부나 시·도교육청 역시 전담 인력을 두고 관련 업무를 연계할 수 있는 대안을 마련해야 한다는 것을 의미한다. 하지만 여전히 교육청의 성평등교육 추진 체계는 민주시민교육과, 학교생활교육과, 체육건강안전과에 혼재되어 있고, 성평등 업무 담당자는 한 명에 불과해 안정적으로 운영되지 못하는 실정이다.

가장 우려스럽게 주목해야 할 점은 학교 성평등교육은 젠더 규범을 넘어서기보다 오히려 재생산하는 데 기여하고 있다는 것이다. 포괄적 성교육comprehensive sexuality education이라는 개념은 성 건강과 재생산 이슈를 해부학적, 생리학적 접근에 한정하지 않고, 학습자들의 존엄한 삶과 권리 증진을 목표로 인식적, 감정적, 육체적, 사회적 측면에서의 지식, 기술, 태도, 가치를 가르치는 교육이라는 의미를 담고 있다(UNESCO, 2018). 성sexuality이 자명한 생물학적 사실이 아니라 다양한 신념, 실천, 행동, 정체성으로 나타나는 사회적 구성물이라는 인식을 반영한 것이다(Weeks, 2011). 무엇보다 젠더 규범이 개인의 성적 건강, 실천, 의식에 불평등한 영향을 미친다는 점을 고려하여, 성교육은 젠더 및 성평등교육의 관점에서 통합적으로 다뤄야 함을 강조하고 있다(UNESCO, 2018). 이러한 관점이 배제될 경우 성교육은 오히려 불평등한 젠더 규범을 재생산하는 통로가 될 수 있다.

그러나 한국의 학교 성교육은 여전히 신체와 생식 기능에 대한 지식 전달에 치중하면서 남학생에게는 성적 충동을 관리하는 내용을 중심으로 하는 한편, 여학생에게는 성폭력, 성병 노출, 임신 등 성관계의 부정적 결과를 강조하면서 성적 행동을 단속하는 경향이 있다

(정해숙 외, 2013). 이는 단순히 "보수적"인 것이 아니라, 젠더화된 것이다. 젠더와 섹슈얼리티가 교차하면서 형성되는 권력관계와 규범을 성찰하기보다 오히려 이를 자명한 것으로 전제함으로써 성적 차이에 기반한 젠더 불평등의 구조를 승인하는 효과를 만들기 때문이다. 여기서 주목해야 할 점은 이러한 성교육이 폭력 예방 교육, 양성평등교육과 상호작용하여 되풀이되면서 성적 차이는 물론 성평등의 의미를 왜곡하는 데 기여하고 있다는 점이다. 이는 다음에서 살펴볼 성평등교육 교과 내용 및 지식 구성에서 구체적으로 확인된다.

'양성'에 갇힌 성적 차이, '과거'에 묶인 성차별

여러 교과의 교과서에서 다루고 있는 성평등교육 관련 내용은 교육부가 제시한 '편찬상의 유의점'을 기준으로 집필된다. 때문에 집필진에 따라 관점과 풀어 가는 방식이 조금씩 다를 뿐 목차와 내용 구성은 대동소이하다. 2015년 개정 교육과정 중학교 교과서의 구성을 보면, 기술 가정과 보건 교과서는 청소년기 발달, 건강한 성 가치관과 이성 교제, 성 역할과 양성평등, 성폭력과 성매매 등 성교육, 폭력 예방 교육, 양성평등교육에 해당하는 내용을 모두 포괄하고 있다. 반면 도덕과 사회 교과서는 양성평등교육에 초점을 맞춰 인권, 사회 문제, 사회 정의 등 보다 폭넓은 개념에서 성평등의 가치와 관점을 다루고 있다. 성차별과 성평등의 내용을 소단원에 포함시키거나 학습 활동의 사례로 활용하는 형태이다. 교과서의 구성과 내용을 종합적으로 들여다보면, 성평등교육의 핵심 개요는 성장 급등과 자아 정체감 형성 시기에 있는 청소년들이 남녀의 차이를 인정하고 존중하는 양성평등한 가치관을 형성하고, 준비되지 않은 임신, 성폭력, 성매매 등의 문제를 예방할 수 있게 하며, 저출산 등의 사회 문제도 능동적으로 해결해 나갈 것을 강조하는 내용으로 짜여 있음을 알 수 있다. 이는 2015년 국가 수준의 성교육 표준안의 기조와도 일관된다.

성평등교육을 "여성과 남성 간 사회적 차별이나 서로 다른 차이를 고려하는 교육"(여성가족부, 2017)이라 정의할 때, 개인의 몸뿐만 아니라 사회 제도 및 삶의 다양한 영역에서 경험되고 실천돼 온 성적 차이를 어떻게 다룰 것인가는 성평등교육의 핵심 내용이라고 할 수 있다. 그런데 성평등교육 관련 교과서에 나타난 성적 차이의 의미는 상당히 모호하다. 특정 주제에서는 성적 차이가 극단적으로 강조되었다가, 다른 주제에서는 그 차이를 단순화하는 등 모순적으로 구성되어 있기 때문이다. 보건 교과서는 성교육, 젠더폭력 예방 교육, 양성평등교육에 해당하는 내용을 포괄적으로 다루고 있어, 성적 차이를 설명하는 방식이 어떻게 구성되고 움직이고 있는지 잘 보여 준다. 보건 교과서는 성적 차이에 대한 기본적인 개념 이해를 생물학적, 생리학적 특성으로 설명하면서 남성과 여성의 차이를 강조하는 내용으로 구성되어 있다. 가령 남성(성)에는 성적 주도성과 지배 욕구를, 여성(성)에는 성적 수동성과 소통 욕구를 배치하는 형태이다. 이때 사회·문화적 환경에 따라 다르게 형성될 수 있다는 점은 언급하고 있지만, 그런 인식 차이를 낳은 사회·문화적 배경에 대한 구체적 설명은 비어 있다. 이 설명의 공백이 우려스러운 이유는 이러한 인식에 기초했을 때 성차별과 성평등에 대한 잘못된 이해로 이어질 수 있다는 점 때문이다. 이는 성 역할과 양성평등을 다루는 부분에서 확인된다.

    교과서는 성차별은 "성적 차이를 능력의 차이로 생각하고 한쪽에 불이익을 주는 것"으로 정의하고, 성평등은 "때에 따라 두 가지 특성을 적절히 이용하여 임무를 수행하는 양성적 성 역할"을 갖추려는 태도와 실천으로 제안하고 있다.• 성차별을 단순히 양성 간의 이익 불균형으로 접근하거나, 성평등을 양성적 정체성 및 태도의 함양으로 제한하는 것은 그 자체로 매우 취약한 논리이다. 게다가, 교과서에서 말하는 '성평등한 인간상'은 교과서의 논리 구조 안에서 이미 실현 불가능하다. 남성과 여성의 성 의식을 완전히 대립적인 것으로 전제하면서 그 이분법을 기반으로 강제되어 온 성 역할 규범에서 벗어나야 한다고 말하는 것은 누가 봐도 모순이기 때문이다.

• 중학교 보건 교과서, 천재교육, 76~78쪽.

이렇게 남성과 여성의 차이를 생식기의 차이나 성적 욕망의 본원적 불균형에 기초해 설명하면서도 '양성성을 두루 갖춘 인간'을 이상적 인간으로 제시할 경우, 오히려 성별에 따른 경험의 차이는 가려진다. 이 우려는 성폭력과 성매매에 관한 내용에서 현실이 된다. 교과서 속에서 '청소년'은 젠더 중립적 표상으로 사용되는 용어이며, 사회적 범죄에 취약한 약자이자 잠재적 피해자로 간주되는 집단이다. 문제는, 남자 청소년과 여자 청소년에게 주어진 상황과 경험이 다르다는 점과 그 의미가 생략되고 있다는 점이다. 가령, 〈그림 1〉에서 남성은 성적 욕망을 드러내고 표현하는 사람으로, 여성은 고민하고 주저하는 사람으로 형상화되고 있다. 이는 성폭력과 성매매의 '잠재적 가해자'는 남성, '잠재적 피해자'는 여성이라는 점을 넌지시 제시하는 것이다. 그러나 이렇게 재현된 이유와 의미는 설명되지 않고 있다.

이 중대한 의미의 공백은 앞서 강조되었던 남녀 간 성적 충동의 본질적 차이에 관한 설명 — 남성(성)에는 성적 주도성과 지배 욕구를, 여성(성)에는 성적 수동성과 소통 욕구를 배치하는 경향 — 과 어우러지면서 다시 문제가 된다. 성폭력과 성매매의 발생이 여성과 남성의 다른 성적 특성 그 자체로부터 기인한다는 왜곡된 사회적 신념을 인정함으로써 성차별적 담론의 재생산에 공모하게 되기 때문이다. 성폭력, 성매매 예방 관련 내용에서 피해자 개인의 노력을 강조

〈그림 1〉 중학교 보건 교과서, 와이비엠, 75쪽.

하는 것이 대표적인 예시라 할 수 있다.

교과서 속 성폭력 예방 지침은 '상대방의 인격을 존중한다', '올바른 성 가치관을 기르도록 한다', '자신을 통제할 수 있는 능력을 기른다' 등 가해 행동을 하지 않기 위해 노력할 부분은 추상적으로 제시하는 반면, '원하지 않는 행동은 분명한 태도로 거절한다', '사람이 적은 곳을 피하고 불안한 느낌이 들면 즉시 안전한 곳으로 이동한다', '귀가 시간이 늦어지면 가족이 마중 나오도록 한다', '인터넷에서 알게 된 사람을 주의하고 직접 만나는 일은 신중하게 결정한다'

등 이른바 '피해자가 되지 않는 방법'에 대해서는 훨씬 구체적인 행동으로 제시하고 있다. 성평등교육이 피해자 유발론과 같은 잘못된 인식을 전달하는 장이 되고 있음을 확인할 수 있는 장면이다.

보다 주목해야 할 부분은 교과서에서 개인과 사회가 추구해야 할 가치, 덕목, 규범으로서 성평등의 의미와 가치를 다루는 방식에 있다. 성평등교육의 목적 중 하나는 개인의 삶에 영향을 미치는 사회적 요인을 비판적으로 성찰할 수 있는 도구를 제공하는 것이다. 그러나 교과서 속 성평등교육에는 성적 차이가 차별, 폭력, 불평등으로 귀결된 구조와 맥락을 통찰하도록 독려하는 내용은 비어 있다.

학교 성평등교육은 사회적 요인을 비판적으로 성찰하게 하고 성평등의 비전과 실천을 독려하는 대신 "여자답게, 남자답게 말고, 나답게"와 같은 방식으로 개인적 차원에서 편견이나 고정 관념을 극복하도록 독려한다. 이는 얼핏 가치 중립적인 견해와 해석을 전달하는 것처럼 보이지만, 궁극적으로 최종 선택과 책임을 개인에게 돌려 버리는 것에 지나지 않는다. 가령 "여자는 집안일을 해야지", "여자는 회사 일에 적극적이지 않아"와 같은 편견과 고정 관념이 경력 단절, 임금 격차, 진급 차별 등 노동 시장에서의 불이익을 만들어 낸다고 설명하지만 정작 대안으로 제시되는 것은 "라떼 파파$^{latte\text{-}pappa}$"뿐이다.• 이는 남자들도 편견을 깨고 집안일을 함께하라는 메시지를 전달할 뿐, 성별

• 중학교 보건 교과서, 와이비엠, 77~80쪽

임금 격차와 유리 천장의 원인은 무엇인지, 왜 유모차를 끌고 카페에 앉아 있는 여성을 향해서는 '맘충'이라고 비난하면서 유모차를 끌고 카페에 앉아 있는 남성에게는 명예 관을 씌워 주는지, 그 엄밀한 구조는 고려하지 않는 것이다.

저출산과 일·가정 양립을 다루는 다른 교과에서도 같은 기조가 확인된다. 여성들의 사회 진출이 증가함에 따라 육아와 가사의 부담이 높아지고 그 결과 출산율이 낮아지고 있으니 성별 고정 관념 극복을 통해 저출산을 극복해야 한다고 설명하고 있다. 이는 저출산 문제의 원인과 책임을 개인에게 돌릴 뿐 아니라 성평등의 가치관을 도구적으로 활용하고 있다는 점에서 문제적이다. 저출산 문제는 젠더, 계층, 세대, 지역 등의 다층적 원인으로 발생되는 문제인 데다, 성별 고정 관념은 가족, 노동, 대중 매체 등 중요한 사회 문제와 개인의 삶을 가로지르는 문제이기 때문에 개인의 의식 변화만 촉진하는 것은 대단한 오해를 불러일으킬 수 있다. 그런데 그 의제마저도 가정생활에 국한되어 다루어지거나 이성 교제를 중심으로 그려진다. 그리고 이성 교제나 가정생활 등 사적 영역에서 경험하는 성불평등이 어떻게 사회적 차별 구조와 연결되는지 다루지 않는다. 이는 아래와 같이 성평등의 사회적 달성을 전제하는 데에서 기인한다.

과거에는 전통적인 가부장제 문화 속에서 남녀의 역할을 엄격하게 구분하였고 성 역할에 대한 편견도 있었다. 하지만, 우리가 함께 구현해야 할 공동체의 모습은 남녀가 대립하거나 종속의 관계가 아닌 동반자의 삶을 추구하는 것이어야 한다.●

전통 사회의 가부장 중심의 가족 가치관은 현대에 이르러 부부가 공동으로 의사 결정을 하는 양성평등한 가치관으로 발전하였고, 가족 구성원 간에 평등하고 민주적인 가족 관계를 형성하고 있다. 또 과거에는 자녀가 가문의 대를 잇고 부모를 부양한다는 의미에서 남아 선호 사상이 강하였으나, 현대 사회에서는 자녀를 양육하는 기쁨을 중요시하고 성별에 대한 구분도 무너지고 있다.●●

성평등의 가치와 필요성을 언급하면서 "과거에는", "전통적인 가부장제 문화 속에서" 등의 수사로 성차별을 과거의 것으로 국한하고, "현대에 이르러", "발전하였다", "무너지고 있다"라고 단언적으로 설명하고 있다. 당연히 "남아 선호 사상"과 그 흔적들은 전혀 질문되지 않는다. 학교 성평등교육에서 시사하는 성평등이란 곧 성 역할 고정관념을 넘어서는 것으로 가장 잘 요약되지만, 성적 차이가 역사적으로, 또한 현재적으로 차별, 폭력, 불평등으로 귀결된 구조와 맥락을 통찰하도록 독려하는 교육은 비어 있는 셈

● 중학교 도덕1 교과서, 지학사, 163쪽.
●● 중학교 기술·가정2 교과서, 교학사, 15쪽.

이다. 즉 '여자 축구 선수'가 활약하고 '아빠가 가사 노동에 참여'하게 된 변화의 근간과 동력이 설명되지 않으며, 성별 고정 관념이 과거에 비해 느슨해진 현재에도 여전히 지속되는 성차별적 구조와 그 원인을 비판적으로 인식하여, 이를 넘어설 수 있는 성평등의 비전과 실천의 지평을 제공하지 않고 있다.

교사와 학생들도 교육 내용이 "이런 수준"에 멈춰 있어, "구시대적"이며 "퇴보"하고 있는 것으로 여겨진다고 지적한다. 과거 사상과 그 흔적들의 현재적 의미가 전혀 토의되지 않고, "성평등한 가정"과 "(일가족) 양립"과 같은 가치가 선언에만 머물러 있다는 것이다. 이처럼 차별적 구조와 맥락을 통찰하지 못하게 하는 교육 내용은 성평등이 진짜 달성된 것으로 믿게 만드는 효과만 남기고 있다. 최근 다양한 설문 조사를 통해 확인된 '한국은 이미 양성평등하다(29.7%)', '오히려 남성이 더 차별받는다(51.7%)'라는 남성 청년들의 인식에 학교 성평등교육이 적잖게 기여하고 있다고 볼 수 있다(여성가족부, 2021).

'옵션 교육'과 '위험한 교육'을 넘어

성평등교육의 형식적 관리 체계, 관련 교재나 지도안조차 제대로 마련되어 있지 않은 현실, 거기에 학교 안팎으로 페미니즘 백래시와 역차별 담론까지 강하게 부상하면서 성평등교육에 의지를 가지고 고군분투하던 교육 주체들마저 성평등교육을 '위험한 교육'으로 인식하게 된 지금의 상황이 성평등교육의 현실을 가장 단적으로 보여 주는 위험의 징후라고 할 수 있다.

> 굉장히 교묘한데… (중략) 요새는 교과서가 국정에서 다 검정으로 바뀌었잖아요. 출판사에서도 다문화나 성소수자 주제가 너무 전면적으로 다뤄지면 채택이 안 될 수도 있다고 생각해요. 그러다 보니까 다루긴 다루되 전면에 내세우는 건 다른 내용으로 하고, 은근슬쩍 가져간다든지 이런 식으로 진행이 되더라고요, 경험을 해 보니까.

국어 담당 고등학교 교사 C는 페미니즘과 성소수자 이슈 등이 사회화, 대중화되고 그에 대한 백래시 역시 강하게 부상하면서, 교육 기관 및 행위자들에게 압력과 위협이 노골적일 뿐만 아니라 "교묘한" 방식으로 진행되고 있다고 말한다. 교과서를 만드는 출판사는 관련 내용을 삭제하고, 교사들은 "은근슬쩍" 다른 내용으로 대체하며, 교육 당국은 사회적 공감대가 형성되지 않았다는 이유로 분명한 교육철학을 제시해야 하는 위치를 회피한다는 것이다. 교사들이 위험을 감수하고 성평등교육을 수행할 동기를 찾기 어렵다고 말하는 데에는 이러한 배경들이 자리 잡고 있다.

2019년 7월, 한 도덕 교사가 성평등교육의 일환으로 '성과 윤리' 단원 수업 중 단편 영화 〈억압받는 다수 Oppressed Majority〉를 수업 자료로 활용한 것이 불씨가 되어 정서적 학대 혐의로 경찰에 고발되는 사건이 있었다. 문제가 된 영화는 사람들이 일반적으로 생각하는 두 성별의 모습을 완전히 상호 교체함으로써 가부장적 사회를 비판하는 메시지를 담고 있다. 2020년 9월에는 한 국회의원의 말 한마디로 여성가족부가 추진하던 성평등 도서 학교 보급 사업이 중단되는 사건도 있었다. 여성가족부 장관은 문제가 제기된 지 며칠 만에 사과하고 문제가 된 책들을 모두 회수하겠다고 발표했다. 이런 상황을 주의 깊게 지켜본 교사들은 "갈등을 일으킬 수 있다는 두려움" 때문에 스스로 성평등교육에 소극적으로 임하게 된다고 말한다. 성평등교육은 굳이 "새로운 거 안 해도 되는" 위상에 머물러 있는 데다, 이런 "옵션" 교육에 위험을 감수할 동기가 부여되지 않고 있는 것이다.

이렇게 성평등교육이 '안전하게' 이뤄질 수 없는 상황은 페미니즘 교육 의무화 청원이 제기되고, 스쿨 미투가 일어나고 있는 상황과 유기적으로 연결된다. 학생들은 스쿨 미투에 대해 "터질 게 터진 것 같다"고 말한다. 개인의 과목별 역량을 성적 차이로 환원한다든지, 교사의 성별을 막론하고 "(여자는) 돈 잘 버는 남자애를 만나서 결혼해야 한다"고 하는 등의 성차별 언행이 만연한 현실이라는 것이다. 이와 같은 현상은 오늘날 여성 청소년의 성평등 의식과 젠더 감수성의 고양을 보여 주는 한편, 학생들의 주요 삶의 공간인 학교가 성평등한 장소로 경험되지 못하고 있음을 방증한다. 과거와 달라진 것은 여학생들이 이런 상황을 더는 묵과하지 않게 되었다는 것뿐이다.

교사들 역시 변화한 학생들의 의식을 예민하게 포착하고 있었다. 교사 C는 신분 질서를 넘어선 순정과 정절을 주제로 다루는 〈춘향전〉에 대한 학생들의 달라진 반응을 전했다. 과거에는 "춘향이는 나쁜 아이인 것 같다. 그래서 불쌍한 마음이 안 생겼다"라고 쓰는 학생들이 많았는데, 최근에는 "이 인물이 지금 고통받고 있는 것은 여성을 차별하는 유교 사회 문화 때문이고" "이 인물이 나중에 결혼을 통해 행복해지는 것이 과연 행복이었을지도 의문이다"라는 식으로 〈춘향전〉에 나타난 당대 사회를 여성 주체의 관점에서 해석하고, "페미니즘 비평의 관점"에서 능동적으로 비판하는 학생들이 다수라는 것이다. 문제는 페미니즘이 배척되는 학교에서 이를 '안전하게' 토론할 수 없다는 점이다.

이와 같은 현실을 타개하기 위해서는 교육 당국이 성평등교육에 대한 올바른 교육철학과 정책을 일관되게 마련하고, 실행 의지 또한 분명하게 갖춰야 한다. 교사 C는 교육부에서 내린 "체벌 금지" 조치가 가져온 엄청난 변화를 사례로 들어 "공문"의 위력을 언급하였다. 교사들이 말하는 "공문"은 정부와 교육 당국이 성평등과 성평등교육에 대한 사회적 합의를 이끌어 내는 데 적극적으로 참여하여 '안전한' 성평등교육을 수행할 수 있는 토대를 제공하려는 공적 의지의 상징이라 할 수 있다. 그런 의미에서 교육 당국은 기존 성평등교육에 대한 단순한 양적 확대나 강화에 머물러서는 안 된다. 학교 성평등교육의 형식적 관리 체계, 성적 차이를 생물학적으로 본질화하거나 비가시화하는 등 모순된 내용과 실천으로 구성된 교육 내용 등에 대한 근본적 성찰을 시작으로, 성평등에 대한 바람직한 교육철학과 사회적 합의를 마련해 나가야 할 것이다.

그리고 그 과정은 페미니즘 지식과 실천을 반영하고, 성평등과 페미니즘에 관심을 가진 교육 주체들의 능동적인 활동과 자율적인 집합 행동이 학교와 사회를 변화시키는 동력이라는 점을 인정하며, 이를 활성화할 수 있는 토대를 마련하는 일과 병행되어야 한다. 교사 C는 "스쿨 미투가 학교에 남긴 각각의 상처"에도 불구하고 "사회적인 목소리를 끌어내는 데 중요한 역할"을 한 것처럼 성평등교육과 학교문화의 변화를 위해서는 페미니즘에 관심을 가진 주체들이 "목소리를 많이 내게 해 주는 것"이 중요하다고 말한다. 그것이 가능해질 때 학교에서 수행되는 성평등교육이 학교를 변화시키고 동시에 사회를 변화시키는 교육이 될 수 있을 것이다.

경쟁 교육 체제는 성평등을 어떻게 상상하게 하는가

학교폭력 규율 체계와 정신건강 관리 체계를 중심으로

·
·
·

김서화

본 글은 엄혜진·김서화(2020), 〈공교육의 시장화와 '성평등' : 가해자/피해자, 정상군/관심군, 그리고 수컷/암컷 이분법에 기반한 시민성 개발〉, 《한국여성학》을 보완하고 재구성한 것이다.

'경쟁력 있는 개인'은 어떻게 만들어지나?

동네 공원에서 초등학교 고학년으로 보이는 남자아이 서넛이 여자아이들 주변을 맴돌더니, 누구에게는 '넌 뚱뚱해', 다른 누구에게는 '넌 멸치처럼 말랐다'며 몸매 품평을 하는 장면을 본 적이 있다. 한 여자아이는 "이거 학교폭력이야. 내일 선생님한테 이른다"라고 대차게 말했고, 남자아이는 "나는 너네 학교 아니거든"이라며 얄밉게 화를 돋우었다. 또 다른 여자아이는 분노를 실어 "그럼 성폭력이지. 경찰에 신고할 거야"라고 대응했고, 이제 질세라 제일 큰 남자아이가 "나 손도 안 댔거든? 그래서 뭐? 트라우마라도 생겼냐?"며 응수했다.

'폭력'이나 '트라우마'처럼 제법 어려운 용어를 활용하며 적극적으로 대처하는 똑 부러지는 모습이 일견 대견하면서도, 사용하는 개념 사이사이로 미끄러져 나가고 있는 어떤 함의들에 고민이 깊어졌다. 아이들은 학교폭력을 단위 학교라는 물리적 공간과 밀접한 것으로만 인식한다. 학교폭력은 선생님에게 이르지만, 성폭력은 경찰에 신고하겠다는 기준은 학교폭력과 성폭력의 관계가 어떻게 구성되고 있는지를 엿보게 했다. 분명 현행 학교폭력 관련 법상 가해 행위에 성폭력이 포함됨에도 불구하고 이 둘은 복합적으로 사유되기보다는 전혀 다른 것으로'만' 여겨지곤 한다. 얼핏 '성' 문제는 경찰이 다뤄야 할 정도로 심각한 사안이라는 인식이 공유되고 있는 것 같지만 실상은 대개 '손도 대지 않'아 문제로 구성되기도 어려운 형편이다. 실제 우리는 외모 품평이 어떻게 폭력이 될 수 있는지, 혹은 그것의 젠더화된 함의는 무엇인지보다 교칙이나 법의 '저촉' 여부에 관심을 둔다. 무엇보다 폭력과 인권 의제들은 너 아니면 나의 배타적 권리로 인식되고, 이 긴장 속에 젠더에 관한 인식이 똬리를 틀고 있다.

이때 아이들이 사용한 '폭력'과 '트라우마', '성폭력'과 같은 단어들이 최근 20여 년간 학교에서 새롭게 강조해 온 용어들이라는 점에 주목할 필요가 있다. 1990년대 이후 청소년 자살과 우울, 학교폭력 문제들의 심각성이 꾸준히 제기되어 왔고, 공교육은 입시나 학업뿐만 아니라 청소년들의 위태로워진 일상과 삶에 적극적으로 개입해야 한다는 요구를 받았다. 이에 조응하여 '학교폭력'과 '정신건강'이 공교육의 새로운 제도적 실천과 담론의 중심 주제가 되었다. 학생들의 일상은 공교육의 다양한 제도가 구성하는 잠재적 교육과정에 지대한 영향을 받는다. 아이들의 말은 현시대 공교육이 전제해 온 폭력과 건강에 대한 인식의 단면을 정확히 보여 주었던 것이다.

학교가 고도의 경쟁 사회를 주도한다는 데 동의하지 않을 사람은 없을 것이다. 하지만 그 문제의식은 시험, 성적, 입시 등 직접적인 경쟁 기제로 나타나는 가시적인 교육과정과 그 결과에만 집중되어 잠재적 교육의 효과를 경시하는 경향이 있다. 하지만 학교는 무엇보다 사회가 바라는 바람직한 시민의 모습에 대해 가르치고 길러 내는 것을 목적으로 하는 곳이다. 사람들이 공교육은 입시에만 골몰해서는 안 된다고 비판할 때에도 사실은 시민성에 대한 다른 요청을 하는 셈이다.

학교가 시장화를 받아들이고 '경쟁력 있는 개인'을 시민의 모습으로 상정했을 때 학교에서의 일상 전체는 바로 그 경쟁력을 위해 총체적으로 재편되었다. 점수나 출신 대학 등으로 가시화된 '경쟁력'의 속살이 부모의 재력과 관심, 학생의 건강과 노력, 봉사 이력 및 독서 이력 등 복합적이라는 점은 이를 잘 보여 준다. 명시적 교과뿐 아니라 학교의 다양한 제도와 실천 양식들, 학생에 대한 규율 체제 모두가 섬세하게 재편될 수밖에 없다. 현재 학생들의 삶의 조건이자 토대인 학교생활이란 무한히 증식하고 있는 경쟁력의 구성 요소와 잔인하고 끝도 없는 상대 평가 시스템으로 짜여 있다. 이런 시스템은 학생들의 하루하루를 규율하는 교칙과 상벌 사항들, 신체 및 심리 검사와 실태 조사들, 이것들을 안내하고 독려하는 각종 알림과 통신문 없이는 유연하게 굴러갈 수 없다. 점수만이 경쟁력을 요청하고 견인하는 것이 아니다. 처벌과 제재는 주체성의 규범과 올바름의 가이드라인이며, 건강함의 표상과 실천 방안은 시민의 형상을 전달하는 주요 기제이고, 이야말로 시민성의 요체다. 그리고 인간을 남성과 여성으로 구분하고 이해하는 규범화된 사회 속에서 시민성이란 그 자체로 젠더화된 인식과 깊이 연루되어 있기도 하다.

이 글이 주목하려는 학교폭력 규율 체계와 〈학생정서·행동특성검사〉로 대표되는 정신건강 패러다임은 1990년대 후반 공교육의 체제 전환 이후 제도화된 잠재적 교육과정 중 일부이다. 양자는 공교육이 추구하는 시민성의 내용을 구성하는 데 깊게 관여하고 있다. 우리에게 이미 익숙해진 '경쟁력 있는 개인'이란 학교가 마련한 시민성에 관한 특정한 기준, 규범, 규율에 시시각각 조응하며 만들어진다. 우리 사회와 학교가 추구하는 좋은 시민의 모습, 건강한 시민의 형상이 어떻게 경쟁력 있는 개인과 합일되어 있는지, 이것이 어떻게 성평등에 대한 개인의 특정한 인식을 낳고, 젠더화된 시민성을 형성하는지 살펴보려 한다.

'교육폭력'에서 '학교폭력'으로

사람들은 학교가 변화했다는 것을 감각하면서도 그 구체성과 효과에 대해서는 다소 무감하다. 옛날의 열악하고 무지막지했던 교육

풍경과 비교하여 '세상 좋아졌다'라고만 여기거나, 경쟁적 입시 문제에만 치중해 논하기도 한다. '어차피 성인들의 팍팍한 삶보다는 학창 시절이 편하지 않냐'라며 청소년의 일상을 폄하하고 그들의 일상에 관심을 갖지 않는 경우도 있다. 이 글에서 살펴보려는 학교폭력 규율 체계와 정신건강의 강조에서 실시된 〈학생정서·행동특성검사〉는 1990년대 후반, 공교육의 전환을 배경으로 도입된 제도들이다. 우리가 특별히 관심을 가지지는 않지만 학생들의 일상과 학교생활에 촘촘히 색을 입히며 시민의 기준을 전달하고 가르쳐 온 것들이다.

공교육이 제도적으로 개편된 계기는 1995년 5월 문민정부가 발표한 '신교육 체제 수립을 위한 교육 개혁 방안(이하 5·31 교육 개혁)'이다. 공교육 전환의 계기를 단 하나의 특정 시기나 제도, 방안 등으로 단순 수렴시키기는 어렵겠지만, 정부 주도의 교육 개혁이 크게 두 차원에서 혁신적이고 전면적인 변화를 수용했다는 것은 부인할 수 없다. 한 차원은 민주화의 열망과 요구를 담아 보고자 한 변화의 일면들이다. 다른 차원은 경쟁과 효율성의 원리를 적극 도입하고 수요자 요구에 민감하게 반응하는 시장 합리성에 의탁하면서, 공교육의 토대가 빠르고 강하게 신자유주의화되었다는 점이다. 사뭇 상반되어 보이지만 공동체나 사회, 혹은 연대와 같은 가치보다는 소비자이자 시민 주체로서의 '개인'을 강조한다는 점에서 일관되어 있었다.

우리가 '학교 좋아졌다'라고 느끼는 것은 일견 정확하다. 억압적,

수직적, 관료적 학교 교육의 체제와 체질을 개선하고 교사, 학생, 학부모 등 교육 주체의 자율성과 자치권을 향상시키기 위한 민주적 제도와 기구 들의 변화를 실감하고 있다는 말이기 때문이다. 오래도록 한국의 학교는 인권과 평등이라는 근대적 가치를 토대로 한 시민 양성과는 거리가 있었다. 학교는 군사 정권하에서 쉬이 병영화되었고, 국가 동원 체제에 입각해 교사와 학생을 통제하였으며, 폭력과 억압을 통해 국가와 권위에 복종하는 주체를 만들어 왔다. 기성세대 상당수가 동원, 촌지, 체벌을 떠올리며 학교나 교사의 권위적 모습이나 폭력적 양태를 학교 경험으로 기억하는 이유는 당시 공교육 체제의 성격을 고스란히 반영한다. 즉 한국 사회에서 학교는 폭력성과 비민주성을 대표하는 공간이자 시스템이었고 1990년대의 교육 개혁은 그런 공교육에 대한 민주적 전환의 열망을 반영한 것이기도 했다.

바로 그때 학교를 둘러싼 폭력 문제와 그 처리는 공교육의 전환과 함께 재조정될 필요가 있었다. 학교는 민주화되어야 했고, 최소한 폭력의 상징은 아니어야 했다. 과거에도 폭력 문제는 학교 교육의 주요 의제이기는 했다. 하지만 일명 문제아, 비행 청소년이라 불리던 학생 개인의 일탈 행위를 학생부장, 생활지도부장 등이 훈계나 생활 지도의 명목하에 '폭력적으로' 통제하는 식으로 다루었다. 폭력은 또 다른 폭력(체벌)으로 응징되고, 교육과 훈육의 이름으로 정당화되었다. 민주화를 지향하는 학교는 가장 먼저 이런 '교육'폭력을 개선하고자 했다.

학교'의' 폭력이 규제되어 가던 시점에 학생 간 폭력은 전과는 사뭇 다른 양태로 등장했다. 1990년대 등장한 이지메, 왕따, 집단 따돌림과 같은 표현 속에서 학생 간 폭력 문제가 범사회적 이슈가 되었고, 마침 청소년의 우울과 자살이 급증했다. 이런 변화가 공교육의 빠른 시장화 전환과 함께였다는 점을 눈여겨봐야 한다. 새로운 변화들은 청소년들의 삶의 환경을 주요하게 구조 짓는 학교 생태계 변화로부터 기인하는 것이기도 했다. 학교는 점점 교육 상품의 거래 장소처럼 변화했고 지나치게 성과 지향적이 되어 가는 등 정교화되고 고도화된 경쟁 체제로 변해 갔다. 숨 막히게 변한 청소년들의 삶의 배경은 같은 교실에 앉아 있더라도 삶에 대한 공통 감각을 가지기 어렵게 만들기도 했다. 그런 학교에서 청소년을 둘러싼 여러 불안 요소들은 그 자체로 생존과 직결되었으며, 언제든 폭력의 불씨가 되기 쉬웠다. 새로운 학교폭력과 청소년들의 자살은 시장화된 공교육의 효과 속 일상이 그야말로 약육강식의 전장으로 변모한 결과이기도 했다는 말이다. 그런 면에서 학교는 '체벌'하지는 않지만 여전히 폭력으로부터 무관하거나 제3자라고 볼 수는 없다.

이처럼 '학교'와 '폭력'은 늘 긴밀하게 결합되어 있지만, 폭력의 양상과 이에 대한 변화한 인식들은 이 양자 사이의 관계를 완전히 새롭게 재구성하도록 이끌었다. 1990년대 후반 학교폭력 담론의 증폭과 관련 법률 제정*으로 과거 대표적인 비민주적 공간이자, 폭력을 교육의 이름으로 행사하는 상징적·물적 주체였던 학교는 이제 법적 근거를 기반으로 폭력을 정의하고, 관리하고, 중재하는 역할을 수행하기 시작했다. '교육폭력'이 '학교폭력'으로 이동하고, 훈육이 사법 담론에 의존하기 시작한 것이다.

이후 우리 사회는 '학교'와 '폭력'을 둘러싼 큰 인식의 변화를 겪어 왔다. 2021년 2월 미디어를 달구었던 유명 스포츠 스타와 유명인들에 대한 학교폭력 가해 폭로 사건은 우리 사회의 변화들을 징후적으로 보여 주기도 했다. 청소년 시기 또래 문화로 취급되어 온 괴롭힘이 단순한 괴롭힘이 아니라 폭력이며, 공교육은 이를 예방하고 대처해야 한다는 사회적 공감대가 생긴 것은 분명 하나의 전진이다. 하지만 만연한 불만과 억울함, 부정의에 대한 감정들은 실상 학교폭력이 '제대로 해결되지 못했음'을 방증하기도 했다. 때로 그런 감정들은 쉽게 응징과 복수의 감정으로 전환되기도 한다. 학교폭력은 모두가 중대하고 심각한 사안으로 여기는 것이 되었지만 인터넷 댓글이 아니고서는 아무도 연루되고 싶어 하지 않는 대표적 사안이 되었다. 학교폭력이 개

● 5.31 교육 개혁이 발표된 같은 해, 서울의 한 고등학생이 학교폭력에 시달리다 자살한 사건이 있었다. 이 사건을 계기로 '학교폭력 근절 종합 대책'이 발표되고, 학교폭력 사안은 범사회적 이슈가 되었다. 이에 대한 대책 마련을 요구하는 목소리 속에서 2004년에 「학교폭력예방 및 대책에 관한 법률」(이하 「학교폭력예방법」)이 시행되었다. 학교폭력에 관한 예방과 대처를 위한 법·제도적 기반이 구축되었던 것이다.

개인의 도덕성을 판단하는 준거로 여겨질 만큼 학교폭력에 관한 인식과 대처는 윤리적인 외피를 하고 있음에도 불구하고 실제로 학교폭력 문제를 다루는 것은 이와 무관한 논리 위에서 진행되고 있음을 말해 준다.

　무엇보다 '까다로운' 학교폭력으로 분류되는 것들은 하나같이 성희롱·성폭력 가해 행위를 수반했을 경우이다. '교육폭력'의 시대에 폭력으로부터 고통받는 것은 육체 폭력에 노출되기 쉬운 남학생이라는 통념이 강했다. '학교폭력'이 성폭력을 가해 행위로 포함시키면서 여학생들의 피해 경험이 좀 더 가시화되고 중요한 사안이 되기는 했지만 그 해결과 피해 회복에 대한 신뢰는 더욱 낮아진 것만 같다. 동시에 우리는 스쿨 미투를 통해 각급 학교에 만연한 성차별과 일부 교사의 성희롱·성폭력을 목도하고 있기도 하다. 결국 우리가 학교폭력에 대한 대책을 제도화함으로써 폭력을 재사유하고 이에 대처하면서 보다 민주화된 교육 제도와 시민성의 함양을 추구하고자 한 의도는 과연 성취되고 있는지 묻지 않을 수 없다. 더 나아가 학교폭력 규율 체계를 통해 우리가 재인식하게 된 폭력과 피해, 권리 등의 개념의 현재적 함의는 과연 무엇이며 어떤 효과를 보이고 있는지 되짚을 필요도 있다.

가해자-피해자로 구획된 권리와 개인화된 안전

「학교폭력예방법」과 이에 기준한 사건 처리 매뉴얼이 있고, 해마다 두 번씩이나 실태 조사를 하는데도 불구하고 왜 사람들은 학교폭력이 예방되지 않는다고, 무엇보다 해결되지 않는다고 생각할까? 학교폭력은 왜 이리 억울함과 분노, 복수의 정동 위에서 논의될까? 왜 성폭력은 늘 학교폭력 문제에서 애매하게 비껴 난 주제로 논의되는 것일까? 이는 형사 사법 논리 중심으로만 구성된 제도적 틀의 한계로부터 생각해 볼 수 있다. 폭력에의 대응이 교사나 학교의 체벌과 억압이던 시기를 벗어나 이것이 사법 담론에 의존하기 시작하면, 행위를 중심으로 가해와 피해를 구분할 수밖에 없다. 이때 안전이나 폭력과 같은 것들은 사회나 공동체의 이슈이기보다는 개인의 문제로 한정되기 쉽다. 그리고 폭력을 둘러싼 개인과 개인은 법적 절차와 그 다툼 속에서 자신의 몫을 가늠하게 되며 우리는 권리를 그렇게 사사화된 것으로 인식하게 된다. 섹슈얼리티가 결부된 폭력 문제에서 이런 인식들의 한계는 가장 첨예하고 문제적으로 드러날 수 있다. 이러한 분석은 학교폭력 사안 중에서도 왜 유독 성폭력이 다루기 까다로운 난제로 남는지 알려 줄 뿐만 아니라 젠더와 무관해 보이는 학교폭력 규율 체계가 '성'을 이해하는 방식들과 결코 무관하지 않음을 말해 준다.

사법 담론의 모델 위에서 주조된 「학교폭력예방법」은 성폭력을 포함해 학교폭력 가해 행위의 범주를 확대하는 방식으로 꾸준히 개정되어 왔다. 그러나 가해 행위 유형 자체가 폭력의 의미와 작동 방식을 설명해 주지는 않는다. 폭력의 구조와 특성을 제대로 포착하거나 드러내는 것도 아니다. 오히려 문제는 폭력의 '범주'가 '정의'를 대체하게 된다는 점이다. 이때 우리는 폭력을 해석할 역량을 배울 수 없다. 폭력이 무엇인지를 행위 유형으로만 이해하고 그것의 법적 저촉 여부만 판단할 것이기 때문이다. 피해 회복 역시 오직 가해자 처벌에 한정해 생각할 수밖에 없다. 학교폭력 관련 법 제도와 정책은 실효성과 효능감의 측면에서 기능적이지 않다는 비판이 지속적으로 제기돼 왔다. 처벌 강화 요구가 커지는 이유이기도 하다. 실제 2011년 대구 중학생 자살 사건을 계기로 마련된 2012년 개정안 이후로는 "사소한 괴롭힘도 폭력이다"라는 슬로건에 입각해 엄벌주의를 채택해 왔다. 하지만 폭력을 제대로 사유하거나 의미화하지 못하는 상황에서 처벌 강화는 다른 효과를 누적해 왔다. 사안 처리의 과정이 과도하게 중요해진 것이다.

교사나 학부모들 사이에서는 학교폭력 처리의 최선이자 최대는 '빌미를 만들지 않기'라는 말이 회자된다. '신고-접수-전담 기구의 조사-학교폭력대책자치위원회(학폭위) 논의'에 따른 처리 과정에서 피해 회복을 원하는 학생이나 불이익에 민감한 가해 학생 측 모두

학폭위의 결정에 전적으로 의존하게 되었다. 그러므로 자신의 실체적, 절차적 권리가 침해당하는지의 여부에 관심을 집중하게 되고, 실제로 재심과 행정 소송이 이어지는 경우도 많다. 학교폭력이 중차대한 사안이라는 점을 교육공동체나 구성원 모두 인지하고 있더라도 결국은 사안 처리 매뉴얼에 기초한 법 논리의 엄밀한 적용과 절차적 공정성을 최우선시할 수밖에 없었다. 교사들은 경찰이나 변호사처럼 전문적으로 일을 처리하기를 요구받았고, 단위 학교는 징계 및 소송의 빌미를 제공하지 않는 데 초점을 두었다. 학부모가 구성원의 절반 이상을 차지하던 학폭위 역시 사법적 전문성과 판단이 중시되는 분위기 속에서 역할을 정당하게 수행하기 어려웠다. 결과적으로 학교폭력은 '자치'가 아닌 법적 처리 '절차'에 의존하게 되고, 폭력이 일어난 구조에 대한 책임을 물을 곳은 사라지게 된다. 그래서 때로 피해자는 황당하게도 '민원인' 취급을 받으며,* 이때 피해자와 그 학부모가 겪는 모멸감은 하소연할 곳조차 없다. 이와 같은 사법 모델에 근거한 형벌주의적 방식에 대한 비판으로, 2020년부터 학폭위가 아닌 교육청을 통해 사건을 해결

* 피해 학부모와 유가족은 피해자를 탓하고 이들이 가해를 입증해야만 하는 잘못된 학교폭력 처리 과정을 증언한다. 성폭행과 괴롭힘을 당해 자살한 한 학생의 학부모가 사후 학폭위에 조사를 요청했을 때, 학교 측은 학부모를 '민원인'으로 부르며 하대를 하거나 관련 일정은 자세히 알려주지 않으면서 아이에게 신경을 쓰지 않았다며 학부모를 탓했다. 학교 측에서는 피해자나 유가족이 귀찮고 까다로운 절차를 밟게 만든 원인처럼 여겨지는 것이다.[〈학폭으로 아들을 잃고, 찬 것을 만질 수 없게 된 엄마〉, 《시사인》, 2021년 6월 30일.]

하도록 제도가 변화했다. 그럼에도 불구하고 그간 학교폭력 규율 체계가 이끌었던 폭력과 인권에 대한 감각과 인식, 태도와 같은 잠재적 교육 효과는 여전하며 새로운 제도 역시 안정화되기에 좀 더 시간이 필요해 보인다.

형벌 중심의 학교폭력 규율 체계는 사법 담론을 초과하는 폭력에 대한 구조적 성찰과 사유를 촉진하기보다 오히려 중지시키는 문제와 맞닿아 있었다. 학교폭력의 시작은 언제나 장난삼아 한 농담이다. 그 농담과 오해 들은 대부분 사회적 차별과 배제의 함의를 담고 있기 마련이다. '공부도 못하는 게', 'LH에 사는 주제에', '못생긴 게', '변태 같은 녀석이', '기지배 주제에', '다문화인 게'……. 학생들이 생활하는 학교 역시 이런 차별과 배제의 인식으로부터 벗어나 있지 않으며, 오히려 경쟁적 토대의 공교육은 이런 인식 위에서 서열과 위계의 감각이 작동하도록 부추기고 있다. 그러나 학교폭력 규율 체계에서는 폭력의 당사자는 언제나 피해자 혹은 가해자로 호명되는 개인으로만 무한히 축소되고, 이 양자가 어떤 자원을 두고 뺏고 빼앗기는 제로섬 게임을 하도록 구성되어 있다. 폭력 행위와 단일 사건에서의 나쁜 가해자-선량한 피해자의 구분을 기초로 하는 사법 모델의 틀은 개인을 소환하여 발생한 사건을 '처리'하게는 하지만 그 문제적 상황이 발생하게 된 사회 정치적 맥락과 역사성은 불러오지 않는다. 그리고 피해자로 인정받는 것이 마치 정의의 실현인 것처럼 구성하지만 폭력 발생의 권력 구조를 드러내기보다 개인의 안전권 침해만을 피해로 환원하기에 실상 이를 책임지는 사회나 학교, 공동체의 몫은 없다. 학교폭력 피해자들에게는 '밥 먹었냐'와 같은 말 한마디가 피해 회복의 신호가 된다.• 그런 만큼 피해 회복은 공동체와 그 구성원들까지 책임을 함께하고 상황 인식이 조직적으로 변화할 때에만 가능하다.

문제는 역사적으로 우리 공교육은 폭력의 주체였을 뿐만 아니라 젠더 규범을 재생산하고 성차별을 체계적으로 실천하는 공간이었다는 점이다. 일견 체벌과 같은 가시적 폭력은 줄어든 것 같지만 공교육이 전제하고 또한 활용해 온 젠더화된 권력 구조는 여전히 크게 변화하지 않았으며 폭력에 대한 근원적 변화 역시 크지 않았다. 스쿨 미투는 그야말로 공교육의 이러한 지체를 폭로한 셈이었다. 우리 공교육이 폭력을 다룰 내적 역량을 갖추었다고 보기는 어려운 이유이다. 문제는 학교폭력 처리를 위해 공교육이 의존한 사법 담론의 효과이다. 사법적 논리가 폭력 사안의 책임을 오로지 개개인들에게 묻도록 부추겼던 것이다. 하지만 학교가 이러한 책임으로부터 비켜 서고 개인들에게 이를 무책임하게 돌릴 수 있

• 2020년 2학기 서울시 11개 교육지원청에서 심의한 학교폭력 사건 654건을 분석한 기사에서 학교폭력은 연속이고 복합적으로 이루어지며, 사회적 약자를 향한 경우가 대부분이었고, 현행 처리 과정에서 피해자 치유와 조치들이 매우 미흡함이 지적됐다. 관련 전문가들은 피해자가 원하는 것은 '일상의 회복'이며, 주변 학생들의 관심이 치유 회복 촉진에 도움이 된다고 한다. 피해 학생의 문제가 아니라는 것을 알려 줄 뿐만 아니라 주변 학생들이 방관자가 아니라는 신호이기 때문이다. [〈2021 학교폭력, 더 치밀해지고 더 복잡해진다〉, 《시사인》, 2021년 6월 28일.

었던 보다 근원적 이유는 공교육을 향한 민주화의 요청이 손쉽게 시장화된 경쟁 체제로 대체되었기 때문이기도 하다. 공교육의 잠재적 교육과정 면면에서 '바람직한 얼굴'로 전제된 시민성의 모습은 공동체적 개인이기보다 경쟁력과 자기 관리에 경도된 개인이었다는 점에서 현재의 결과들은 실상 시장화된 공교육의 요구와 정확히 일치한다.

우리들이 성폭력 사안을 유독 다루기 어려워하는 이유도 이와 무관하지 않다. 학교는 성희롱·성폭력 사건을 다루면서 드러날 학교 및 교육 주체들의 다양한 젠더 편견과 성차별적 구조들을 직면하고 이를 돌파할 역량을 구성하기보다는 이를 개인 간 이해나 권리 충돌의 문제로 축소시켜 왔다. 성추행을 하는 어느 나쁜 선생님, 친구의 알몸 사진을 유포한 못된 학생. 하지만 대부분의 성폭력 그리고 학교폭력 사건은 그렇게 단순할 수 없다. 어느 선생님의 강의 내용을 누군가는 성희롱이라 주장하고 누군가는 새로운 성적 담론의 사례로 생각할 경우, 집단 따돌림의 반복 속에서 가해 학생의 사진을 복수심에 유포한 학생일 경우, 소수자로서 괴롭힘당하던 학생이 가해 학생을 폭행했을 경우 등은 학교폭력 사안에서 일명 '귀찮은' 취급을 받는 대표적인 사례들일 것이다. 나쁜, 책임질 개인 한 명을 콕 집어 찾아낼 수 없는 사안들이기 때문이다. 사건의 맥락과 과정 켜켜이 쌓인 젠더 편견과 청소년들을 향한 편견을 넘어서 학교를 둘러싼 위계적 권력관계를 되짚으며 전면적 변화와 재편을 고심해야만 하는 일들이다. 이는 가해자의 개인적 책임을 넘어선 그야말로 교육적 관점과 실천 속에서 달성해 내야 한다. 하지만 우리 공교육은 그간 흔히 최종적으로 '더' 때린 사람, '어쨌든' 사진을 유포한 사람을 처벌하고 종국에는 '성'과 관련된 사건은 아예 만들지 말라고 요구하곤 했다. 학교가 페미니즘적 관점과 질문이 교육에 반영되기를 거부하는 이유이기도 할 것이다.

시장화된 공교육의 토대 위에서 폭력과 인권이 사사화되고 책임이 개인으로만 향하자 심지어 폭력은 개인의 경쟁력 훼손의 요소로 다루어지기도 했다. 학교폭력 가해 사항을 학교생활기록부에 남기기로 함으로써 학업 '스펙'과 직접적으로 연동시킨 2012년의 「학교폭력예방법」 개정안은 초경쟁 사회, 입시 중심의 공교육 체계 안에서 학교폭력이 교육 투자와 위험 통제의 중요한 변수로 작동하게 만들었다. 경쟁 사회에서 마이너스 기록을 남기지 않고자 하는 노력이 학교폭력 처리의 가장 강력한 동기로 작동하자 절차적 공정성은 더욱 최상의 가치가 되어 버렸다. 결국 학교폭력 자체가 힘의 위계에서 기인했을진대 해결 과정 역시 이를 따르게 될 수밖에 없다. '잘나가는 애들은 학폭에 걸려도 다 빠져나간다'는 대중적 인식의 실체이자 시작이다. 학교폭력 전문 변호사 시장의 활황과 관련 보험 상품의 등장•은 폭력과 인권 의제를 개인들이 자신의 경쟁력 요소

• "'학폭위' 전문 변호사·보험까지 등장…생기부가 뭐기에", 〈KBS〉, 2019년 12월 17일.

관리 차원에서 다룰 수밖에 없게 된 현재를 징후적으로 보여 준다. 성폭력 가해 행위를 포함한 학교폭력으로 징계받은 경우 행정 소송을 통해 학폭위 결과를 뒤엎는 사례들이 등장하기도 한다. 가해자는 성폭력 가해자에 대한 통념으로부터 벗어나고자 시도하는 것이겠지만 그로 인해 피해자는 '무고' 혹은 '꽃뱀'이라는 낙인과 편견에 시달리며 피해 회복을 시도하기조차 어렵게 될 수 있다. 심지어 가·피해 사실과 무관하게 절차상 이유로 징계가 무효화되는 경우에도 피해자가 거꾸로 가해자 취급을 받기도 한다. 공부 잘하는 남학생 학부모들이 남학교를 선호하는 이유 중 하나가 성폭력 상황이 벌어질 위험이 적기 때문이라는 이야기가 있다. 학교폭력의 새로운 규율 체계가 반폭력이나 인권의 가치를 실현하기보다는 경쟁력 있는 개인의 양성이라는 시장화된 공교육 체제의 내적 논리와 일치되어 가며 개개인의 자기 관리 차원으로 기능하고 있음을 볼 수 있다. 더 나아가 이때 공교육 체계의 젠더화된 구조와 역사는 반복될 뿐만 아니라 경쟁력 있는 개인이라는 시민성 역시 이 젠더 구조 위에서 재형성되고 있음을 유념해야 한다.

그렇다고 학교에서 과거의 훈육 담론이 사라진 것도 아니다. '교육폭력'으로 학생의 일탈과 과잉 행동을 통제하던 기존의 방식은 학교폭력에 대한 예방의 방식으로 전환되며 인성의 중요성을 강조하는 것으로 귀결되고는 한다. 이는 폭력을 개별 인성 차원에서만 접근함으로써 인권 의제를 개인화한다는 문제뿐만 아니라 청소년인권운동으로 제기된 아래로부터의 요구를 공교육이 반영하고 있지 않음을 말해 준다. 여러 지역에서 학생인권조례가 제정되었음에도 불구하고 관내 개별 학교들의 생활 규정이 이를 위반하는 경우는 흔하다. 이때 유독 여학생들의 신체와 일상 규제가 훨씬 빈번하다는 것도 주목할 만하다. '똥머리는 안 되고 아래로 단정하게 묶은 머리는 가능하다' 혹은 '백탁 없는 선크림은 되지만 백탁 현상을 보이는 선크림은 바르면 안 된다'는 식이다. 여학교의 경우 속옷 색깔까지 규제의 대상일 때도 있다.• 여학생이라면 몸과 태도를 단정하게 하라는 신호이자 젠더 규범의 현대판 버전이나 다름없다. 여성을 성적 기호로 보고 있는 것은 '야해 보이기 위해' 머리를 올리고 색이 있는 속옷을 입는 여학생이 아니라 바로 학교이다. 남학생은 학교폭력으로, 여학생은 교칙 위반으로 제재당하는 경우가 많은 이유는 육체적 힘의 과시와 외모 꾸미기로 젠더화된 청소년 행동 양식의 반영일 뿐 아니라, 학교의 규율 체계 자체가 이미 젠더화되어 작동하고 있기 때문인 것이다.

이처럼 현재의 학교폭력 규율 체계는 과거의 비민주성이나 폭력성과 완전히 단절하기보다, 가해자-피해자의 이분화된 도식 안에서 폭력과 인권 의제를 사사화하는 잠재적 교육과정의 일부로서 새로운 시민성의 내용을 구성하고 있다. 다음에 살

• "'숏컷은 동성애 조장', '포니테일은 야하다' 학생인권 옥죄는 학교 아직도", 〈한겨레〉, 2021년 3월 30일.

펴볼 것처럼, 공교육의 의료화 과정 속 '정신건강'에의 강조는 신체성과 건강에 대한 새로운 의미를 부여하고 위험과 위기를 개인 스스로 진단하고 관리해야 하는 것으로 환원하며, 공교육 체제가 개조하는 새로운 시민성 규범을 더욱 분명하게 드러낸다.

'체력이 국력이다'에서 '마음이 건강한 아이'로

당대 시민성의 내용은 무엇보다 그 형상과 불가분의 관계에 있다. 노동자의 얼굴, 국민의 신체, 시민의 역량은 바로 그렇게 여겨지는 어떤 몸의 모습으로 늘 제시된다. 그런 면에서 학교에서 전달하는 '건강한 사람'의 내용과 의미는 사실 우리 사회가 추구하는 가장 바람직한 시민의 몸 그 자체이다. 학교는 학생을 국가가 활용하는 자원으로 인식하면서 이들의 몸을 통제의 대상으로 삼고, 시민의 신체성과 그 의미를 생산해 온 중요한 공간인 것이다.

한때 우리 사회에서 학생의 몸은 개별 학생의 신체보다는 학생'들', 군집의 형태 속에서 좀 더 중요했다. 몸의 중요성과 건강함의 의미가 건장한 체격 및 강한 체력과 같은 물리적인 차원에서 강조되었고 학교 보건 체계에서는 질병 퇴치를 최우선시하던 시절이 있었다. 가난했고 하루속히 발전 국가 대열에 오르고자 했던 시기, 사회가 바라는 건강함이란 병에 걸리지 않은 조금이라도 더 크고, 더 세고, 더 빨리 달릴 수 있는 그런 몸이었던 것이다. 신체 검사, 체력 검사, 용의 검사와 기생충 검사 등 과거 학교에서 이루어진 대부분의 신체 표준화와 정상화의 작업들은 우리가 건강함의 의미를 위생과 체력 강화에 있다고 여기도록 했던 주요한 규율 체계들이었다. 학교는 학생들의 몸을 측정했고, 기록했고, 동시에 훈련시켰으며 때로는 이를 모으고 전시해 왔다. 학교 운동장에 늘어선 조례 대형, 운동회와 체육 대회, 집단 체조 등은 잘 성장하고 있는, 규율된 집합적 신체를 말 그대로 볼 수 있게 하는 행위들이다. 몸을 통해 여성성과 남성성 역시 전시되고 습득되었다. 그래서 우리는 누구는 한복을 입고 부채춤을 추었던 반면 또 다른 누군가는 머리에 띠를 묶고 팔뚝의 근육을 보이며 힘을 겨루는 장면을 연출했던 것이다.

그러나 현재, 과거와 같은 방식의 신체 규율은 대거 축소되었다. 학교는 물리적 신체를 직접 소환하고 이를 가시화하는 방식의 규율 양식들을 없애거나, 직접 수행하지 않는다. 학교의 연례행사로 자리 잡아 왔던 운동회나 체육 대회의 형식과 의미가 변화한 것은 그 대표적 사례다. 학생 신체를 집합적으로 조직하는 것을 억압적이고 폭력적인 학교 문화로 받아들이는 민주적 사회 분위기가 공교육에 반영된 것이기도 하지만, 신체 계측과 평가가 보다 과학화, 의료화되었기 때문이기도 하다(김희정·손준종, 2017). 무엇보다 학교가 생산해야 하는 바람직한 신체상과 이를 통해 전달하던 건강함과 정상성의 의미에 대한 인식이 전환되었다.

1990년대 후반 한국 사회에서 급부상한 '웰빙', '힐링', '삶의 질'과 같은 담론들에서 그 답을 찾을 수 있다. 건강은 단순히 신체의 물리적 특성에 한정하는 것이 아니라 정신, 마음, 감정 등을 포함한 삶의 종합적인 안녕 상태이며, 보다 지속적이고 질적인 의미에서 이해되었다. 신자유주의의 도입과 더불어 전개된 이런 인식의 변화는 개인들에게 몸에 대한 질적인 관심을 촉구했을 뿐만 아니라 신체와 건강을 라이프스타일과 연결 지어 받아들이게 했고, 보다 자본화되고 개별화된 방식의 문제로 위치시켰다. 이제 우리에게 건강함이란 탄력 있고 보기 좋은 외모와 평정심과 긍정성으로 가득한 마음의 조화 즉, 심신 도두를 포괄한 것이 되었고 이는 멈추지 않는 꾸준함과 좋은 삶을 위한 투자 속에서 지속되어야 하는 전 생애적인 자기 프로젝트로 의미화됐다.

공교육의 심신 이해와 규율은 몸과 건강을 둘러싼 담론들과 이를 반영한 국가의 보건 사업들과 긴밀히 연관되어 있었다. 5.31 교육 개혁이 발표되던 해인 1995년, 정부는 「국민건강증진법」을 제정했다. 명시적으로 '체력 증진'의 시대에서 '건강 증진'의 시대로의 전환을 알린 이 법은 2000년대 이후 국가적 건강 증진 사업의 기초와 장기 계획 수립의 토대가 되었다. 지금의 학교 보건 정책과 구축 방안 역시 이를 토대로 한다. 여기서 주목해 볼 것은 학교 보건 사업에 있어서 '정신건강'의 중요성이 강조되기 시작한 점이다. 정신건강은 그야말로 당대 건강의 의미를 상징했다. 질병이 있더라도 이를 잘 관리하면서 개인의 '행복'을 잃지 않는 것이 심신 모두를 포괄하는 삶의 질 그 자체로 이해될 수 있기 때문이다.

물론 청소년 정신건강은 점점 더 실재적이며 시급한 사안이 되기도 했다. 1990년대 이후 꾸준히 청소년들의 우울과 자살이 사회적 이슈가 되고 있었던 것이다. 학교폭력은 청소년 삶의 불안정성을 드러내는 것이었고, 우울과 자살의 증대는 이들이 매우 고립되고 취약한 상태에 놓여 있음을 시사했다. 그러나 당시 이런 실태는 청소년에 대한 보호와 통제 강화를 위해서만 담론화되어 '위기' 청소년에 대한 보호주의적 정책 도입을 본격화하는 계기가 되고(김미란, 2012; 류진희, 2018; 추주희, 2019), 막상 청소년들이 실제 경험하는 위기는 사회적 관심에서 재차 누락되었다. 청소년의 정신건강이 실로 위기이며, 학교를 통한 개입과 예방이 필요하다는 주장은 이런 배경에서 부상했다.

이후 교육의 지향점을 드러내는 교실의 표어는 "체력은 국력이다."에서 "마음이 건강한 아이"로 바뀌었다. 2000년대 이후 학교는 여전히 신체를 규율하는 장소라는 점에서 변한 것이 없지만, 건강한 신체의 새로운 의미 구상 속에서 이제는 적극적으로 학생의 마음과 정신을 규율하고자 한다. 지금의 학교가 교육을 통해 (재)생산해 내는 시민성의 의미들을 포착하기 위해 학교 기반 정신건강 사업들을 살펴야 하는 이유이다. 이때 〈학생정서·행동특성검사〉(이하 〈특성검사〉)는 바로 공교육의 시장화와 민주적 전환 이후 학교 정신건강 사업의 중심에 있는 제도로 공교육이 추구하는 '건강한 시민'의 형상과 내용을 전하는 대표적 규율 체계라고 볼 수 있다.

정상군-관심군의 분류와 선별, 위기의 기질화

2007년 실시된 〈특성검사〉는 정서·행동 문제의 조기 발견과 악화 방지, 학습 부진과 학교생활 부적응 예방을 목적으로 전국 학생을 대상*으로 하였다(교육부, 2021). 검사 결과 총점에 따라 정상군과 관심군으로 나뉘며, 일정 점수 이상의 관심군** 학생은 전국 Wee센터 및 정신건강 센터에서 2차 심층 검사 및 상담을 받도록 연계된다. 〈특성검사〉는 과잉행동정서장애(ADHD), 품행장애, 불안장애, 우울증, 심리적 외상(트라우마), 신체화 성향, 강박 성향, 언어장애, 학습장애, 지적장애, 자폐스펙트럼장애, 우울증, 반항장애, 자해 및 자살, 피해의식, 반

* 매해 4월 초등학교 1학년, 4학년, 중학교 1학년, 고등학교 1학년에게 검사가 실시된다.
** 관심군은 일반관리군과 우선관리군으로 다시 구분된다.

항성향, 폭식, 우울과 조울증 등의 기분장애, 각종 공포증, 환청과 관계사고, 학습 부진, 스마트폰 중독 등을 파악한다.• 이제는 많은 사람들에게 익숙하겠지만 20여 년 전만 해도 꽤나 생소한 용어들이었다. 학교 보건 사업에서 '정신건강'의 중요성이 높아진 이후 이와 같은 것들의 조기 발견과 예방은 무척 중요해졌고 〈특성검사〉는 쉬이 들여다볼 수 없는 마음의 문제에 대한 사전 예방과 조기 발견, 악화 방지를 위해 도입되었다.

이러한 발견은 발견 그 자체를 목표로 하기보다는 '예방과 관리'를 위한 발견이어야 한다. 발견이 예방으로 이어지지 못할 경우 선별된 관심군 청소년에 대한 낙인을 가져올 수 있기 때문이다. 그러나 〈특성검사〉는 시행 초기부터 인권 침해의 소지와 도구의 전문성 부족, 치료 연계의 제한성으로 인해 이미 많은 논란을 일으켜 왔고(시민건강증진연구소, 2012) 여전히 사전 예방은 물론, 관심군 학생에 대한 사후 관리 부족과 기관 연계율 저조라는 측면에서 정책 설계의 실효성에 대한 비판이 꾸준히 제기되고 있다(김진아 외, 2015). 이런 한계 속에서 가장 가시적인 효과는 공교육을 거친 아이들이 한 번쯤은 '정상군'과 '관심군'이라는 구분을 통해 자신의 정신건강의 상태를 평가받아 봤다는 사실에 있을 것이다.

그러다 보니 검사가 치러지는 4월이면 검사 과정과 결과에 따른 불이

• 초등과 중·고등용에 따라 차이가 있음.

AMPQ-III	Adolescent Personality and Mental Health Problems Screening Questionnaire, Third Version

학생정서·행동특성검사(중·고등학생용)

학교/소속	학년/반/번호	이름	성별	검사 실시일
○○고등학교	1학년/1반/8번	△△△	남	2021.04.24.

01 검사 결과 정서·행동문제의 총점

정서·행동문제	총점	T점수	백분위수	**의미**
	14	49	46.02	**관심군 (우선관리군)**

02 문제 영역별 적응상황

영역	원점수	T점수	백분위수	의미
심리적 부담	11	80	99.87	상당히 높음
기분 문제	4	50	50.00	양호함
불안 문제	0	40	15.87	양호함
자기 통제 부진	2	43	24.20	양호함

※ T점수는 원점수를 평균 50, 표준편차 10인 점수로 환산하여 해당 학년과 성별에서 학생의 점수가 상대적으로 어느 정도에 해당하는지를 나타냅니다. 65점 이상은 100명 중 약 6.7위 이상, 70점 이상은 약 2.3위 이상에 해당합니다.

03 교사 의견

가정에서 꾸준한 관심과 보살핌이 필요한 학생입니다.

〈표 1〉〈특성검사〉결과 안내문(중고등용), 관심군(우선관리군)의 경우. 강조는 인용자.

익을 걱정하는 청소년들의 고민 토로가 SNS에 올라오기도 한다. 사생활 보호와 비밀 유지의 원칙이 지켜지기 어려운 학교생활 여건에서, 위험의 선별은 곧 분리와 차별로 이어질 수 있다는 감각이 학생들 사이에서 만들어지고 있다. 학생들은 어떻게 하면 결과가 관심군으로 나오지 않을지 답변 노하우를 공유하고, 자신의 상황을 축소해 답변하기도 한다. 이럴 경우 정말 도움이 필요한 학생을 발견해 내지 못할 수도 있다. 언론은 낙인을 불안해하는 청소년들의 심정에 기름을 붓기도 한다. 검사 결과가 나올 때면 관심군 수치로 청소년의 위기 전체를 표현하고,* 관심군 학생을 위기에 놓인 존재일 뿐 아니라 위험한 존재이자 범죄 가능성이 있는 자로 왜곡·표상**하기도 하는 것이다.

관심군의 선별이라는 형식은 단지 개개인의 낙인에 대한 공포에 머무르지 않는다. 〈특성검사〉는 위험 혹은 위기의 '상황'이나 '조건'을 발견하는 것이 아니라, 그런 위험과 위기를 지닌 '사람'을 발견해 내는 도구이며 문제를 인간 개인의 몸과 그 기질에서 기인하는 것으로 전제하는 심리 및 정신의학적 인식에서 발전한 도구다. 즉 청소년의 정신건강 위기를

* "자살 위험 학생 2만명, 정신관리 비상등", 〈동아일보〉, 2019년 10월 1일; "정서적 위기 초중고생 10만 명 육박, 자살 위험군 3년 새 2배", 〈연합뉴스〉, 2018년 10월 5일.
** 하물며 청소년 범죄 기사에 그 관련성과 상관이 없어도 〈특성검사〉 결과가 인용되기도 한다. "흡음제 음악실 안 방치된 ADHD '범죄 불씨'로", 〈경인일보〉, 2016년 4월 3일; "분노 조절 못하는 10대들의 잇단 범죄", 〈경향신문〉, 2013년 3월 3일.

구조적이고 총합적인 접근을 통해 보기보다는 어느 불안하고 우울한 개인 내부, 개체 내재적인 것으로만 인식하게 하는 경향이 있다. 이때 주기성과 정례성이 강화된 검사는 정신건강의 위기 상황과 구조, 조건에 대한 질문은 다소 유보시킨 채 불안하고, 우울하고, 적응하고 있지 못한, 과잉 행동을 하는 '개인'을 '선별'함으로써 규율 체계로 기능할 수 있다. 낙인의 공포와 선별의 반복은 검사지의 문항들이 학교에서 요구하는 정상의 기준을 습득하도록 이끄는 기능으로 작동하게 하는 것이다.

실제 검사지에 등장하는 문항 중 "어른(부모, 교사 등)에게 반항적이거나 대든다", "흥분해서 부모에게 말대꾸를 하거나 과격하게 반항한다", "수업 시간, 공부, 오랜 책 읽기 등에 집중하지 못한다", "인터넷, 게임, 스마트폰 과다 사용으로 일상생활에 어려움이 있다"와 같은 문항의 답변은 '자기 통제 부진' 요인을 측정하는 데 사용된다. 달리 말하면 학교가 바라는 순응적 주체에서 벗어나는 행동이나 정서를 보일 경우 '관심군'이 될 수 있다는 말이기도 하다. 검사 문항 대부분은 학교와 사회가 바라는 순응적 주체를 제시하고 규율의 기준들을 전달한다. 이런 기준은 '건강'에 대한 함의와 함께하기 때문에 자신의 불건강의 요소들을 관리하고, 치료받기 위해 노력을 취할 것을 요청한다. 이는 단순히 순응하는 주체를 넘어 경쟁 사회가 요구하는 '정상'을 기준으로 자기 심신의 기질적 불안 요소를 적극적으로

'발견'하고 자기 관리를 하도록 부추긴다. '조기' 선별은 경쟁의 불안정 요소들을 '미리' 알려 줌으로써 사실은 더 적극적으로, 좀 더 이른 시기부터 자신의 기질적 요소를 파악하고 관리하라는 시그널이기도 한 것이다.

하지만 어떤 기질들은 '발견' 이전부터 젠더 편견에 기대어 예견되어 있기도 하다. 예를 들면 ADHD의 경우 전형적으로 남학생에게서만 보일 것이라고 전제되고, 반면 우울과 조울 등의 기분장애는 여학생에게서 더 많이 보일 것이라 생각하는 식이다. 때론 여학생이 우울과 불안을 느끼고 자살을 생각하는 비율이 남학생에 비해 다소 높은 편이라고 연구되기도 하지만, 다른 행동 요소들에 비해 비가시적이어서 교사와 학부모의 인지 및 대응력을 낮추기도 한다(이선현·송이은, 2014). 여기에는 여성을 본질적으로 우울과 연관시켜 온 젠더 편견이 작용할 가능성도 있다(배성신, 2019). 마찬가지로 남성성에 대한 젠더 편견이 과잉정서행동과 같은 문제에서 그 가시성과 결합해 심각성이 과장되곤 한다. 정상군과 관심군을 나누는 절단 점수가 성별에 따라 다르기 때문에 그 결과는 편견의 결과와 일치할 수밖에 없다. 애초에 남성성과 여성성에 대한 편견이 어떤 증상에 있어서 정상인지 아닌지를 판단하는 기준에 반영되어 있다는 말이다. 이럴 경우 여학생의 우울감이 집단 따돌림과 같은 폭력 피해에서 온 것일 수 있음에도 여성의 몸에 내재한 본질적 문제로만 이해하게 할 수 있다는 점, 여성의 ADHD는 발견하기 어렵다는 점 등 여러 문제를 낳을 수 있다.

정신건강에 대한 젠더화된 차이는 아직은 해명되지 못한 해석의 과제로 남아 있는 경우가 무척 많다. 하지만 현행의 〈특성검사〉는 이러한 문제를 포괄하고 있지 못하다. 이런 검사는 매우 중립적이고 젠더와 무관한 듯 여겨지고 있기 때문에 오히려 젠더화되어 발생하거나 결과할 수 있는 다양한 정신건강의 사안들을 비가시화하거나, 정신건강에 있어 남녀 간의 차이가 발생하는 젠더 구조를 드러내지 못하고 개인의 기질적 위험으로만 환원시킬 수 있다.

학교폭력 규율 체계가 가해 기록을 스펙화하면서 시장화된 공교육과 사회가 요구하는 시민성에 맞추어 조정되어 왔듯이 〈특성검사〉로 대표되는 정신건강에 대한 제도 역시 2017년의 변화가 경쟁력 있는 개인의 자기 관리 양식들을 보다 적극적으로 전달하는 역할을 하기 시작했다. 〈특성검사〉는 정서 행동의 위험을 선별하려는 목적을 가지고 있기에 당연히 부정적인 행위와 심리 상태를 나열한 문항들로 구성될 수밖에 없다. 얼마나 우울한지, 얼마나 과잉행동을 하는지, 얼마나 중독되어 있는지에 대한 문항들의 모음인 것이다. 2017년의 변화는 획기적이었는데 누가 보아도 '부정적인' 내용만을 묻고 있던 문항 구성을 긍정적으로 순화시키며 "학생들의 긍정적 자원"도 발견하고 이를 통보하기로 결정한 것이다. 매뉴얼에 따르면 "부모가 학생을 이해하는 데 돕고 학교에서는 생활지도에 활용"하도록, "긍정적인 (자기)인식과 자기 계발에 도움을 주기 위한" 취지 아래 성격 유형 24문항*이 대거 추가되었다.

처음 보는 사람은 '요새는 학교에서 성격 유형 검사도 해 주는 건가?' 하는 생각이 들지도 모르겠다. 이 성격 유형에 대한 문항과 이에 대한 통지문은 학교가 제안하는 규범적 개인에 대한 자기 인식 및 자기 관리의 도구로 〈특성검사〉가 활용될 수 있음을 보여 준다. 개인이 가진 성격 유형을 알려 준다고 하지만 사회가 필요로 하는 경쟁력 요소의 기준들이 제시되고 있으며 이를 강화시키기 위한 자기 규율의 구체적인 내용들을 모범으로 제시하는 모양새다. 통지문을 보면 세종대왕, 링컨, 간디, 허준, 안창호, 김구 등 모두 남성으로만 구성된 위인이 각각의 성격 유형을 대표하는데, 유형별 장점을 강화할 수 있는 방법으로는 "하루에 영어 단어 10개 외우기", "친구에게 '응, 그랬구나'라고 말해 보기"와 같은 구체적 실천 예시가 적혀 있다.

이 결과는 개개인의 정신건강의 위험 여부를 측정하고 이를 '정상'인지 '관심'을 요하는지를 점수로 표현한 결과와 쌍으로 붙어 가정에 보내진다는 점에서 정상과 비정상의 경계를 내면화하도록 노골적으로 이끈다. 정서 행동에서 위험 징조를 보

• 성실성, 자존감, 개방성, 타인 이해, 공동체 의식, 사회적 주도성의 여섯 가지 영역으로 인간의 성격을 요인화하고 답변 결과에 따라 각 개인의 핵심 성격 최대 두 가지를 파악해 알려 준다.

CPSQ-II	Child Personality and Mental Health Screening Questionnaire, Second Version

학교/소속	학년/반/번호	이름	성별	검사 실시일
○○초등학교	1학년/1반/1번	□□□	남	2021.04.03.

01	나의 대표적 성격 요인 이해하기

자신에 대해 잘 이해하고 발전시키는 것은 행복한 삶의 원동력이 됩니다. 내가 가진 핵심 성격을 통해 자신을 더 잘 알아봅시다.

□□□ 학생의 주된 성격 특성은 맡은 바 일을 **책임감을 가지고 신중하게 처리할 수 있는 태도**를 가지고 있습니다. 하지만 이러한 성격 강점이 일상생활에서 두드러지게 드러나지 않을 수 있습니다. 특히 핵심 성격 요인의 발달 수준은 성장 과정에서 계속 변화하므로, 이에 대한 관심과 노력의 정도에 따라 더욱 높은 발전을 기대할 수 있을 것입니다. 자신이 중요하게 생각하는 태도임에도 불구하고 이를 실천하는 데에 어려움이 있었다면, 그 원인과 해결 방안에 관심을 가져 봅시다.

※ 위의 내용에 입력된 핵심 성격은, 동일한 T점수를 받는 성격이 3개 이상으로 나타나는 경우, "성실성-자존감-개방성-타인 이해-공동체 의식-사회적 주도성"의 순서에 따라 2개의 성격을 대표로 설명한 내용입니다.

핵심 성격 및 핵심 성격의 뜻			
성실성	내가 맡은 바를 책임감을 가지고 신중하게 처리하는 태도	공동체 의식	내가 속한 집단에 대한 소속감을 가지고 긍정적인 상호작용을 하는 태도
자존감	나에 대해 가치롭고 긍정적으로 생각하는 태도	타인 이해	다른 사람의 입장을 공감하고 존중하는 태도
개방성	다양한 관점으로 생각하고, 나와 다른 생각을 기꺼이 받아들이는 태도	사회적 주도성	대인관계나 학교생활에서 적극적으로 행동하거나 참여하는 태도

02	성격 요인의 대표 인물

성격 요인을 대표하는 사람은 누가 있을지 알아보고, 내 주변에서 찾아봅시다.

	성격 요인	대표 인물	내가 찾은 인물
1	성실성	세종대왕(조선의 제4대 왕)은 자신이 세운 목표를 이루기 위해 책임감을 가지고 부지런하게 생활했습니다. 그는 한글 창제뿐 아니라, 인문, 지리, 농업, 과학, 예술 등 다방면의 분야에서 왕의 책무를 수행하였습니다.	
2	자존감	링컨(미국의 제16대 대통령)은 어려웠던 가정 환경에도 불구하고, 자기 스스로를 존중하고 높게 평가했습니다. 그는 자신이 시민들에게 존경받을 만한 사람임을 증명하겠다는 일념을 가지고 인권 변호사가 되었고, 이후에 미국 대통령에 당선되었습니다.	
3	개방성	간디(인도의 민족 지도자)는 한 주제에 대해 새로운 관점으로 생각하고 타인의 관점을 기꺼이 수용했습니다. 그는 인도를 지배했던 영국의 불평등 정책에 대해 비폭력 저항 운동을 했습니다.	
4	타인 이해	허준(조선의 의사)은 고통받는 환자의 아픔에 깊이 공감하였고, 병을 이해하기 위해서 환자와 많은 이야기를 나눴고, 주의 깊게 관찰했습니다. 이러한 깊은 이해를 바탕으로 조선인에게 적합한 의술이 담긴 동의보감을 편찬했습니다.	
5	공동체 의식	안창호(교육자)는 지역공동체는 물론 민족공동체의 일에 앞장서서 일했습니다. 고향인 평안남도 강서에 남녀공학의 점진학교를 세웠습니다. 이후 미국으로 건너가 우리 민족의 권익 보호와 생활 향상을 위해 한인공동협회를 만들고 〈공립신보〉라는 신문을 발간하였습니다.	
6	사회적 주도성	김구(독립운동가)는 다른 열사들이 독립운동에 열성적으로 참여하는 것을 돕기 위해 힘들고 어려운 일에 목숨을 아끼지 않았습니다. 그는 한인애국단을 조직하여 여러 독립운동을 진두지휘하였고, 대한민국 임시정부 조직에 참여하고 주석에 선임되었습니다.	

〈표 2〉〈특성검사〉 결과 안내문 중 성격 요인 부분(초등용). 개별적으로 내용이 달라지는 부분은 '01. 나의 대표적 성격 요인 이해하기' 부분뿐이다. '핵심 성격 및 핵심 성격의 뜻'과 '02. 성격 요인의 대표 인물'은 모두 동일하게 안내받는다. 강조는 인용자.

02	성격 요인 계발 방안

학교와 가정에서 실천할 수 있는 성격 요인의 계발 방안에 대해 생각해 봅시다.

성격 요인		계발 방안
1	성실성	- 일기 쓰기, 줄넘기 10분 이상 하기, 신발 정리하기 등 매일 실천할 수 있는 작은 습관을 만들어 보세요. - 최근에 세웠던 목표 중 실천하지 않은 항목이 있다면, 목표를 잘 실천하기 위해 어떤 노력이 필요한지 적어 보세요.
		나만의 계발 방안
2	자존감	- 잠들기 전에 오늘 하루를 보내면서 자신이 잘 해낸 부분을 떠올려 보고 스스로를 북돋아 주세요. - 친구나 가족들이 생각하는 나의 장점을 하나씩 적어 보세요.
		나만의 계발 방안
3	개방성	- 반에서 나와 가장 다르다고 생각하는 친구의 이야기를 들어 보세요. - 새로운 분야의 책을 찾아서 읽어 보세요.
		나만의 계발 방안
4	타인 이해	- 친구가 이야기할 때, "응, 그랬구나."라고 얘기해 보세요. - 친구를 만나기 전에 "오늘은 친구의 이야기를 많이 들어 봐야지."라고 다짐해 보세요.
		나만의 계발 방안
5	공동체 의식	- 지역 신문이나 학교 신문을 읽고 내가 속한 공동체에서 어떤 일들이 일어나고 있는지 알아보세요. - 우리 반을 위해 내가 할 수 있는 봉사 활동을 찾아서 실천해 보세요.
		나만의 계발 방안
6	사회적 주도성	- 친구들과 함께 해 보고 싶은 일을 생각해 보고 "함께해 보자."고 먼저 말해 보세요. - 친구들 사이에서 필요한 것을 생각해 보고, 그것을 내가 먼저 실천해 보세요.
		나만의 계발 방안

〈표 3〉〈특성검사〉 결과 안내문 중 성격 요인 부분(초등용). 모두 같은 내용으로 통지받는다.

인다고 여겨지는 관심군 학생들을 꾸준히 조기 선별하는 동시에, 개개인의 '정상적'인 성격을 발견하고 관리하도록 하는 것이다. 이처럼 〈특성검사〉는 과거 신체 검사나 체력 검사가 그랬던 것처럼 심신과 이를 통해 표현되는 건강함의 의미와 기준을 표준화하고 분류하여 정상성의 의미를 구성하는 규율 체계로 작동하고 있다. 동시에 정신건강을 스스로의 위험 통제와 자기 관리의 의제로 자리매김한다. 자기 안에 내재된 위기를 스스로 관리하지 못하는 것을 '불건강'의 지표로 바라본다는 점에서 위기와 위험은 개인화된다. 학교 정신건강 사업들이 청소년의 정신건강상 위기를 예방하기 위해 구상된 것임을 상기한다면, 사업의 애초 목표와 실제 운영 효과 사이에 간극이 있어 보인다. 그러나 이와 같은 정신의학적, 심리적 개입은 청소년들이 겪는 불안과 우울을 그들이 처한 사회 문화 구조의 절망적 징후로 접근하는 것이 아니라 되레 개인 기질의 문제로 이해하는 것을 촉진시킴으로써, 새로운 공교육 체제가 요구하는 경쟁력 있는 개인이라는 시민성 형성 양식과 잘 부합하기도 한다. 학교폭력 규율 체계가 이미 발생한 위험을 통제, 관리하는 체계라면 정신건강 관리 체계는 위험의 가능성을 타진하는 사전 통제 시스템으로 기능하는 셈이다. 사회적으로 아동·청소년을 대상으로 하는 각종 심리 클리닉와 정신건강 센터가 성행하고, 개인의 자질이나 기질을 조기 판별하는 다양한 심리, 체질 검사가 흥행하고 있는 것은 학교의 이러한 정신건강 관리 체계가 보내는 메시지를 사회가 상호 수신하고 있음을 보여 준다. 정신건강뿐만 아니라 신장, 비만, 목소리 하물며 성 호르몬 등 개인의 모든 심신이 그 자체로 잠재력(스펙) 혹은 위험을 내재하고 있다고 바라보는 태도가 확산된 것은, 체력 증진의 시대의 몸에 대한 본질화된 생각들이 건강 증진의 시대에 이르러서도 단절되기보다 새로운 양식 속에서 강화되고 있음을 보여 준다. 더불어 이런 주체 구상은 결코 젠더 중립적이지 않다. 〈그림 3〉에서 보았듯이 〈특성검사〉에서 제시되는 롤모델이 남성뿐이라는 점은, 학교의 정신건강 관리 체계가 실상은 자기 관리에 능동적인 주체를 만들어 내는 데 목적이 있을 뿐 아니라, 그럼으로써 젠더화된 주체를 만들어 내는 데 기여한다는 점 또한 보여 준다.

개인적 기질이자 자기 관리 요소가 된 '성차'

시장화된 사회와 공교육은 바람직한 시민성의 요건으로 '경쟁력 있는 개인' 주체를 요청한다. 「학교폭력예방법」과 〈특성검사〉가 실시되었을 때, 두 제도 역시 이러한 요구들을 충실히 받아안고 시민적 규범들을 제시하는 역할을 하고 있다. 사법 담론에 기초한 학교폭력 규율 체계는 가해자-피해자라는 이분법적 도식을 기반으로 폭력과 인권 의제를 사사화하고 있으며, 정신건강 관리 체계는 정상군-관심군이라는 분류 체계를 기반으로 심신을 경쟁력 창출의 도구로 삼아, 자기 안에 내재한 위험 관리에 매진하는 주체를 이상화하는 데 기여하고 있다. 폭력을 개인적 일탈과 불운으로 바라보고, 그 해법은 개인들 사이의 갈등과 이해관계의 조율로 인식하는 체제는, 모든 차이를 개인의 심신과 그 기질적이고 내재적 차이로 환원하는 과정과 긴밀히 상호작용하고 있는 것이다. 이런 학교의 잠재적 교육은 사실은 우리가 몸과 젠더, 성차를 이해하는 방식의 토대를 구성하고 또 상호 연결되어 있다.

성평등교육이 꾸준히 제도화, 확대되어 왔음에도 불구하고 반복적으로 실패하고 있는 이유는 이런 시장화된 공교육 체제에 관한 분석과 결합되어야만 선명하게 드러날 것이다. 그동안 성평등교육의 문제적 실태는 사회 변화 수용에 소극적인 학교의 지체 현상으로 이야기되는 경향이 있었다. 하지만 이는 신자유주의적 전환에 따라 공교육 체계가 능동적으로 구성하고 있는 차이와 차별, 그리고 몸에 대한 인식 틀과 지금의 성평등교육이 모순되기보다는 일치하기 때문에 발생한다. 성적 차이가 사회적 역사적으로 다뤄져 온 과정이 생략되고, 차이에 대한 인식이 그 과정을 통해 구성된 지식이기도 하다는 점(Harding, 1991)은 다루어지지 않고, 성차가 그저 수컷과 암컷의 차이 그 이상의 의미를 가지지 못하는 것은 시장화된 공교육이 전제하는 개인의 형상과 조응한 효과이다.

단적으로 시민 신체성의 의미를 가장 직접적으로 반영하는 성교육에서 남녀의 해부학적 차이의 내용이 강조되는 것은 성차를 생물학적 본질로 이해해 온 오래된 인식의 영향이기도 하지만 성을 개인의 기질적 요소로 이해하는 사고가 강화되었기 때문이기도 하다. 여성의 순결과 여성성에 대한 성차별적 교육 관행은 과거보다는 줄어들어 보이겠지만, 남녀의 신체적 차이나 생식기 중심의 위생 및 건강 관리 방법을 교육하는 것은 몸에 대한 자기 관리 차원과 결합하여 보다 빈번해질 수 있다. 이때 여학생의 몸은 임신과 출산을 예비하는 몸이자, 생래적으로 남성과 다른 기질을 가진 것으로 간주되어 성적인 몸에 대한 자기 관리가 더 많이 요구된다. 유사한 방식으로 성폭력은 청소년 위기를 촉발시키는 위험 요소의 하나로 간주된 성적인 몸에 원인이 있는 것으로 오해, 개인이 안전한 삶을 위해 예방하고 관리해야 하는 것으로 이해하게 만들기에 역시 여학생 개인에게 부담을 지우기 쉽다.

성차에 대한 인식은 성평등에 대한 이해와도 결속되어 있다. 성차의 구성과 당대의 인식이야말로 성차별과 성별 불평등의 근원적 구조임에도 불구하고 성차는 각 개인이 지닌 기질로, 성차별은 성별 고정 관념 정도로 축소 이해되고 있다. 즉 평등은 차이와는 완전히 무관할 뿐만 아니라 때로는 차이가 평등을 위태롭게 하는 것으로 왜

곡되고 있는 것이다. 더군다나 폭력과 안전이 개인화된 문제로 설정되고, 갈등 해결이 절차적 공정성에 경도되어 있을 때 차이는 그 자체로 불공정과 불균형, 부정의의 함의를 담기도 한다. 경쟁과 갈등의 주체로서 개인과 개인은 하나의 결과물을 두고 싸우는 당사자로만 협소해지고, 그런 경쟁의 공정성을 위해서도 개인들은 차이란 없는, 그저 똑같은 개인들로 추상화되고는 한다. 평등이나 공정의 의미는 정확한 대칭의 저울로 표현되고는 하지만 결과적으로 균형을 이룬 상태만이 중시된다.

이런 토대와 전제들 위에서라면 성평등은 '성'이 부각되지 않는, '평등'한 형식미 속에서만 이해되게 된다. 실제 20대 남성은 똑같이 집안일을 나누는 것이 공정하고 균형 있다고 여기며 이런 차원에서 성 인식이 기성세대보다 높다 측정된다.• 이런 식의 성별 고정 관념의 해체 저변에는 '똑같이 부담한다'는 차원의 동등 분배 자체에 대한 선호가 있다. 젊은 남성들이 집안일을 '똑같이' 나누어 분담할 수는 있지만 여자친구나 아내가 페미니스트는 아니기를 바라는 것은, 현재 공교육이 구성해 낸 경쟁력 있는 개인 주체의 이상향 속에서는 사실은 일치되는 감각이기도 하다. 즉 현재의 공교육이 구상한 이상적 시민성의 내용에서는 반페미니즘 정서와 기계적 양성평등을 동시에 추구하는 것이 결코 이상한 것이 아

• "성평등 의식 높은 '이대남'은 왜 '반페미'일까, 한 사회학자의 물음", 〈세계일보〉, 2021년 6월 5일.

니다. '성'을 언급하지 않는 것, 그것을 그냥 자연적이고 신체의 기질적 요소로만 남겨 두면서 더 이상 언급하지 않는 것이 '평등'이라는 감각, 그것이야말로 공정하다는 감각 위에 구성된 성평등의 새로운 이해와 함의가 구성 중인 것이다. 이럴 경우 성평등을 성차의 구성적 측면과 그것의 사회적 실재, 성차 이해를 둘러싼 정치적 논쟁과 역사성 속에서 이해하려는 맥락들은 누락될 수밖에 없다. 성별 고정 관념이 약화되고 있음에도 불구하고 불평등한 젠더 관계에 대한 구조적 성찰을 거부하거나 그것을 오히려 차별로 바라보는 역설적 상황의 이유가 여기에 있다.

공교육이 전하는 폭력과 건강에 대한 규율이 이토록 개인화되었다는 것은, 공교육이 개인의 안락한 삶과 자족적인 일상을 위해서만 유효하게 되었다는 점에서도 깊은 통찰과 성찰을 필요로 한다. 학교폭력 규율 체계와 정신건강 패러다임이라는 두 장치는 시장 합리성에 기초해 경쟁력을 최고의 가치로 삼는 공교육의 시민성 규범과 실천태를 제안하는 잠재적 교육과정의 중심축으로 기능하고 있다. 이는 바람직한 시민성의 젠더화된 모습을 생산하고 있으면서도 성차에 대한 인식과 무관한 듯 재현되기도 한다. 하지만 학교는 성차별과 성 인식, 성차를 다루는 규범들을 창조하고 있으며 경쟁 사회에 어울리는 시민성의 재조직화 과정 속에서 전과 같으면서도 다른 의미들을 구축하고 있는 중이다. 지금 우리는 성평등을 무엇이라 정의 내리고 상상하고 있는가. 그때 우리가 상상하는 건강하고 바람직한 시민의 얼굴과 몸은 무엇인가. 이를 계속해서 되묻지 않는다면 단순히 성평등교육의 시수가 늘어나고 좀 더 좋은 교육 매뉴얼이 만들어지는 것만으로 성평등한 사회를 바랄 수 없다.

갈등과 긴장을 배움으로 만드는 페미니즘 교육

대안학교 페미니스트 교사의 교육 실천

●
●
●

김수자

본 글은 김수자(2018), 〈학교현장에서의 페미니즘 교육실천에 관한 연구 : 중고등 대안학교 사례를 중심으로〉, 성공회대학교 NGO대학원 실천여성학 전공 석사 학위 논문을 보완하고 재구성한 것이다.

좋아하는 책이 한 권 있다.《두려움과 배움은 함께 춤출 수 없다》. 미국의 한 대안학교 사례를 담은 책이다. 학교 같지 않은 학교, 아무 것도 가르치지 않으면서 모두가 함께 배우고 성장하는 공동체의 이야기는 대안학교 교사를 꿈꾸던 나에게 큰 영감을 주었으며, 두려움은 배움에 가장 큰 걸림돌이 된다는 의미의 책 제목은 교육 현장에서건 개인의 삶에서건 새로운 도전 앞에서 주저하는 순간마다 나에게 용기를 주었다. 기존의 틀을 깨고 갈등을 직면하며 차이를 견뎌내는 과정이 주는 두려움을 극복했을 때, 그 도전은 배움과 성장, 공동체의 성숙으로 이어지는 경험을 하곤 했다. 열악한 환경 속에서 다양한 방식으로 수행되고 있는 지금의 페미니즘 교육 실천도 마찬가지라는 생각이 든다.

나는 16년간 비인가 대안학교에 교사로 재직하면서 페미니즘 교육을 수행해 왔다. 대안학교에서는 공교육 내 학교와 달리 과감한 교육 실험과 도전이 가능하다. 교과 편성과 학사 운영이 자유롭고, 학생들의 자발적 참여와 자기 주도적 학습을 중시하며, 교과·수업 이외에도 잠재적 교육과정을 강조한다. 무엇보다 사회 이슈와 흐름을 신속하게 환류한다는 특징이 있다. 사회와의 소통을 통해 배움이 확장된다는 철학을 근간으로, 주요 사회 현안에 적극적으로 참여하고 연대를 실천한다. 강남역 여성 혐오 살인 사건, 스쿨 미투 등의 정국을 거치며 페미니즘·성평등교육이 일찍이 학교 교육과정에 자리 잡은 것은 당연한 일일 수밖에 없다.

대안학교는 페미니즘과 성평등을 공론장에 재빨리 등장시킬 수 있는 '대안'적 교육공동체이자 동시에 '학교'라는 틀의 한계를 지닌 공간이기도 하다. 세대·성별·지위에 따른 권력관계가 교차하며 갈등과 협상이 이루어지는 공간으로, 아이들이 알아야 할 성性 지식은 어디까지인지, 성적 관계 맺기와 성적 행동을 어떻게 볼 것인지에 대한 인식은 구성원 각자의 위치에 따라 차이가 있다. 흔히 공교육 현장에서 '쉽게, 재미있게, 논쟁적이지 않게, 윗사람이나 학부모들로부터 지적이 들어오지 않게, 성범죄 예방에 초점을 맞춰서' 등의 요구 사항들이 덧붙여지며 성평등교육의 범위를 축소하곤 하는데, 대안학교도 그러한 속박에서 자유롭지 못한 면이 있다.

교육, 특히 페미니즘 교육이란 제도/비제도, 교육/학습, 학교/공동체라는 경계를 넘나드는 일이라고 했던 벨 훅스(Hooks, 1994)의 지적을 상기하며 이 위태로운 줄타기 경험이야말로 어쩌면 당연한 일이라고 위안해 본다. 거스를 수 없는 시대적 과제인 성평등 실현을 위한 페미니즘 교육 실천 현장은 여전히 위태롭고 불안정하기만 하다. 이러한 환경 속에서 분투하고 있는 이들에게 작은 실마리를 제공할 수 있으리라는 기대로 나의 경험을 나누고자 한다. 학교가 좀 더 성평등한 공간이 되도록 할 수 있는, 10대들이 성평등한 주체로 성장하도록 자극할 수 있는 교육의 방향과 모습은 어떤 것이어야 할지 고민과 실천이 더 많이 쌓이길 기대해 본다.

일상을 소란스럽게 만드는 페미니즘

2016년 강남역 여성혐오 살인 사건은 그동안 한국 사회에서 여성이 경험했던 폭력과 공포를 돌아보게 했으며, 미투 운동은 여전히 조직 문화와 관행으로 남아 있는 성차별, 성희롱, 성폭력의 문제를 환기했다. 특히 스쿨 미투 운동은 교육계도 예외가 아니었음을 폭로하며 학교 내 젠더 권력의 문제를 더 이상 간과할 수 없게 만들었으며, 페미니즘을 10대들의 삶과 직결된 의제이자 관심사로 떠오르게 했다. 페미니즘 수업 도입부에 "이 수업에서 무엇을 기대하나요?"라는 질문을 던지면, "요즘 사회적으로 이슈가 되고 있으니 좀 알아야 할 것 같아서", "생각 없이 무의식적으로 하게 되는 말이나 행동이 누군가에게는 차별이나 폭력이 될 수도 있겠다 싶어서", "앞으로 내가 살아갈 세상을 생각하면 꼭 알아야 할 것 같아서"라는 대답이 돌아온다. 10대들은 오늘날 페미니즘의 부상을 일시적 현상으로 바라보지 않으며, 앞으로는 기성세대가 살아온 시대와 달라질 수밖에 없음을 예감하며 변화에 대비하고 싶어 한다.

 페미니즘 교육은 교실 수업에서 접하는 지식과 이론에 국한되지 않는다. 페미니즘은 학교 현장의 문화, 질서, 관계에도 영향을 끼치며 학교 구석구석에서 일상적인 소란, 갈등, 충돌을 만들어 낸다. 이론과 실천이 분리되지 않는 페미니즘의 특성상, 페미니즘 교육 실천이 학교에서 이루어지는 순간 구성원들 간의 갈등과 긴장은 불가피해 보인다. 그렇다면 이러한 갈등과 긴장을 교육 현장에서 어떻게 바라보고 다룰 것인지가 관건이다. 일부 예민한 학생들의 일시적 반항에 의한 소란으로 이해하고 외면할 것인가? 수업에서는 담아낼 수 없는 또 다른 배움과 성장의 기회로 삼을 것인가?

 학생들의 페미니즘에 대한 관심은 '짜증', '불편', '억울', '화'로밖에 표현할 수 없었던 일상 경험에 대한 해석에서 시작된다. 관심("이성 친구 있어?"), 배려("여자를 보호하는 것은 당연하지. 레이디 퍼스트."), 걱정("여자는 찬 데 앉으면 안 된다."), 유머("남학생들끼리 손잡고 하는 거 처음 봐요. 사귀는 건 아니죠? ㅎㅎ"), 칭찬("너 예뻐졌다." "키 컸네.")의 모습으로 등장하는 젠더 규범과 성차별적 문화는 이미 익숙한 '일상'이 되어 젠더 감수성에 따라 포착될 수도 있고 안 될 수도 있다. 잘 설명할 수는 없지만 분명히 느껴지는 불편한 감정을 전달하며 문제를 제기하면 '프로불편러', '갑분싸', '예민하고 까칠한 사람'으로 평가받고 끝난다. 페미니즘을 통해 10대들은 노골적이지 않아 잘 알아채지 못했던, 어른들의 언행과 또래 문화 속에 스며 있는 젠더 규범, 혐오, 성차별을 발견하게 된다.

세상을 새롭게 바라보는 관점을 제시하는 페미니즘은 안 보이던 것들, 혹은 애써 외면했던 것들에 눈뜨게 하며 기존 질서에 대한 회의와 도전을 가능케 한다. 이런 이유로 역사적으로 주류 기득권 세력에게 페미니즘은 위험하고 불온한 사상으로 여겨져 왔다. 공동체 안에서 페미니즘적 실천으로 야기되는 갈등과 긴장은 기존 질서와 문화에 대한 문제 제기일 가능성이 높다. 구성원들 간의 갈등을 직면하고 해결 방안을 찾기 위해 노력하는 순간 더 많은 문제점들이 쏟아질 수도 있다. 그렇지만 그 논쟁의 과정에서 생각지도 못한 참신한 해법이 찾아지기 마련이며, 이를 통해 공동체는 한 단계 성숙하게 된다. 페미니즘 교육 실천에 있어 공동체의 문화 변동과 구성원들 간의 관계 역동을 살펴보는 것이 중요한 이유이다.

'왜 수년간 남자 기숙사에는 샤워 커튼이 달리지 않았을까?', '여학생에게 적은 양의 급식을 주는 것은 성차별인가?' 이와 같은 생활 속에서 발생한 갈등을 공동체의 문제로 인식하고 토론할 때, 그 과정에서 발견되는 차이와 사실 들은 공동체의 성숙으로 이어지고 그 자체로 훌륭한 잠재적 교육과정이 되었다. 교사들은 교육의 중심을 학습자에 가깝게 옮기고 지식 권력관계를 해체하기 위해 끊임없이 노력했다. 당연하고 자연스럽다고 생각했던 것들에 대해 질문함으로써 학생들의 사유의 폭이 확장되는 것을 살필 수 있었다. 나의 해방은 타인과의 평등에서 온다는 것을 지식이 아니라 경험으로써 배울 수 있는 과정이었다.

여학생에게 적은 양의 급식을 주는 것은 성차별인가?

학교에 페미니즘이 들어오는 과정은 결코 평화롭지 않았다. 누군가의 언행이 불편했고 뭔지 모르게 여성 비하로 느껴졌지만 '뭣 때문에 불편한 건지' 몰라 '혼자서만 고민했던' 여학생들은 수업 개설이나 동아리 구성을 요구하는 등 적극적 행위자가 되었다. 페미니즘에 대해 제대로 알기도 전에 '적은 젠더 감수성이 들통날까 봐' 의견을 말하지도 못하고 '솔직해졌다가 (……) 멍청하다는 얘기'를 듣게 되는 남학생들은 페미니즘을 여성우월주의, 남성혐오주의라고 생각하게 되었다. 학교 안에서 학생들에게 노출 빈도가 높고 영향력이 큰 교사들의 태도와 발언은 끊임없이 문제 제기의 대상이 되었다.

교육·생활공동체를 지향하는 대안학교는 구성원들 간의 밀도 높은 생활과 관계를 중시한다. 생활과 관계 속에서 발생하는 갈등과 문제 상황을 공동체의 문제로 바라보고 이를 안건화해서 해결해 나가는 직접 민주주의 실현 과정을 강조한다. 공동체 내에서 발생하는 갈등과 문제 상황은 대부분 기존 공동체 내의 문제점과 구성원들 간의 차이에서 비롯된 것들이기 마련이다. 갈등과 문제 상황을 직면하면서 발견된 사실과 차이는 공동체의 '불편한 진실'이자 공동체를 성숙시키는 자양분이 되곤 한다. 학교 내에서 발생하는 젠더 이슈, 페미니즘 이슈도 예외는 아니다.

어느 여름날 학교 급식으로 삼계탕이 나왔다. 식단표가 붙자마자 학교 전체는 술렁였고 배식 시간 훨씬 전부터 식당 입구에는 학생들의 줄이 이어졌다. 드디어 식당 문이 열리고 배식이 시작되었다. 이렇게 학생들이 열광하는 메뉴는 주방 선생님들이 한 명씩 적당량을 배식하는데, 배식대 끄트머리가 소란스럽다. 기나긴 기다림이 마침내 충족된 기쁨의 웅성거림이 아니다. 그 웅성거림의 원인은 '남학생은 한 마리, 여학생은 반 마리. 더 먹을 사람은 더 준다'는 주방 선생님들의 배식 원칙이었다. 불쾌해하고 어이없어하는 학생들, 괜찮은 방침이라 이해하는 학생들, 기다림에 지쳐 빨리빨리를 외치는 학생들……. 점심시간의 소란은 그렇게 마무리되는 듯했다. 그러나 곧이어 학생 익명 게시판이 뜨거워졌다. '주방 선생님들이 성차별을 했다, 교사들의 성인지 감수성이 문제다'라는 취지의 비판 글이 올라왔고 댓글에 댓글을 다는 방식으로 공방이 이어졌다.

학생들 사이에서는 이날 점심 일을 두고 의견이 분분했다. 공방이 오가는 중에 '예전에도 이런 일이 있었다'라며 교사들의 평소 언행에 대한 여학생들의 불만이 덧붙여지기도 했다. 점심 배식 사건에 대해서는 소극적이나마 자신의 입장을 내던 남학생들도 여학생들의 불만 호소가 확산되자 점차 함구하게 되었다. 50대 중반의 지역 주민으로 구성된 주방 선생님들은 이런 학생들의 지적을 도무지 이해하지 못했다. 환경을 생각하는 학교에서 잔반을 조금이라도 줄여 보려고 닭을 토막 내는 수고까지 감수했는데, 일반적으로 여학생들이 적게 먹기에 배식을 그렇게 했을 뿐인데 졸지에 '성차별주의자'가 된 것에 대해 서운하고 불쾌하기만 하다. 한창 페미니즘의 거센 물결이 고등 여학생들을 중심으로 일렁이고 있었던 터라, 학교 곳곳에서 벌어지는 소요들에 피로감이 누적되어 있었던 교사회는 급한 불 끄는 심정으로 나설 수밖에 없었다. 학생들의 반응에 서운해하는 주방 선생님들을 겨우 설득하여 교사회 차원의 사과와 재발 방지 약속으로 사태는 일단락되었다.

그러나 학교 구성원들의 의문은 해소되지 않았다. '여학생들이 좀 서운할 수는 있겠지만 이런 거까지 성차별이라고 할 수 있나?', '일반적으로 여학생들이 적게 먹는 건 사실이고 다들 한 마리씩 받아서 남기는 것보다는 나은 거 아닌가?', '더 먹고 싶은 사람에게는 더 준다고 했잖아.', '좀 부드럽게 문제를 제기할 수는 없었을까?' 이 사건은 한동안 학교 내 각종 간담회의 주제가 되었다. 다양한 의견이 오갔지만 문제를 제기한 여학생들의 입장은 단호했다. 여학생들은 적게 먹을 것이라는 성별 고정 관념, 배식 기준을 교사가 일방적으로 결정하고 통보하는 방식이 가장 큰 문제라는 것이다. 또한 '여학생이라고 반마리만 주는 것이 아니라 더 먹을 사람은 더 준다'는 조건이 교사들의 기대와 달리 공정하지 않다는 것이다. 더 먹고 싶어서 배식대로 나갈 때 유독 여학생에게만 던져지는 '쟤 더 먹나 봐', '돼지야?' 같은 시선은 전혀 고려되지 않았다는 점을 지적했다. 이렇게 이야기판이 펼쳐지자 드러나지 않았던 소수의 목소리도 나오기 시작했다. 한 마리 다 먹기 버거운 남학생들의 불편함과 채식주의자들의 소외감이 대표적이다. '이 나이대 남자라면 이 정도는 먹어야지'라는 생각이 전제된 이 원칙을 거부하기 힘들다는, '저도 반마리만 주세요'라고 말하기 부끄럽다는 남학생들의 불편한 마음이 전달되었다. 온 학교를 들뜨게 만든 메뉴에 비해 다소 초라해 보이는 채식 식단을 받게 되는 채식자의 소외감도 터져 나왔다. 결국 '성차별'로 뜨거웠던 사건은 '우리 안의 외모 평가', '일상 속의 성별 고정 관념', '지나친 육식 문화', '모두가 만족스러운 식사를 할 수 있는 방법', '우리의 가치를 지키기 위해 가중되는 주방 선생님들의 노동 강도', '잔반 처리 문제'라는 새로운 과제를 공동체에 던져 주었다.

    이 시기 나는 학생들로부터 '이번 사건은 성차별이에요, 아니에요? 쌤 생각은 어때요?'라는 질문을 종종 받았다. 그나마 전문가라고 생각되는 나에게 정답을 빨리 알려 달라는 신호였다. 그러나 나는 은근슬쩍 답을 회피하며 중구난방 전개되는 이야기들을 즐겼던 것 같다. 보통 성과 관련된 주제, 특히 성폭력, 성차별은 본격적인 논쟁의 소재로 삼기 꺼리는 경우가 많다. 논쟁의 성과로 만족할 만한 답을 찾을 것이라는 기대도 없을뿐더러 개인의 의식 수준을 평가하는 잣대가 될까 봐 사고와 언행이 경직되기 쉽다. 그렇기에 공론화하는 것 그 자체로도 의미가 있다고 생각한다. '나'의 문제를 넘어 '공동체'의 문제로 인식하고 이야기를 펼칠 때 그동안 드러나지 않았던 다양한 관점과 소수의 의견이 드러나게 된다. 앞선 사례에서도 '이번 사건은 성차별이다, 아니다 ○×?', '앞으로 배식 원칙은 이렇게 바꾼다' 하는 정답을 찾는 것은 중요하지 않았다. 이 사건이 공론의 장에서 회자되며 다양한 경험과 차이가 드러난 것 자체가 성과라 할 수 있다. 평등한 문화를 갖췄고 학생들의 자기표현을 존중하는 공동체라는 믿음으로 인해, 여학생들이 느끼는 외모 품평, 기대받는 남성성에 못 미치는 남학생들이 느끼는 불편함, 우리가 지키고자 하는 원칙과 가치가 누군가의 노동에 기댈 수밖에 없다는 연결감 등을 간과해 왔음을 깨닫는 계기가 되었다. 이렇게 드러난 문제들을 해결하기 위해 시도되었던 다양한 아이디어들도 소중하게 남는다.

남학생 기숙사의 샤워 커튼은 누가 달 수 있을까?

학교에서는 매 학기 말마다 학생 생활 관련 설문 조사를 실시한다. 이 전수 조사는 학교생활 중 발생했던 다양한 (성)폭력 사건 등을 힘겹게 겪으며 정착된 시스템이다. 학생-교사-학부모 3주체가 참여하는 유일한 위원회인 '성평등위원회'에서 주관한다. 공동체 내에서 발생하는 구성원들 간의 (성)폭력 사건들은 공동체의 존립을 흔들 만큼 큰 상처를 주기도 한다. '가족', '공동체'라 믿으며 생활해 온 공간에서 발생하는 구성원들 간의 사건 사고는 공동체에 대한 실망과 불신을 불러일으키기 마련이다. 그러나 이런 갈등 상황을 직면하면서 그동안 간과했던 공동체의 내부 문제를 점검하는 계기로 삼는 것이 더 중요하다. 이 전수 조사가 실시되었던 초창기에는 더 큰 분란을 야기하기도 했다. 익명으로 하다 보니 진실성, 시기성 등이 확인되지 않는 의견들이 쏟아지기도 했다. 정착하는 데 시간이 걸리기는 했지만 그것조차도 우리 공동체의 현재 수준을 말해 주는 것이라 생각하며 그 설문 결과를 모든 구성원이 공유하고 하나하나 고쳐 나가는 과정을 지속적으로 하고 있다.

반면 학기 말마다 제기되지만 몇 년째 실행되지 못하던 과제가 하나 있었다. 바로 '남학생 기숙사 샤워 커튼 달기'이다. 당시 남학생 샤워실에는 4~5칸의 샤워 부스가 불투명 유리 칸막이로 나뉘어 있고 입구를 가릴 수 있는 커튼이 없었다. 학기 말 전수 조사 때마다 적지 않게 나오는 요구 사항일 뿐만 아니라 교사와의 개인 면담에서 불편함을 호소하는 남학생들도 꽤 있었다. 대부분의 남학생들은 1학년에 입학했을 때 이런 남학생 기숙사 문화와 시설이 충격적이었지만 시간이 갈수록 본인도 익숙해졌다고 말한다. 이 문제를 논의하는 데 기숙사 운영에 주도적 역할을 하는 고학년 남학생들과 남자 사감 교사는 적극적이지 않았다. '그거 달아 봤자 한 달도 못 가서 망가질걸? 남자들은 어쩔 수 없어', '샤워 커튼 있는 게 더 불편한데…… 남자들끼리 뭐 어때?', '필요하다고 답한 사람이 적극적으로 나서야 하는 거 아니야?', '요즘 페미니즘이다 뭐다 하니까 이 정도는 해야지 하는 생각에 적은 거 아니야?' 이런 핑계였다.

매해 반복되는 이 상황은 교사인 나에게 여러 생각을 던져 주었다. 자기 몸에 대한 존중과 경계에 대해 왜 저렇게 무감각할까? 어떻게 남학생들 스스로 '남자들은 어쩔 수 없지'라고 쉽게 인정할 수 있을까? 여학생들에게는 너무도 당연한 일이 남학생들에게는 그렇게까지 어려운 과제였을까? 꼬리를 물고 이어지는 의문을 따라가다 보니, 남학생들의 경우 성장 과정에서 몸에 대한 존중, 경계에 대한 확인을 받아 본 경험이 상대적으로 부족했겠다는 생각에 다다랐다. 이는 자신의 안전을 확인하는 감각, 타인을 존중하는 의미, 상호 평등한 관계 맺기 방법을 알아채기 어려울 수 있음을 의미한다. 또한 본인이 (성)폭력 피해자 혹은 가해자가 될 수 있다는 가능성을 배제하게 만든다. 전수 조사 결과를 공유하며 자기 몸과 타인의 몸에 대한 존중, 친밀한 사이의 경계 존중, 나의 벗은 몸을 보여 주지 않을 권리, 타인의 벗은 몸을 보지 않을 권리에 대해 이야기를 나눠 보기도 했다.

남학생 또래 문화에 대해 생각해 볼 기회가 되기도 했다. 이렇듯 남학생 내부에 존재하는 차이와 다양성을 인정하지 않는 분위기에서 '그 설문에 답한 사람은 나요'라고 누가 나설 수 있을까? 남학생 또래 집단 안에서 개인의 목소리 내기가 얼마나 힘들지 실감할 수 있는 대목이다. 이 설문 결과를 들은 여학생들은 대부분 어떻게 그렇게 지낼 수 있는지 도무지 이해가 가지 않는다는 반응을 보였다. 남학생 기숙사 시설의 문제라 강제로 조치할 수 없었고 자체적으로 해결하길 기다렸지만 이런저런 핑계로 시간만 갈 뿐이었다. 결국 전수 조사를 추진했던 학생 위원들이 매번 같은 요구가 올라오는데 왜 시정이 안 되는지 강력하게 문제를 제기하면서, 초보적인 수준의 변화가 있었다. 남학생 기숙사에서 자체적으로 간담회를 진행하고 엉성하게나마 샤워 커튼을 설치한 것이다. 남학생 기숙사의 샤워 커튼 문제는 공동체의 변화를 위한 노력과 공동체에 대한 신뢰의 문제로 전환되면서 실마리가 풀리기 시작했다. 비록 남학생 또래 문화에 대해 본격적으로 성찰하는 기회가 되지 못한 점은 아쉽지만. 또래 내부에 존재하는 차이와 소수 의견을 확인하고 인정하는 계기가 되었다는 점에서 의미를 찾을 수 있겠다. 내부의 다양한 차이와 의견들이 더 잘 드러날 수 있는 방법을 고안해야 할 과제를 남겼다.

페미니즘적 관점으로 제기되는 공동체 내의 갈등과 긴장들은, 기존의 관점과 감수성으로는 발견되기 힘든 공동체의 문제들에서 시작되기 십상이다. 이를 해소하기 위해서는 나의 문제가 아닌 공동체의 문제로 인식하고 공론의 장에서 토론하는 것이 필요하다. 갈등을 직면하고 드러냈을 때, 눈에 보이지 않았던 공동체의 문제가 드러나고 이에 대한 해법을 모색하는 과정은 공동체의 성숙으로 이어진다. 고정된 틀 안에 갇혀 애써 외면해 왔던 것들을 전체의 영역으로 드러냈을 때 새로운 차이와 해법이 발견되기도 한다.

"제일 연장자인 선생님이 이렇게 까놓고 시작하니까"

페미니즘 교육을 시도하려는 교사들이 봉착하게 되는 어려움이 몇 가지 있다. 우선은 10대와 함께하는 페미니즘 교육에 적합한 커리큘럼이나 콘텐츠가 부족하다는 점이다. 교사들은 수업 준비를 위해 미리 공부하고 알아보지만 항상 부족함을 느낀다. 관심을 갖고 파고들수록 모르는 것이 드러나고, 많은 갈래와 분야로 연결되는 방대함을 실감하게 된다. 교사들조차 페미니즘에 대해 제대로 배워 본적이 없기 때문에 어쩌면 당연한 일이다.

더 큰 문제는 이미 학교 현장에 깊숙이 들어와 있는 반페미니즘 정서이다. 페미니즘에 대한 부정적 시각은 주로 남학생들에게서 많이 나타나는데, 사회적으로 형성된 반페미니즘적 인식이 전달된 것으로 보인다. 반페미니즘 담론은 페미니즘을 억압적이고 특권적이라 여기며 남성혐오주의, 여성우월주의로 인식하는 경향을 말한다. 남학생들의 잠재적 가해자 담론, 역차별 담론, 여성가족부 폐지 주장, 여성혐오적 표현, 페미니즘 동아리에 대한 공격은 어제오늘의 일이 아니다. 규제나 안전장치가 없는 온라인상의 성적 표현물들, 끊임없이 확대 재생산되는 혐오 문화도 심각한 수준을 넘어서고 있다. 이러한 디지털 문화는 가상 공간에만 국한되지 않고 그 자체로 학교 교실 문화, 또래 문화로 이어지기도 한다. 반페미니즘 정서와 결합된 혐오 문화와 젠더 갈등은 우려스러운 장면들을 연출한다. 또한 여러 통계들은 성평등 의식의 성별 격차가 심화되고 있음을 보여 준다. 전반적으로 성평등 의식은 여학생이 남학생보다 높게 나타난다. 이러한 분위기 속에서 페미니스트를 자임하거나 페미니즘에 대한 관심 표명은 일종의 '커밍아웃'에 비유되며, 이런 또래 간의 긴장감은 학생들에게 페미니즘을 제대로, 잘, 정확하게 배워야 한다는 중압감을 주기도 한다.

한편 일부 보수 학부모 단체들은 페미니즘을 '동성애를 조장하며 정체성 혼란을 주는 위험한 것'이라 주장하며 철저하게 공격한다.

「아동·청소년의 성보호에 관한 법률」에 근거하여 설치·운영토록 되어 있는 청소년성문화센터 설립이 학부모 단체의 반대에 부딪히기도 했고, 콘돔을 이용한 피임교육을 위해 바나나를 준비하도록 했던 교사는 학부모들의 민원으로 교육청의 청문 대상이 되었다. 이러한 현상들은 페미니즘·성평등교육을 실천하고 있는 교육 주체들을 위축시키는 결과를 낳고 있다.

이렇듯 지금의 교육 현실에서 페미니즘은 학생, 교사 모두에게 낯설고 어렵고 위험한 것이다. 그래서 페미니즘 교육 실천 현장의 교사와 학생은 '서로 모르는 상태에서 함께 알아가는 과정'을 공통적으로 이야기한다. 교사들도 아는 게 없음을 인정하고 함께 알아가고 배우자고 제안한다. 교사도 잘 모르는 부분에 대해서는 같이 찾아보자고 한다거나 잘 아는 학생에게 수업을 부탁하기도 한다. 특히 SNS를 포함한 온라인 환경에서 유통되는 정보, 대중문화와 미디어, 청소년들의 하위문화에 대해서는 학생이 직접 준비하는 수업이 더 효과적일 수 있다. 이런 경험은 지식 전달자로서의 전통적인 교사상을 바꾼다. 교사들은 자신들의 가장 큰 역할은 학생들의 관심과 실천에 의미를 부여하며 응원하는 것이라 말하고, 학생들은 같이 수업 듣는 친구 같은 교사를 만나고 있다고 고백한다.

페미니스트 페다고지에서 강조하는 '학습자 중심의 교육'은 교사와 학생 사이의 관계 설정을 새롭게 만든다. 교사-학생 사이에 존재하는 지식 권력관계의 해체와 경계 없는 대화를 전제한다. 지식 생산·전달의 주체로 교사를 고정시키지 않으며, 지식 생산의 주체로서 학습자를 설정한다(전희경, 2013). 이는 경계 없이 이루어지는 자유로운 대화를 통해 학습자가 자신의 경험과 일상을 드러내고 학문적 이론과 결합하여 해석하는 과정으로 가능하다. 따라서 교실 풍경은 교사 중심의 지식 전달을 위한 강의식 교육에서 대화와 참여를 중심으로 하는 교육 방식으로 변하게 된다. 이런 경험을 한 한 학생은 이런 이야기를 들려주기도 했다.

"첫 수업 시간에 쌤이 한 말이, '원래 이런 거 할 때는 다 까놓고 반말로 하는 거다 그래서 별명을 정해서 별명에 반말을 하는 거 많고 이런 모임은 평등한 모임으로 만들어야 재미있어진다.' 제일 연장자인 선생님이 이렇게 까놓고 시작하니까 다 사라져 버리죠. 그렇게 던지고 시작하니까, 나이 많아서 존댓말 하는 거지 쫄아서 존댓말 하는 거는 아니니까."

10대들과 함께 하는 페미니즘 교육에서 특히 '지식 권력관계의 해체와 경계 없는 대화'에 대한 강조는 중요하다. 사회 통념상 수동적이고 의존적인 '학생' 신분을 요구받아 온 10대들에게 기존 교사-학생 권력관계의 해체 과정은 쉬운 일이 아닐 것이기 때문이다. 위의 인터뷰에서도 알 수 있듯이 교사가 먼저 자신의 교실 안 권력을 인정하고 수평적이고 평등한 권력관계 형성을 위해 노력하는 것이 중요하다. 지식 권력의 경계, 가르침과 배움의 경계, 학교와 사회의 경계를 해체함으로써 강화되는 교사-학생 사이의 상호작용을 통해 함께 학습하며 성장하는 관계를 지향하게 된다.

  일상 경험을 나누다 보면 한 사안에 대해 각자의 위치성과 정체성에 따라 다른 경험과 해석을 하게 되는 것을 발견하는데, 이러한 차이의 발견도 주요한 소재가 될 수 있다. 페미니즘으로 중무장한(?) 여학생들은 종종 비난 섞인 공격을 질문처럼 던지기도 한다. '명절에 시댁 가서 온갖 명절 노동을 군말 없이 하고 왔어요? 당장 뛰쳐나왔어야죠!', '꼰대 중년 남성 교사와 어떻게 같이 생활해요?' 일단 흥분을 가라앉히고 차분히 이야기를 이어 간다. '여성', '페미니스트'라는 정체성 이외에도 갖게 되는 며느리, 주부, 아내, 어머니라는 동시적인 위치에 대해 설명하고 이해를 구한다. 여성이 직장 생활에서 겪게 되는 고민과 타협점에 대해 상상하고 토론한다. 교사가 자신의 위치성과 정체성을 드러내는 것은 꽤나 큰 용기가 필요하지만, 이러한 과정을 통해 교사와 학생 사이의 상호작용은 강화되고, 학생들은 그 위치에 자신을 대입하며 미래의 자기 모습을 상상할 수 있게 된다. 위치에 따른 입장 충돌의 경험은, 타인과의 차이를 발견하며 타인의 구체적 삶을 상상하고 이해하는 것을 돕는다. 동시에 자신과 타인 경험의 연결점을 알아 가는 기회가 되기도 한다.

페미니즘은 가족 등 가까운 사적 관계도 다시 돌아보게 만든다. 특히 가장 가까운 성인 여성인 엄마의 삶, 엄마와 나의 관계에 대해 새롭게 이해하는 계기가 마련된다. 한 학생은 부모의 맞벌이로 인해 할머니 집에 맡겨졌던 어린 시절을 회상한다. 가끔 주말에 자기를 보러 왔던 엄마가 어색하고 원망스러웠다고 한다. 지금 다시 생각해 보니, 같은 직장인인데 항상 나를 찾으러 온 것은 엄마였고 나를 대신 돌봐 준 어른은 또 다른 여성인 할머니였고, 언제나 엄마는 미안해하고 전전긍긍했다는 것이다. 어떤 학생은 정규직 직장 생활을 하는 엄마에 대해 "아빠는 주된 벌이를 하시고 엄마는 약간 취미 생활을 하시는 느낌? 엄마는 계속 집에 있으면 싫으니까 일을 하는 느낌? 엄마는 엄마가 소비하는 게 많으니까 자기가 쓸 돈을 버는 느낌?"이라고 표현했다. 같은 정규직임에도 부모 두 사람의 '일'에 대해 완전히 다른 평가를 하고 있었다. 출산·육아로 인한 경력 단절, 성별 임금 격차, 가정 경제에서 부부 수입의 다른 사용처 등 사회 구조적 문제에 대한 이해가 이어지지 않았다면 엄마의 삶과 노동은 계속 주변적이고 소비적인 것으로 남아 있었을 것이다. 요양보호사 자격을 취득하고 집에서 외할머니를 모시는 엄마에 대해 '당연히 모셔야 하는 할머니를 모시면서 나라로부터 돈도 받는다'고 이해하는 학생과는, 여성들에게 부과되는 이중 돌봄의 문제, 돌봄·가사 노동에 대한 사회적 평가의 문제를 함께 이야기해 볼 수 있었다. 엄마의 역할을 당연시했던 자신을 돌아보게 되었다는 학생도 있다. '무슨 엄마가 밥도 제때 안 차려 줘?'라며 투정하던 기억을 소환하며 엄마에게 미안한 마음을 전하기도 한다.

이렇듯 교사-학생 사이의 위계적 지식 권력관계를 허무는 것보다 여-남학생 사이의 솔직한 대화는 더 어려워 보이며, 중-고등 간 연령에 따른 위계와 정보 격차가 대화를 가로막는 요인이 되기도 한다. 다른 성별과 연령이 섞여 있는 경우, 각자의 일상적 삶에 대한 고민에서 시작해야 하는 페미니즘 교육 특성상 서로 다른 경험과 분노 게이지를 가진 사람들 간의 소통은 어려운 경우가 많다. 이런 주체들이 모여 대화하는 교실은 규모가 작아야 하고, '무슨 말을 해도 괜찮은' 안전하고 믿을 만한 공간이어야 한다. 경계 없는 대화가 풍성하게 이루어지는 것과 이러한 대화가 가능한 안전하고 믿을 만한 공간을 만드는 문제는 분리되거나 선후의 문제가 아니다. 벨 훅스(Hooks, 1984)는 우리 삶이 고정되거나 정지되어 있는 것이 아니라 언제나 변하는 것처럼, 페미니즘 이론은 유연하고 열려 있으며 새로운 정보에 민감해야 함을 강조한다. 어떠한 비판과 지적도 받아들이며 자기 성찰의 기회로 삼는 자기비판적인 수용력을 페미니즘의 강점으로 꼽는다. 이러한 페미니즘의 수용성이야말로 안전하게 말할 수 있는 수용적 공간을 만드는 데 강조되어야 할 요소이다.

페미니즘을 통해 알게 된 사실을 알리며 환경과 문화를 바꾸기 위한 실천은 주로 여학생들에 의해 이루어지는데, 동반되는 반응은 '버럭', '발끈', '싸우는' 방식이다. 이러한 태도는 대화, 이해, 설득의 과정은 생략된 채 다툼과 단절을 야기하기 쉽다. 이때 균형감을 갖고 사안을 바라볼 수 있도록 안내하는 것이 필요하다. "누난 내 여자니까~ 너라고 부를게~"라는 노래 가사에 대해 '아니~ 누나인데 너라고 불러? 사귄다고 해서 그렇게 권력관계가 뒤바뀌어도 되는 거야?'라며 흥분하는 여학생에게, 한 학생은 '그건 권력관계 문제라기보다는 서로 친밀한 관계를 유지하기 위한 거 아닐까?'라며 다른 시각을 제시한다. 교사는 '나도 남편이 나보다 두 살이 많은데 오빠라고 안 부르고 너라고 부른다'며 경험을 전하고 성별이 바뀐 상황에서도 같은 해석을 할 수 있을지를 묻는다. 이어 성별 권력과 나이 권력의 교차 지점을 어떻게 이해할 것인가, 힘, 권력, 자원의 차이를 가진 존재들의 평등한 연애는 어떻게 가능한가 하는 주제를 새롭게 제시한다. '내가 민소매 옷 입고 내려오니까 쌤이 잔소리하던데 이거 성차별 아닌가요? 왜 여학생의 복장만 지적하죠?'라며 교사의 지적에 문제를 제기하는 여학생에게, 여러 사람이 함께 지내는 공간, 보수성 강한 시골 지역에 소재하는 데서 생기는 구성원 간 인식의 간극, 생활 공간이자 교육 공간인 학교에서 서로가 지킬 예의나 약속도 중요하지 않은가라는 새로운 관점을 제시하기도 한다.

평등을 지향하는 대안적 공동체 안에서 페미니즘·젠더 이슈에 대한 발화에 있어 여성의 직관적 판단과 분노에 기댄 발언이 힘을 갖기 쉽다. 그러나 그 이슈에 대해 '다르게 생각해 볼 수도 있지 않아?', '이런 경우는 어떻게 바라볼 수 있지?', '다른 고려 사항은 없을까?'라며 다양한 관점과 입장을 대변하는 논쟁거리를 발굴해 사유의 기회를 제공하는 것이 필요하다. 이런 대화에서는 '나도 틀릴 수 있다', '생각이 달라도 공존할 수 있다'는 전제가 서로에게 필요하고, 교사도 예외는 아니다. 특히 교사에게는 자기 발언의 권위를 내려놓아야 하는 도전이지만 동시에 언제나 정답을 제시해야 한다는 억압에서 자유로워지며 다른 양태의 권위를 추구하는 것이기도 하다. 더불어 페미니즘·젠더 이슈에서 참여를 독려하기 어려운 남학생들에게도 대화에 참여할 여지를 제공할 수 있을 것이다. 모든 지식과 판단은 고정적이거나 정답이 정해져 있는 것이 아니라 상황적·맥락적·관계적이라는 점, 따라서 다양한 위치에서 생각해 보고 여러 입장들과 토론하는 것이 중요함을 재차 확인한다.

"페미니즘은 결국 당연하다고 생각하는 것에 의혹을 가지게 하는 거잖아요"

'여성다움, 남성다움', 즉 성별 고정 관념은 성평등교육에서 빠지지 않는 주제다. 성별 고정 관념에 기대어 여성/남성 간에 본질적인 차이가 존재하며 이에 적합한 태도와 역할이 구분되어 있다는 사회 문화적 인식이 성 역할이다. '여성-사적 영역-소비 주체-보조적 역할', '남성-공적 영역-생산 주체-중심적 역할'로 구분되는 것을 당연하고 자연스럽게 만든다. 그러나 학생들이 경험하는 성 역할 구분은 이러한 거창한 구도에서 빗나가 있기 때문에 이해받거나 설명되기 힘들다. 농사 시간에 여학생에게는 호미를 주며 김매기를 시키고, 남학생에게는 낫, 삽, 곡괭이 등을 주며 추수 작업이나 밭 구획 작업을 시킨다. 이런 역할 분담은 성 역할이나 여학생 배제라고 인식되기보다는 '여학생에 대한 배려', '남학생의 매너'로 포장된다. 또래 관계에서 '배려'가 최고의 가치로 이해되는 현실에서 '여학생에 대한 배려'는 당연한 미덕처럼 받아들여지며 원활하게 통용된다.

 무엇에 주목해야 할까? 우선, 수업과 교실의 규칙은 누가 정하는지, 규칙의 기준은 무엇인지, 그 결과로 누가 행복한지에 대해 생각해 볼 수 있다. 아마도 수업과 교실에서 이러한 규칙을 정할 수 있는 권력을 가진 사람은 교사일 것이다. 규칙의 기준은 성별 고정 관념에 근거하며 결과적으로 학생 누구도 만족스럽지 못하다. 한 발 더 나아가, 여성의 일, 여성다움으로 통용되는 것들이 남성의 것에 비해 열등하고 취약하다고 평가되는 사회 문화 구조에 대한 문제 제기가 있어야 한다. 여학생과 남학생에게 할당된 역할이 동등하게 평가되는

가? 어느 쪽 일의 기여도를 더 높이 평가하는가? '나도 저 일 해 보고 싶은데' 하는 마음이 있더라도 선택권을 행사할 수 없는 것도 문제지만, 농사에서 김매기와 수확, 밭 만들기라는 공정이 동일한 가치로 평가받고 있는지를 생각해 봐야 한다.

　수업 중 '나는 언제 나의 성별을 인식했나?'라는 질문을 던져 본 적이 있다. 대부분 우물쭈물하다가 '그냥 알았는데', '원래부터 그랬는데', '생각해 본 적 없는데'라고 할 때, 한 학생이 기억을 더듬어 자신의 경험을 전했다. 어린이집에 처음 간 날, '여자끼리 남자끼리 한 줄로 서 보세요'라는 선생님의 지시에 자신이 어디에 서야 할지 몰라 어정쩡하게 서 있자 선생님이 어딘가로 나를 데려다가 세웠단다. 그 학생은 그때 비로소 자신이 '남자'라 불리는 존재라는 인식을 하게 되었다고 했다. 우리의 경험도 대부분 이와 비슷하지 않을까? 아이들은 학령기에 들어서며 확장된 사회관계 속에서 '나'의 위치와 정체성을 확인하게 된다. 나를 둘러싼 환경과 조건들이 사회에서 어떤 의미로 연결되는지 말이다. 그러나 성별에 대해서만큼은 의심해 보거나 확인해 보려는 시도조차 안 하게 된다. 젠더 이분법, 젠더 규범이 강한 한국 사회에서는, 태어난 동시에 성별은 둘 중에 하나로 정해지고, 교집합도 여집합도 허용되지 않으며, 배정받은 성별 안에서 안전하게 속해 있길 요구받기 때문이다. 단 한 번도 의심해 본 적 없는 것들, 당연하고 자연스럽다고 받아들였던 것들, 그래서 한 번도 질문해 보지 않았던 것들에 대해 낯선 시선으로 바라보도록 안내하는 것이 페미니즘 교육의 시작이다.

'사회로부터 요구받는 성별 고정 관념에 구속받지 않고 나답게 사는 것은 어떤 모습일까?'라는 질문에 그쳐서는 안 된다. '남자와 여자는 무엇으로 구분되는가?', '여자와 남자는 얼마나 다를까?', '여성과 남성의 차이가 개인 간의 차이보다 클까?', '그 기준은 누가 어떻게 만들었을까?', '어떤 방식으로 강화되어 왔는가?', '이를 통해 발생하는 효과는 무엇일까?', '두 개의 젠더에 걸쳐 있거나 아예 속하지 않는 이들은 어떤 취급을 받고 있는가?'를 동시에 질문해야 한다. 젠더 이분법이 강력할수록 여성성/남성성의 특징에 집중하게 되는 경향이 있는데, 그보다 더 중요한 것은 그 '경계'를 의심하고 그 경계의 효과를 비판적으로 바라보는 힘이다.

비인가 중고등 대안학교에 다니는 학생들이 흔히 겪게 되는 어려움에 대해 이야기 나눠 본 적이 있다. '대안학교 학생을 문제아 혹은 학교 부적응아로 바라보는 사람들에게 나를 어떻게 설명할 것인가?' 일단 그런 부정적 시선들에 대한 불만과 그로 인한 피해들이 쏟아진다. '멀쩡한 네가 왜 그런 학교에 가냐?'는 친척들의 타박, 평일 낮 시간에 돌아다니면 받게 되는 싸늘한 시선들, 제대로 혜택을 받지 못하는 중고생 할인, 부모님 직장의 자녀 학자금 지원 대상에서의 제외 등등. '이런 나의 억울함과 답답함은 어떻게 해소할 수 있을까?'에 대해서는 쏟아냈던 불만만큼 뾰족한 답변들이 없다. 나를 부정적으로 바라보는 사람들에게 '나도 일반 학교 애들처럼 교복도 입고 공부도 할 수 있어요'라고 항변하는 것으로는 아무래도 부족하다. 결국 나를 문제아, 비정상으로 만들고 있는 원칙과 기준들에 대한 확인부터 시작해야 한다. 한국 사회에서 인정하는 '교육'은 엄밀하게는 '학교 교육'이라는 점, 그 학교는 국가에서 인정한 것이어야만 한다는 점, 그래서 교육부가 아니라 '학교부'라는 비판을 면하지 못하고 있다는 점을 돌아본다. 교육이 권리가 되지 못하고 있는 현실을 깨지 않는 이상 대안학교 학생들은 영원히 '학교 밖 청소년', '학업 중단 청소년'일 수밖에 없다. '우리도 학교를 다니고 있고, 이곳에서 충분한 배움과 성장을 하고 있어요'라며 이 사회의 '정상(기준)'에 도전할 수 있어야 나의 존재는 설명될 수 있다.

'우리가 장애인이라고 칭하는 사람들은 어떤 사람들인가?'라는 질문에는 어떻게 대답할까? 몸이 불편한 사람, 정상적이지 않는 신체를 가진 사람, 혼자서는 아무것도 못하는 사람, 타인이나 기술적 도움을 받아야 생활이 가능한 사람 등의 의견이 나온다. 적어도 장애인 인권에 대해서는 들어 봤기에 대답들이 조심스럽다. 그렇다면, '안경 낀 사람은 장애인인가?', '휠체어 타고도 어디든 갈 수 있는 사회 인프라가 구축된 사회에서 이 사람은 장애인일까?', '휠체어 조종 실력은 왜 능력이나 기술로 인정받지 못하나?' 등의 질문을 꼬리에 꼬리를 물고 이어 가다 보면 '도대체 누가 장애인이야?'라며 개념 정의 자체에 질문을 던지게 된다.

10대 미혼모 문제에 관심을 갖고 글을 쓰던 학생이 있었다. 미혼모 문제의 실태와 현실적 어려움, 이에 대한 지원책과 피임 교육 강화, 입양아에 대한 사회적 인식 개선 등을 주요 내용으로 구성하고 있었다. 당연하게 10대 미혼모들의 처참한 현실에 대한 공감으로부터 시작된 일이었다. 이 학생과 '우리 사회는 저출생 문제에 대한 걱정의 목소리가 높은데, 왜 여전히 어떤 생명은 환영받지 못하고 심지어는 태어나지도 못하는 것일까?'라는 질문을 두고 많은 이야기를 나누었던 기억이 있다. 이 질문은 '우리 사회가 상정하고 있는 정상적인 국민, 정상적인 가족은 어떤 모습일까'라는 주제로 이어졌다.

"그 입장에서 생각해 보게 해 주는 거, 상대주의적인. 그리고 꼭 여성인권 얘기가 아니더라도 다른 정체성을 가진 사람들이 있다는 걸 알게 해 주고. 페미니즘은 결국 당연하다고 생각하는 것에 의혹을 가지게 하는 거잖아요. 당연하게 흘러갈 것이라고 생각했던 삶의 모습에 대해서 내가 그리는 삶의 모습을 많이 바꿔 본 거 같아요."

위의 말은 한 학기 동안 개인 프로젝트로 페미니즘에 대해 공부한 학생의 수업 소감이다. 페미니즘이 여성의 권익만을 위한 것이 아니라, 사유를 확장시키고 세상을 바라보는 새로운 관점을 갖게 해 주었다는 고백이었다. 우리 사회에는 소위 '정상'이라는 사회 규범들이 존재한다. 이를 통해 우리는 사회가 질서 있게 유지된다고 믿는다. 이렇게 오고가는 질문을 통해 사회에서 인정하는 '정상'의 실체는 무엇인지, 그 경계의 기준은 누가 정하는지, 어떻게 강화되어 왔는지, '정상/비정상'을 가르며 얻게 되는 효과는 무엇인지, '정상'에서 벗어나는 존재들은 어떤 취급을 받는지, 이런 사회 속에서 나는 어디쯤 위치하는지에 대해 생각하게 된다. 사회에서 통용되는 젠더 규범이 위계적 성별 권력관계와 성차별을 만들어 내는 구조와 너무도 닮아 있음을 알 수 있다. 페미니즘은 '여성'이라는 집단적 정체성에 국한되는 것이 아니라, 다양한 층위에서 벌어지고 있는 타자화에 대한 극복을 지향한다. 이러한 페미니즘의 인식론적 태도는 성차별, 여성의 문제에 국한되지 않고 여러 소수자의 문제로 연결·확장이 가능하다. 소수자는 단순히 인구의 수적인 열세를 의미하지 않는다. 성별, 나이, 경제력, 장애 여부, 학력, 인종, 국적, 종교, 지역, 성적 지향, 성별 정체성 등의 측면에서 국가나 사회의 지배 가치와 규범으로부터 벗어났다는 이유로 차별의 대상이 되고 불평등한 대우를 받는 사람들을 의미한다. 페미니즘이라는 렌즈는 단지 성차별만 볼 수 있도록 하는 것이 아니라, 수많은 사회 규범의 효과 즉 정상과 비정상의 위계화를 성찰할 수 있게 한다. 성차별에 대한 인식으로 다른 차별까지도 볼

〈그림 1〉 〈형식적인 평등 VS 진정한 평등 Equality VS Equity〉*

수 있게 하며, 다른 차별과 함께 볼 때 성차별은 더 잘 보이게 된다.

'기울어진 운동장'과 '성평등'을 설명할 때 자주 인용하는 그림이 하나 있다. 〈형식적인 평등 VS 진정한 평등 Equality VS Equity〉이라는 제목의 그림이다.** 서로 키가 다른 사람들이 담장 너머로 야구 경기를 잘 관람할 수 있으려면 각각에게 어떤 도움이 필요할지 질문을 던지며 형식적 평등과 진정한 평등의 차이를 생각해 보도록 한다. 이 사람들에게 똑같은 개수의 발판을 나누어 주는 것이 옳을까? 키가 작은 사람에게 더 많은 발판을 주는 것이 옳을까? 학생들은 '평등'이란 '모든 것이 똑같이 주어지는 상태'라고 생각하는 경향이 있다. 이러한 생각은 성평등을 자칫 기계적·형식적 '양성평등'으로 이해하는 것으로 이어질 위험성이 있다. 5:5가 늘 공정한 것이 아니라, 어떤 경우는 7:3 혹은 6:4가 진정한 정의를 이룰 수 있음을 이해한다.

최근에는 이 그림을 가지고 곁가지 같은 이야기를 나누며 다르게 활용하는 경험을 하고 있다. 담장이 쳐진 운동장 그림을 보며, '이 사람들은 왜 다 남자지?', '휠체어 타는 사람은 저 발판 상자로는 안 될 텐데?', '다리 아픈 노인들은 저 발판을 의자로 사용하고 싶어 할 텐데?', '유아를 동반한 양육자 성인은?', '임산부라면?' 등등 이 그림에서 보이지 않는, 소외된 존재들은 없는지 살펴보게 된다. 페미니즘은 '중심'에서 벗어난 존재들의 구체적인 삶에 관심 갖고, 이들이 주변부에서 경험하는 차별의 맥락을 섬세하게 읽어 낼 수 있게 하는, 민주적이고 평등한 관계의 공동체를 상상하기에 적합한 학문이다.

• IISC(Interaction Institute for Social Change) 기획, Angus Maguire 그림, Craig Froehle 원작(2016), 〈Equality VS Equity〉.

•• 이 그림은 온라인상에서 '평등과 공정의 차이', '평등은 정의를 의미하지 않는다(Equality doesn't mean justice)' 등 다양한 제목으로 언급되고 있다. 사전적 의미만 보면 Equality는 평등, Equity는 공정으로 해석할 수 있겠지만 이는 사회적 맥락을 충분히 반영하지 못한 것이다. 한국 사회에서 공정은 왼쪽 그림처럼 형식적 평등, 기회의 평등을 가리키는 경우가 많다. 오른쪽 그림처럼 열악한 위치에 놓인 소수자, 빈곤층에게 더 많은 기회를 제공하자는 주장은 '역차별이다', '공정하지 못하다'라는 비판을 받곤 한다. 이런 현실을 고려했을 때 '형식적인 평등 VS 진정한 평등'으로 번역하는 것이 적절하다고 판단했다.

갈등과 긴장 속에서 배우는 페미니즘

페미니스트 강의실은 (……) 갈등과 긴장의 공간이자 때로는 끊이지 않는 적대감의 공간이 된다. 서로가 가진 차이점을 대면한다는 것은 우리가 어떻게 배울 것인가에 관한 생각을 변화해야 한다는 의미이다. 갈등을 무서워하기보다는 새로운 생각을 위해, 그리고 성장을 위해 갈등을 촉매제로 사용해야 한다.●

페미니즘이 학교로 들어오는 과정은 정형화된 명시적 교육과정의 모습이기보다는 사회 변화 흐름에 따른 학교 문화, 질서, 관계의 변화를 요청하는 모습으로 우리 삶에 다가올 가능성이 높다. 공동체에 페미니즘의 관점과 실천이 들어오는 순간 갈등과 긴장은 불가피하다. 페미니즘 교육은 현실을 '안다'는 것과 현실을 '변화시킨다'는 것이 분리되지 않도록 서로를 격려하고 자극하는 과정이어야 한다는 전희경(2013)의 충고처럼, 페미니즘 교육은 아는 것에 그치지 않고 삶의 변화를 위한 실천을 강조하기 때문이다. 페미니즘 교육을 실천하는 교사와 학생들은 학교 문화와 일상을 바꾸기 위한 다양한 실천을 모색한다. 변화의 대상은 교사와 부모도 예외일 수 없다. 더 이상 '옛날보다 나아졌어'로는 변명이 되지 않

● 벨 훅스 씀, 윤은진 옮김(2008), 《벨 훅스, 경계 넘기를 가르치기》, 모티브북, 141쪽.

는 현실이다. 페미니즘이라는 렌즈를 장착하는 순간, 평범했던 일상과 경험들은 달리 보이기 시작한다. 학생들은 페미니즘을 공부하고 나서는 '너무 불편해졌다'는 이야기를 공통적으로 한다. 자신의 일상 중 뭐 하나 그냥 넘어가지는 것이 없다. 음악을 들어도, 영화, 광고, 뉴스 등을 봐도, 친구들과의 농담과 수다 중에도 '저건 여성혐오인데', '저건 소수자 차별인데'라는 생각을 하게 된다. 공기와 같던 일상이 온통 낯섦으로 다가오게 된다. 일상에 균열이 생기는 것은 영 불편하다. 그러나 더 많은 '질문'과 '성찰'로 우리 일상의 틈과 공간은 더 벌어지고 넓어져야 한다.

학교 현장 곳곳에서 벌어지는 구성원들 간의 갈등과 긴장은 그 공동체에 던지는 질문과 과제라 할 수 있다. 도발적 질문에 답하는 과정에서, 과제를 집단의 힘으로 해결하는 과정에서 구성원들의 배움과 성장, 공동체의 변화가 일어날 것이다. 페미니즘 교육은 회의하고 질문하면서 사유의 공간과 삶의 틈을 넓혀 가는, 그 안에서 다양한 차이를 가진 타자들과 만나고 공존하는 방법을 찾아가는 과정이어야 한다. 성차별 해소와 젠더 정의를 의미하는 '성평등'은 거스를 수 없는 시대적 과제가 되었지만 우리 삶에 안착하기까지는 더 많은 노력이 필요할 듯하다.

지금까지 학교 내 페미니즘·(양)성평등교육 관련 연구는 콘텐츠 개발, 교안 연구, 교육 체계 비판에 집중되어 있었다. 그러나 10대들의 배움이 교실 수업에서만 일어나지 않는다는 점을 감안한다면 이제는 페미니즘 실천과 함께 생겨나는 생활·관계 속 갈등과 긴장에 주목하고 그 안에서 일어나는 배움과 성장에 관심을 가져야 한다. 페미니스트 페다고지는 교육자와 학습자 간의 수평적 관계, 비판적 의식의 강조, 생각과 행위의 결합을 강조하며(송현주, 2002) 교육의 과정·환경·방법에 적용을 모색한다. 배움과 성장의 과정에서 경계 없이 이루어지는 풍부한 대화, 틀을 깨는 도전적인 질문, '나'의 일을 넘어 '공동체'의 변화를 위한 실천은 필수적이다.

　지금까지의 페미니즘 교육 실천은 교사인 나에게도 배움과 성장의 즐거움을 주었으며, 때로는 실망과 좌절을 안겨 주기도 했다. 한편 비판적 해석의 힘과 자기 정체성 탐색을 주요한 생애 과제로 삼는 10대 청소년에게 페미니즘은 유용한 자원과 도구를 제공할 것이라는 확신, 10대들에게 섹슈얼리티와 젠더에 대한 탐색을 충분히 할 수 있는 기회를 제공해야 한다는 책임감은 점차 선명해졌다. 10대들이 속해 있는 '지금 여기'가 성평등하고 안전한 공간이 되도록, 이들이 성평등한 주체로 성장할 수 있도록 돕는 다양한 상상과 적극적 실천은 계속되어야 한다.

젠더폭력 예방 교육은 왜 반복해서 실패할까

폭력 예방 교육 및 정책의 현황과 한계

•
•
•

최기자

2016년 문화예술계를 시발로 이른바 '미투 정국'이 시작되었다. 특히 2018년 서지현 검사가 검찰 내부 성추행 피해 사실을 공개하고, 유력 대선 주자였던 안희정 당시 충남도지사의 성폭력 가해 사실이 연이어 폭로되면서 사회 전반의 성인지 감수성을 검토해야 한다는 목소리가 높아졌다.

여성에 대한 폭력이 사회적 이슈로 떠오를 때마다 페미니즘운동은 한편에서는 관련 법 제·개정 운동에 매진하고, 다른 한편에서는 개인의 의식 변화, 젠더 구조에 대한 성찰, 성평등 문화 확산 등 다방면에서 민주주의 실현 과제들을 제시해 왔다. 특히 교육은 페미니즘이 지향하는 평등하고 민주적인 사회로 나아가기 위한 주요 대안 중 하나로 인식되었다. 이러한 노력은 각급 학교를 비롯한 모든 공공 기관에서 1999년 성희롱 예방 교육을 필두로 성매매 예방 교육(2004년), 가정폭력 예방 교육(2006년), 성폭력 예방 교육(2010년)을 법정 의무교육으로 제도화시켰으며 그 대상과 범위도 점차 확장시키고 있다. 페미니즘운동의 제도적 성과이기도 했던 젠더폭력 예방 교육이 실시된 지 무려 20여 년이나 된 셈이다. 그럼에도 불구하고 여전히 각계각층에서 성폭력 피해에 대한 고발이 터져 나오며 한국 사회를 뒤흔드는 현상을 어떻게 바라봐야 할 것인가? 다시 말해 평등과 민주주의를 목표로 젠더폭력 예방 교육이 의무적으로 수행되어 왔지만 왜, 여전히, 사회 곳곳에서 성폭력 피해를 호소하는 증언이 멈추지 않고, "그럴듯한 삶을 살아가는 남성들조차" 일련의 사건의 가해자가 되며, 우리는 2차 피해가 집단적으로 방조되거나 조장되는 현상을 목도해야 하는 것일까? 교육으로 개인의 의식 변화와 구조에 대한 성찰을 이끌어 내겠다는 전략은 그동안 '남성 페미니스트'를 자처했던 진보적 지방자치단체장들과 진보 정당 당 대표의 성추행 사건을 겪으며 '앎'이 필연적으로 실천으로 이어지지 않는다는 모순적 진실 앞에서 더더욱 길을 잃었다. 현장의 교육자들은 젠더폭력 예방 교육이 과연 그 역할을 다하고 있었는지 의심과 혼란에 빠졌다.

이 글은 공공 기관, 각급 학교, 민간 기업 등에서 매년 법정 의무 교육으로 실시되고 있는 젠더폭력 예방 교육을 페미니즘 관점에서 비판적으로 점검한다. 페미니즘 교육 제도화의 성과로 평가되는 젠더폭력 예방 교육이 현장에서 수행될 때, '폭력'에 초점을 둔 범죄 예방 교육으로 변모해 가고, 성과 지상주의 정책에 따라 '품질 관리'의 대상이 되면서 어떤 문제가 일어나고 있는지를 페미니즘 관점에서 분석할 것이다.

법과 처벌 논리에 갇힌 젠더폭력 예방 교육

페미니즘은 젠더 위계화된 사회에서 남성과 여성이 성에 있어서 같은 권리, 욕망을 가질 수 없음을 분석하고 섹슈얼리티의 위계에 의해 발생하는 다양한 폭력들을 '성폭력'으로 규정하고 있다. 이에 따르면 섹슈얼리티 그 자체에 대한 폭력뿐만 아니라 젠더에 기반해서 발생하는 많은 폭력들이 성폭력의 범주 안에 포함될 수 있다. 하지만 한국 사회에서 성폭력은 법·제도화 과정을 거치면서 페미니즘의 지적 계보를 계승하기보다는 성적인 피해의 경중을 따지며 행위의 범죄성을 판단하는 협의의 개념으로 사용되고 있다. 이렇게 성폭력을 젠더 위계 구조에 의한 폭력이 아닌 법률적 의미로 축소하는 흐름은 성폭력에 내재된 권력 구조를 해체하기 위한 다양한 정책 개발이 아닌 범죄 처벌 강화의 문제로 초점을 이동시켰으며, 섹슈얼리티를 둘러싼 다양한 교육에도 영향을 미치고 있다. 젠더폭력 예방 교육의 내용을 보면 주로 법적 개념, 원인, 실태, 편견(통념) 깨기, 대처 방법, 지원 체계, 징계 및 제재 조치 등으로 구성되어 있다. 2013년 「양성평등기본법」에서 성희롱, 성폭력, 성매매, 가정폭력 예방 교육을 통합적으로 교육할 수 있는 근거가 마련되어 최근에는 젠더 기반 폭력의 구조와 실태를 다루면서 통합 교육을 하기도 하지만, 여전히 법령에 대한 고지와 징계 및 제재 조치를 강조하는 경우가 지배적이다. 젠더폭력 예방 교육이 폭력을 야기하는 젠더 권력 구조를 성찰하기보다 범죄 예방적 전략을 취하고 있음을 확인할 수 있다.

기관의 젠더폭력 예방 교육 담당자들이 외부 강사에게 강의를 의뢰하면서 "얼마나 강하게 처벌되는지, 사례를 콕 찍어 알려 주세요"라고 당부하는 것을 왕왕 볼 수 있다. 몇몇 페미니스트 교육 활동가들조차 "관리자들에게 가장 효과적인 교육은 '징계 양정표'를 보여 주는 것이었다"는 교육 후기를 SNS에 공유하기도 한다. 이렇듯, 성차별적 권력 구조에 대한 성찰과 성평등 문화 확산을 위해 '교육'을 주장한 페미니스트들조차도 법과 처벌이 성폭력을 사라지게 하는 데 가장 효과적이라고 착각하기도 한다. 그러나 가해자 처벌이 페미니즘의 목표가 아니듯이 페미니즘 교육의 목적이 법과 제도에 대한 정보 제공에 머물러서는 안 된다. 가해자 처벌은 사회 질서를 유지하기 위해 기본적으로 수행되어야 하는 것이고, 페미니즘 교육은 가해자 처벌만으로 해결될 수 없는 그 너머, 즉 조직과 사회 곳곳에서 작동하는 젠더 권력을 들여다보고 그것에 균열을 낼 수 있는 힘을 가진 민주 시민을 길러 내는 실천적 활동이어야 한다.

더욱이 법과 제도로 규제되지 못하는 성희롱, 성폭력이 일상에서, 공동체 내에서 얼마나 만연한지 우리는 이미 경험적으로 잘 알고 있다. 1990년대 이후 성을 개인들 간의 사적인 교류가 아닌 정치의 영역으로 끌어올리면서 페미니스트들은 법과 제도 바깥에서, 일상과 문화에서 발생하는 성폭력의 젠더 구조를 끊임없이 담론장으로 불러들였다. 그리하여 대학과 사회에서 대대적으로 벌어진 반성폭력 운동은 성폭력을 동등한 성적 자유를 가진 개인들 간의 '성적 자기 결정권' 침해 문제를 넘어, 공사 영역에서 여성들이 겪어 온 역사적이고 폭력적인 차별의 경험(엄혜진, 2009), 즉 위계적 젠더 관계에 기반한 폭력이며 여성의 시민권 획득과 결부된 문제로 확장하였다.

반성폭력 운동은 여성의 경험과 사건의 맥락을 가시화시키는 '피해자 중심주의'를 성폭력 판단 기준으로 정착시키는 성과도 낳았다. 반성폭력 운동을 통해 페미니즘은 2000년대 이후, 피해자 중심주의를 담론화하면서 가해자의 관점이 아닌 여성의 경험과 목소리를 통해 성폭력에서 무엇을 피해라고 할 것인지를 재정의해 오고 있다. 예컨대 젠더, 지위 등에서 우위의 권력을 가지고 있는 가해자의 의도를 중심으로 성폭력을 판단하는 것이 아닌 피해자가 자신의 피해 경험을 성폭력이라고 규정하게 된 맥락과 상황에 주목하고자 했다. 이를 통해서 성폭력을 강간과 강제 추행 중심으로 한정 짓는 법 담론을 비판적으로 보면서 여성의 몸에 대한 통제와 착취의 문제로 확장하여 인식하는 힘을 갖게 되었다.

문제는 이렇게 페미니즘적 사유로 새롭게 구성되는 용어들이 교육에서 왜곡되거나 단순화되는 데 있다. 예를 들어 반성폭력 운동에서 성폭력 판단 기준으로 피해자 중심주의를 사용할 때는 피해자가 처한 사회적 위치와 피해자가 겪는 경험의 구체적 맥락과 상황을 중시해야 한다는 의미였으나 젠더폭력 예방 교육에서는 '가해자의 의도를 중시하지 않는다'에만 방점을 찍어 설명하는 경우가 많다. 그러다 보니 '피해자가 주장하면 성희롱이라더라', '피해자 제멋대로주의 아닌가?'라는 오독과 오해가 난무하다. 우리 법은 성희롱, 성폭력뿐만 아니라 「국가보안법」을 제외한 그 어떤 형법도 가해자의 의도를 판단의 근거로 삼지 않는다. 즉, 모든 형법이 가해자의 '의도'가 아닌 범죄 '행위'를 처벌한다. 그런데 의도를 중시하지 않는다고 강조하는 이유는 유독 성폭력 사건에 대해서만 가해자의 의도를 중심에 두려는 경향이 짙기 때문이다. '딸 같아서', '친밀감을 표시하기 위해서', '동의한 줄 알고', '술에 취해서'라는 가해자 해명에 따라 사건의 진위 여부를 따지거나, 나아가 '예민해서', '싫다고 하지 않았으면서', '꽃뱀이라서'라며 피해자를 가해자로 둔갑시키며 '가해자 연대'의 힘을 과시해 온 남성 중심적 문화에 대한 성찰을 제안하는 것이다.

이렇듯 피해자 중심주의는 성폭력을 판단할 때 가해자에서 피해자로 '관점'을 이동하자는 반성폭력 '운동'이면서 실천이라고 할 수 있다. 하지만 젠더폭력 예방 교육에서 피해자 중심주의는 '가해자의 의도가 아닌 피해자가 느끼는 감정을 중심으로 판단한다'는 기계적인 '원칙'으로만 설명되는 경향이 있다. 예컨대 '딸 같아서 그랬다'는 가해자의 변명이 있을 때, 그런 변명은 들을 가치가 없다는 것이 아니다. 공적 영역에서 동료 시민을 딸이나 손녀처럼 인식할 수 있는 권력이 누구에게 어떻게 작동하고 있는지, 친밀감을 표시하는 문화와 관행들이 궁극적으로 어떻게 시민적 주체에 대한 비존중으로 발현되는지를 비판적으로 분석해야 한다. 동시에 딸 같아서 한 친근한 행동들이 '사회생활'이라는 이름으로 피해자를 어떻게 길들이고 피해자에게 종속을 가르치는지를 들여다봐야 한다는 것이다. 성희롱, 성폭력을 단순히 피해자에게 불쾌감, 수치심을 주기 때문에 폭력이라고 이름 붙이는 것이 아니다. 이러한 행위들을 통해 여성을 동료 시민이 아닌 타자로 위치 지우며 통제하고, 궁극적으로 노동권, 성적 자기결정권을 침해하기 때문에 폭력이 되는 것이다. 이렇게 피해자의 사회적 위치와 피해가 발생하는 구체적인 상황과 맥락이 간과되지 않았을 때, 성희롱, 성폭력에서 무엇이 피해인지를 제대로 인식할 수 있게 된다.

  젠더폭력 예방 교육이 페미니즘의 지적, 실천적 성과에 기반하지 않고 범죄 예방 교육으로 수렴되다 보면 '가해자가 되지 않기' 위해 젠더폭력의 법적 개념과 행위 목록, 처벌 수위 같은 정보를 더욱 촘촘하게 요구하는 것과 동시에 '피해자가 되지 않기 위해' 거절 의사를 명확히 밝히라는 등 피해자 개인의 적극적인 대응 전략을 나열하게 된다. 이는 결국에는 잠재적 피해자/잠재적 가해자라는 불안하고 불쾌한 이분법적 구도를 양산할 위험이 있다.

더 나아가 가해자/피해자 되지 않기는 폭력의 책임을 개인으로 이동시키면서 젠더 권력을 비가시화하는 효과를 낳게 되는데, 사실 더 깊이 들여다보면 피해자에게 보다 많은 폭력의 책임을 전가하면서 '피해자다움'을 굳건히 유지한다는 점에서 더욱 문제적이다. 예를 들어 폭력 상황에서 피해자에게 "단호한 어조로 지금 이 상황을 즐기지 않고 있다는 표현을 하라"는 교육은 피해자에게 '왜 No라고 하지 않았니?'로 되돌아오고, "사건이 발생하면 참지 말고 상담소나 주변에 적극적인 도움을 요청하라"는 메시지는 '왜 그때 바로 신고하지 않고 이제서야……'라는 의심과 비난의 근거가 되기도 한다. 피해자는 "No"라고 하지 않음으로써 피해를 유발했고, 사건 직후 곧바로 신고하지 않은 것은 '저의'가 의심받을 만한 행동이 되는 것이다. 안희정 당시 충남도지사에 의한 성폭력 사건이 공론화됐을 때, '순수한 피해자'가 맞는지에 대한 공방은 피해자에게 '적극적으로 대응하라'는 교육이 어떤 효과로 나타나는지를 잘 보여 주는 사례이다. "정상적인 판단 능력을 갖춘, 고학력자 엘리트 여성인데 왜 거절을 못 했나?", "1차 피해 이후 왜 일을 그만두지 않았나?", "성폭력 발생 후 안 지사가 즐겨 먹는 순두부집을 찾다니 피해자답지 않다"처럼 피해자와 가해자 사이의 권력은 비가시화되고, 소위 피해자답지 않은 피해자의 행동들만이 심문의 대상이 되어 회자되었다.

이렇듯 젠더폭력 예방 교육이 범죄 예방 교육에 매몰되다 보면 폭력의 책임이 개인, 특히 피해자들에게 지워지는 데 일조한다. 또한 조직과 사회 곳곳에서 작동되는 젠더 권력을 성찰할 수 있는 기회를 상실하고 궁극적으로는 불평등한 젠더 질서를 해체하고자 하는 페미니즘적 실천을 반복적으로 실패하게 만든다.

시민을 관전자, 판결자로 훈련시키다

성폭력 행위가 직장 혹은 학교에서 발생했을 때, 성적 자기결정권의 침해를 넘어서 피해자의 고용 조건이나 교육 환경에 악영향을 미쳐 노동권, 학습권 등이 침해될 수 있다. 우리가 직장과 학교 등에서 발생한 성폭력에 대해 성희롱이라는 별도의 법·제도를 두고 있는 이유이다. 즉, 직장과 학교 등에서 특정한 성적 언동을 통해 근로자의 근무 환경을 불편하게 만들고 업무 성과에 영향을 미치는 적대적 환경을 조성하는 성차별적 행위들을 성희롱으로 규제하고 있는 것이다.

하지만 대부분의 직장에서 해마다 시행되는 성희롱 예방 교육에서 성희롱은 '노동권을 침해하는 적대적 환경 조성'으로 이해되기보다 성적 불쾌감, 굴욕감을 느끼게 하는 섹슈얼리티 그 자체에 기반한 말과 행동(성적 언동)들로 구체적으로 분리하여 설명되는 경향이 짙다. 다시 말해서 성희롱 예방 교육의 현장은 성희롱의 발생 원인과, 성적 언동을 도구로 삼아 노동자의 노동 환경을 적대적으로 만드는 구조에 관심을 두기보다, 성희롱의 개별적이고 단편적인 사례를 중심으로 진행되고 있다. 이러한 교육은 '가해자에 대한 엄벌'을 요구하는 사회적 담론과 이를 지켜보는 이들이 갖게 되는 처벌에 대한 두려움을 반영하고 있다. "얼마나 강하게 처벌되는지, 사례를 콕 찍어" 알려 주는 사례 위주의 교육은 '어떤 말과 행동이 성희롱인지를 알아야 그 성적 언동을 피할 것 아닌가'라는 교육생들의 두려움과 공생 관계에 놓여 있다. 이 두려움은 "이런 것도 성희롱이야?"라는 조롱과 불쾌를 불러오고, 강사는 다시 이 조롱과 불쾌가 얼마나 정당하지 못한 행동인지를 증명하기 위해 피해자의 치명적 상황을 강조하게 된다. 이는 또다시 성희롱, 성폭력은 '씻을 수 없는', '극복할 수 없는' 피해를 낳는다는 전형적인 피해자상을 재생산하며 피해자를 끊임없이 피해자화 정치에 가두는 악순환을 반복하게 된다.

이와 같이 사례 위주의 교육이 낳는 악순환 속에서 젠더폭력 예방 교육은 또다시 성희롱 가해자/피해자가 되지 않기 위한 세세한 행동 지침을 필연적으로 수반할 수밖에 없다. 2018년, 한국 사회에서 미투 운동이 확산되자, 한 유력 일간지에서는 일상에서 벌어질 수 있는 성폭력 논란을 정리해 준다면서 "대화 중 특정 신체 부위를 수초간 쳐다본다(성폭력 ○), 대화 중 특정 신체 부위를 스치듯 봤다

(성폭력 ×), 회식 때 근처 이성 직원에게도 술을 따르게 한다(성폭력 ×), 회식 때 이성 직원만 골라 술을 따르게 한다(성폭력 ○)" 등과 같이 웃지 못할 가이드라인을 제시하기도 하였다.• 2021년 5월 서울시에서 전 직원들에게 보낸 "성평등한 조직 문화를 만드는 생활 수칙" 안내 전체 문자 역시 성희롱의 원인을 '성차별적 노동환경'에서 찾기보다 개개인의 '일탈적인 행위'로 보며 공통의 행동 지침으로 성폭력을 근절할 수 있다고 오해하는 사례이다. 서울시가 성평등한 조직 문화를 위한 다섯 가지 생활 수칙으로 '전달'한 '외모, 신체에 대한 비유나 평가 NO, 상대방이 원하지 않는 신체 접촉 NO, 성차별적 농담 NO, 지위를 이용한 사적 만남·사적 업무 지시 NO, 성별에 따른 업무 분장 NO'라는 문구는 이러한 행위들을 성차별이라고 인식하게 된 맥락과 구조를 이해시키고 공감을 이끌어 내는 데 실패하였고 결과적으로 기존의 조직 문화를 변화시키는 데 아무런 도움이 되지 못하였다.

어떤 조직 구성원들도 성평등에 대해 동일한 이해와 인식 구조를 갖고 있지 않을 것이다. 남녀는 물론이고 다양한 세대와 문화적 배경을 갖고 있는 사람들의 성평등을 비롯한 인권 의식이 동일할 것이라고 기대할 수는 없다. 성희롱, 성폭력 예방 교육은 이렇게 성평등에 대한 다른 이해와 인식을 가진 사람들이

• **男** "성범죄 기준 마련해달라"… **女** "펜스룰은 부당'", 〈조선일보〉, 2018년 3월 14일.

각자의 위치를 성찰하고 타자와 관계 맺는 법을 공유하며 공동체의 실질적인 변화를 유도하는 데 목적이 있다. 이것이 몇 가지 정보나 생활 수칙 '전달'로 실현될 수는 없을 것이다. 예방 교육 현장은 외모, 신체에 대한 비유나 평가가 노동하는 동료 시민을 어떻게 타자화시키는지를 이해시키고, 성별에 따른 업무 분장이 근대 이후 공사 영역의 분리를 통해 여성의 노동을 재생산의 영역으로만 묶어 두려는 성차별에 뿌리를 두고 있음을 인식시켜 민주적 시민이 갖추어야 할 태도와 행동 수칙을 조직 내에서 함께 토론하는 장이 되어야 한다.

성희롱의 원인을 조직의 성차별적 노동 환경에서 찾지 못하면, 실제 성희롱 사건이 발생했을 때, 피해자의 목소리가 들리지 않을 뿐만 아니라 엉뚱한 방향으로 사건이 끌려가기도 한다. 진보 정치를 지향하는 지방자치단체장들의 두 비서가 피해를 호소했을 때, 시민으로서 우리가 취해야 할 태도는 무엇이었을까. '어떤 직군(비서직)의 노동은 상사를 밀착해서 보좌해야 하는 것이 업무라는 이유로 지속적인 성적 괴롭힘이나 성추행에 더 노출되기 쉬운 적대적인 노동 환경에 놓여 있을 수 있겠구나', '어떤 노동 환경에서는 성희롱 피해를 호소하는 행위 자체가 거대한 권력 앞에서 무기력해질 수 있었겠구나' 등 조직의 성차별적 요소가 무엇인지 점검하는 데에서 논의를 시작했어야 한다. 그러나 현실에서는 '우리도 어떤 행위가 성희롱에 해당되는지 안 되는지는 배울 만큼 배워서 알고 있으니 구체적으로 당한

게 무엇인지 전 국민 앞에서 실토하라'거나 '비서실에 여직원을 뽑지 말아야 한다'는 식으로 피해자를 비방하거나 성차별적 발언을 쉽게 공유하였다. 이렇게 된 것은 지금의 성희롱 예방 교육이 처벌 사례를 중심으로 다루는 점과 연관이 있어 보인다. 정의당 당시 대표의 성추행 사건이 공론화됐을 때, 피해 사실을 구체적으로 밝히라는 당 안팎의 목소리가 제기된 것 역시 마찬가지이다. 성희롱 예방 교육이 법제화된 지난 20여 년 동안, 우리 사회가 시민의 권리와 책무를 배우기보다 시민 모두를 관전자, 판결자로 훈련시키는 교육을 해 온 것은 아닌지 의문이 든다.

때로는 페미니스트 교육자들조차도 성적 욕망을 가진 주체들이 어떤 위계와 노동 환경 속에서 서로 관계를 맺고 있는지를 이야기하기보다 '노 민스 노 no, means no, 예스 민스 예스 yes, means yes', '직장 내에서 나보다 지위가 낮은 사람과는 그 어떤 성적 친밀감도 나누지 말라'는 등의 몇 가지 '모범 답안'을 기계적으로 외울 것을 제안한다. 그러나 '권력'에 내재된 본질적 속성은 명백히 no를 말해야 하는 상황임에도 no를 말할 수 없게 만드는 힘이 아니었던가. 또한 성적 욕망을 'yes'로 표현하는 여성들을 우리 사회가 어떻게 낙인찍는지도 잘 보아 오지 않았는가. 한편으로 성적 자기결정권을 '침해'만이 아니라 '권리의 향유'라는 관점에서 이해한다면 여성 역시 누군가와 성적 친밀감을 나눌 수 있는 주체라는 것도 인정해야 하지 않을까? 이러한 질문은 젠더폭력 예방 교육이 '모범 답안'을 정해 놓은 계몽적 교육에서 벗어나야 함을 시사한다.

결국 우리는 사건이 발생했을 때, 성희롱·성폭력이 발생하는 조직의 성차별적 구조를 점검하는 과제를 수행하는 데 반복적으로 실패하고 있다. 피해자에게 어떤 피해를 당했는지 실토하라고 종용하고, 각자 자기만의 잣대로 피해의 경중을 따져서 '그런 것도 성희롱이야? 겨우 그 정도로 한 가정의 가장을 무너뜨린 거야?'와 같은 비난을 하거나, 가해자에 대한 엄벌을 요구하는 목소리만이 조직 안팎에서 반복적으로 발생할 뿐이다. 이는 일상에서의 성희롱·성폭력을 용인하고 조장하며 성차별적 구조의 재생산에 기여하는 또 하나의 '폭력' 수행이 된다. 성희롱·성폭력 예방 교육을 통해 배워야 할 것은 단순히 어떤 성적 언행들이 성희롱 요건에 해당하는지를 판별할 능력이 아니라 조직의 젠더 위계적 구조와 실천들을 함께 돌아보고, 동료 시민의 권리를 존중하면서 나의 인권이 침해되지 않도록 조직 내에서 우리는 어떤 시민적 태도를 취할 것인가이어야 한다.

'품질 관리'의 대상이 된 젠더폭력 예방 교육

이런 현실에는 폭력 예방 교육 정책의 변화도 큰 영향을 미쳤다.

1999년 성희롱 예방 교육을 필두로 4대 폭력 예방 교육이 실시되고 있었지만 이 교육들이 지금처럼 대대적으로 운영되기 시작한 것은 2013년 박근혜 정부의 4대 악 근절 정책이 공표되고 나서부터이다. 박근혜 정부는 '국민 안전'을 주요 국정 전략 중 하나로 제시하며 성폭력, 학교폭력, 가정폭력, 불량 식품을 한국 사회에서 근절되어야 할 주요 범죄로 규정하였고, 행정안전부 명칭을 안전행정부로 개정하면서까지* 국민 안전을 강조하였다. 또한 4대 악 근절과 '안전한 사회'라는 국정 과제 실현을 위한 종합 대책에서 예방 교육의 중요성을 부각하고, 교육 대상 확대 및 실효성 강화를 위한 법·제도를 정비하기 시작하였다(양철수, 2015). 가장 먼저 2013년을 '성폭력 예방 교육 원년'으로 선포하고(여성가족부, 2013) 예방에 초점을 둔 정책 추진을 본격화하였다. 무엇보다도 예방 교육 관리 체계를 '공공기관 성희롱·성매매예방교육통합관리' 시스템에서 '예방교육통합관리'** 시스템으로 정비(양철수, 2015)하고 기관별로 교육 실적을 보고하게 하여 그 관리를 고도화시켰다. 교육 실적은 이전보다 훨씬 세분화된 배점표에 따라 100점 만점에서 70점 이상을 득점해야 부진 기관이 되지 않는다. 실적 부진 기관이 되면 관리자 특별 교육, 관련자 징계 요구, 언론 공표 등의 강력한 조치를 받게 된다. 이렇게 젠더

* 2013년 3월 행정안전부는 안전행정부로 개편되었으며, 2014년 4월 16일 세월호 사건을 계기로 안전의 기능이 별도로 분리되어 국민안전처가 신설됨으로써 행정자치부로 개편되었다.
** shp.mogef.go.kr

폭력 예방 교육은 '국민 안전'이라는 국정 과제가 '성과'를 내는 것을 목표로 시스템화되고 관리의 대상이 되었다.

그동안 개별 교육으로 진행되던 4대 폭력 예방 교육을 젠더 관점에서 통합적으로 실시할 수 있는 기틀이 마련되면서 예방 교육의 운영 및 관리 역시 보다 체계적으로 강화된 것은 고무적이다. 하지만 이 관리 체계 안에 교육의 내용, 즉 폭력이 발생하는 젠더 구조와 젠더 권력을 어떻게 가르치고 있는지를 점검하고 보고하는 항목은 존재하지 않았다. 그나마 '교육 내용'에 개입하고 있다고 보이는 지표는 전문 강사에 의한 집합 교육을 수행할 경우 가장 높은 점수를 배점하고 있는 것이다.

전문 강사 교육은 일반 강사에 의한 교육보다 10점이나 높은 배점●을 주고 있기 때문에 1, 2점을 높이기 위해 가점 영역까지 수행해야 하는 기관 입장에서는 전문 강사 강의를 필수적으로 요청할 수밖에 없다. 높은 전문 강사 배점은 다시 폭력 예방 전문 강사를 양성하고 관리하는 것을 중요한 과제로 부상시켰다. 전문 강사 양성 중앙 전담 기관으로서 한국양성평등교육진흥원(이하 양평원)은 2013년에 전문 강사 양성 과정을 기존의 기본-전문-심화 과정에서 기본-전문-강의력 향상-강의 실전 과정의 4단계로 교육 체계를 개편(배유경, 2015)하면서 보다 체계화하였다. 또한 강의의 질을 향상시키기 위해 강의 클리

● 전문 강사와 일반 강사 배점 차이는 2018년부터 5점으로 축소되었다.

닉 과정을 새로 개설하고 강의법 훈련을 강화하였으며, 강사에 대한 지속적인 관리를 위해 강의 모니터링도 실시하기 시작했다. 2015년 '폭력예방교육 현황과 정책과제 세미나'에서 발표를 맡은 당시 여성가족부 폭력예방교육과장은 이를 '교육 품질'에 관한 문제라고 했다(양철수, 2015). 교육 품질을 담보하는 일련의 전문 강사 양성 과정들은 전문 강사 교육 수행 시에만 교육 실적에서 가장 높은 배점을 받을 수 있는 근거가 된다. 하지만 교육 품질 향상을 위한 이러한 관리 체계가 젠더폭력 예방 교육의 다변화 및 질적 향상에 효과적이었는지는 점검해 볼 필요가 있다.

그동안 많은 여성 단체들은 지역에 기반을 두며 시민 대상의 다양한 성평등교육 프로그램을 운영해 왔다. 그중 4대 폭력 예방 교육은 여성 단체가 대중과 소통하며 조직을 확장하는 중요한 통로였다. 이들은 자율적으로 자체 교육 콘텐츠를 만들고 발전시키면서 내부적으로는 활동가들의 역량을 강화하고, 대외적으로는 여성 단체의 지향을 실천하는 교육 대상별 다양한 페미니즘 교육 콘텐츠를 생산해 왔다. 하지만 '전문 강사 배점제'가 도입되면서 여성 단체에 소속된 교육 활동가들은 일반 강사에 해당되어 30점 만점 중 20점 배점을 받게 된다. 이에 따라 이들의 페미니즘 교육 실천들은 양평원 전문 강사 양성 과정 체계로 통합되기 시작했다. 젠더폭력 예방 교육의 운영 및 관리가 체계화된 것은 고무적이지만 지역을 기반으로 교육 활동을 해 오던 다양한 교육 주체들이 중앙 집권적 품질 관리의 체계로 통합된 것이 과연 효과적인 전략인지는 의문이 든다.

물론 다양한 경력과 지적 배경을 가진 전문 강사들이 전국에서 모집되었기 때문에 강의의 내용과 수준을 검증할 시스템을 구축하는 것은 당연했다. 지역을 기반으로 활동하던 여성 단체 교육 활동가들이 모두 젠더폭력 예방 교육 강사로서 자질과 역량을 충분히 갖추었다고 확신하기도 어렵다. 하지만 과도한 중앙 집권적 관리 체계가 오히려 다양한 교육 주체들의 자율적이고 창의적인 역량을 약화시키고, 교육 콘텐츠의 다양성 확보를 어렵게 하고 있지는 않은지 점검이 필요하다. 예컨대 중앙 집권적 품질 관리 체계가 여성 단체 교육 활동가들을 포섭했지만 이들의 페미니즘 관점과 활동 역량까지 수용할 수 있는 정책 여건이 마련되어 있었는지는 회의적이다. 최근에는 중앙 집권적인 양평원의 강사 양성 과정이 다시 지역 단위로 이관되고 있다. 그러나 이미 체계화된 품질 관리 형식이 지역 단위로 이관될 뿐 다양하고 창의적인 교육 콘텐츠 생산을 돕는 정책적 고민은 여전히 부족하다.

중앙 집권적 품질 관리는 한 축으로는 '동일한 수준의 교육 품질'(양철수, 2015)을 갖춘 전문 강사를 제공하기 위한 강사 양성 과정 및 관리 체계 강화로 발현되었고, 다른 한 축으로는 동일한 수준의 표준화된 강의 내용을 제공하기 위한 생애 주기별, 대상별 표준 강의안 개발에 힘을 쏟게 했다. 하지만 학습자뿐만 아니라 강사들조차도 젠더 권력 구조와 불평등에 대한 이해와 인식 구조가 동일하지 않은데 교육의 품질을 동일한 수준으로 표준화하는 것은 실현 가능한 것이 아니었다. 매해 새로운 표준 강의안이 배포되었지만 의도대로 동일한 수준의 강의가 전국 단위로 수행되지 못했고, 전문 강사의 역량 문제는 여전히 지적되었다. 표준 강의안을 토대로 동일한 수준의 교육 품질을 확보하는 것이 불가능해지자 다시 표준 강의안 해설서인 '강의 활용 가이드라인'을 만들고 더 나아가서는 프레젠테이션의 페이지마다 시나리오를 제공하는 해설서를 만들기도 하였다. 하지만 정부의 이와 같은 노력은 역설적이게도 매년 매뉴얼화된 비슷한 강의를 듣게 되는 교육 수강생들의 피로감을 높이는 원인이 되고 있다.

여성을 시민에서 배제시키는 젠더폭력 예방 정책

'국민 안전'에 기반하여 젠더폭력 예방 교육이 관리의 대상이 되는 동안 여성은 '안전'하게 보호받아야 할 취약한 존재로 자리매김되었다. 4대 악이라는 강력한 범죄로 지목된 여성에 대한 폭력에 대응하기 위해 정부는 '여성 안심 프로젝트'를 대대적으로 실시하였다. 위험에 처한 여성이 쉽게 도움을 받을 수 있도록 동네 편의점을 대피소로 지정한 '여성 안심 지킴이집', 심야 시간에 귀가하는 여성을 지하철역이나 버스 정류장에서 주거지까지 안전하게 동행해 주는 '여성 안심 귀가 서비스', 혼자 사는 여성들을 대상으로 한 주거 침입이나 개인정보 유출을 막기 위해 다른 장소에서 택배를 수령할 수 있도록 한 '여성 안심 택배' 서비스 등이 대표적인 여성 안심 프로젝트이다.

여성 안심 프로젝트는 교육과 더불어 젠더폭력의 '사전 예방'에 방점을 둔 주요한 정책이다. 하지만 이 프로젝트는 젠더폭력이 특정한 공간과 특정한 시간대에서, 낯선 사람에 의해서 발생한다는 가정에 기반을 둠으로써 친밀한 관계와 일상의 공간에서 작동하는 젠더 권력을 보이지 않게 만든다. 실제로 여성들이 경험하는 젠더폭력은 직장에서의 성희롱이나 대중교통 안에서의 추근거림, 친밀한 관계에서의 폭력 등 일상에 침범해 있는데 특정한 공간과 시간대, 낯선 사람에 의한 '위험'만 주지시키면서 일상에서 작동하는 젠더 권력을 들여다보지 못하게 한다.

이에 더해서 여성 안심 프로젝트는 페미니스트 지리학자들이 지적해 왔듯이 특정한 공간을 범죄에 취약한 위험한 공간으로 분류하면서 공적 공간에 대한 여성들의 공포심, 낯선 남성에 대한 두려움을 확산시켜 여성들의 공적 공간 접근성을 제한하고 사회 경제적 활동을 제약한다. 이는 공적 공간에서 여성을 취약한 존재로 위치시키고 시민을 지키는 자와 보호받아야 할 자로 분리하는 공사 영역의 젠더 이분화를 강화하게 된다(장다혜, 2019). 여성을 보호받아야 할 취약한 존재로 위치시키는 담론은 피해자의 치명적 상황을 강조하며 '전형적인 피해자'상을 재생산하는 사례 위주의 젠더폭력 예방 교육에 정당성을 부여한다. 4대 악이라는 강력한 범죄의 피해자인 여성은 '씻을 수 없는', '극복할 수 없는' 고통을 경험하기 때문에 여성들을 '안심'할 수 있는 공간으로 분리하고, 가해자는 엄벌에 처해야 한다. '잠재적 가해자'들은 이러한 엄벌을 피하기 위해 어떤 구체적인 말과 행동이 성희롱·성폭력에 해당하는지와 얼마나 강하게 처벌받는지를 사례를 콕 찍어 교육해 주기를 요청한다. 여기에 젠더 불평등과 젠더 위계 구조를 들여다보는 교육이 들어설 자리는 없어 보인다.

그렇다면 여성들을 위험으로부터 안심할 수 있도록 지키는 자는 누구일까? 2016년 한 경찰서는 데이트 폭력 예방 캠페인을 진행했다. "여성 페친 분들 주목~~!! 데이트 폭력 근절을 위해 (……) 젊은 경찰관들과의 만남을 준비했습니다. 불타는 치맥 파티, 얼른 신청하세요. 오빠가 지켜 줄게!!!"라는 내용의 홍보물을 SNS에 올리며 데이트 폭력으로부터 여성을 지키는 자로 '경찰(공권력)', '오빠(남성)'를 소환했다.(〈그림 1〉) 2013년 여성가족부와 성폭력예방교육중앙지원기관에서 제작한 공공 기관용 성폭력 예방 교육 표준 강의안에서는

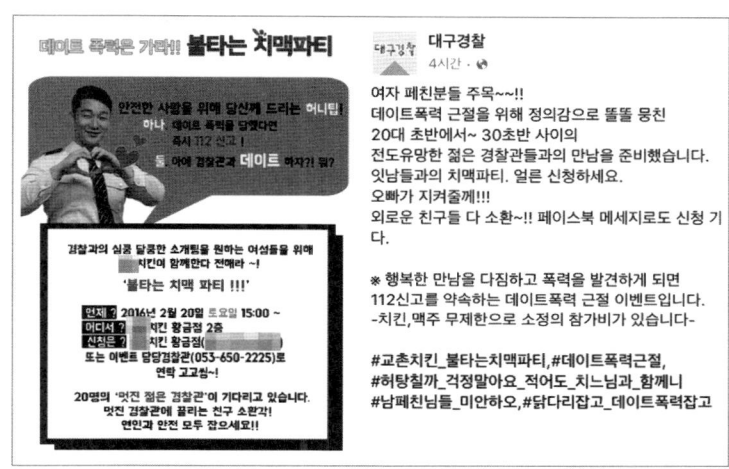

〈그림 1〉 대구 경찰서의 데이트 폭력 예방 캠페인 홍보 글('대구 경찰' 페이스북 페이지)

엄마가 어린 딸을 안고 있고, 다시 그 엄마와 딸을 안고 있는 사람을 파란색 그래픽으로 디자인한 표지를 선보였다. 아이와 여성을 지키는 자로 역시 '대한민국(공권력)'과 '남성'이 소환된 것이다. 파란색은 남성을 상징하며 청와대, 즉 대한민국 정부를 상징하기도 한다. 이러한 표상들은 공적 공간에서 시민은 누구인가를 다시 질문하게 한다. 페미니즘은 그동안 여성을 동료 시민이 아닌 성적 대상으로만 취급하거나 보호 가치가 있는 피해자로 분류해 오던 젠더 위계를 바탕으로 여성에 대한 다양한 폭력들이 생산되고 있음을 이론화해 왔다. 끈질긴 노력에도 불구하고 젠더폭력 예방을 둘러싼 정책과 실천은 다시 여성을 시민이 아닌 보호받아야 할 취약한 존재로 타자화하며 젠더 위계 구조를 강화시키는 효과를 낳고 있다. 여성을 시민의 공간에서 타자로 배제하는 남성 지배적 문화와 구조에 젠더폭력의 위험들이 도사리고 있지만 이 여성들을 위험으로부터 보호하는 주체가 다시 남성, 공권력이라는 것은 아이러니가 아닐 수 없다.

여성들은 위험한 공간에서 누군가에게 '보호받기'를 원하는 것이 아니다. 타 시민과의 신뢰를 바탕으로 안전이 유지되는 공간에서 존중받기를 원한다. 물론 남성들도 마찬가지이다. 우리는 모두 시민으로서 존중받기를 원한다. 하지만 젠더 위계와 같은 권력의 불균형이 있는 곳에서는 상대 시민에 대한 존중이 지켜지기 쉽지 않다. 때문에 남성 중심적 문화와 위계 구조를 비판적으로 분석하고 해체하려는 노력에서부터 시민 주체들의 상호 존중이 시작될 수 있을 것이다. '여성을 권리와 책임을 지닌 동등한 시민으로 존중하라'는 것이야말로 젠더폭력 예방 교육을 통해 궁극적으로 달성되어야 할 가치이다. 일상에서, 특히 공적 영역에서 우리는 내가 아닌 다른 시민을 어떻게 존중할 수 있을까?

미국의 사회학자 어빙 고프먼(Goffman, 1971)은 '시민적 무관심$^{civil\ inattention}$' 혹은 '예의 바른 무관심$^{polite\ indifference}$'이라는 개념을 제시했다. 시민적 무관심은 공공장소에서 낯선 이를 마주쳤을 때 특별한 관심의 대상으로 보지 않는 태도이다. 시민적 무관심의 대표적인 사례는 엘리베이터 앞에서 누군가를 만났을 때, 서로 모르는 사이지만 약간의 눈길을 주고받으며 서로의 존재를 인식한 후 바로 시선을 돌리는 것이다. 그러고는 의도적으로 핸드폰을 만지작거린다거나 바닥을 응시하며 딴청을 부린다. 이것은 타인에게 아예 관심을 두지 않는 철저한 무시나 무례와는 다르다. 그래서 '시민적', '예의 바른' 무관심이라고 부른다. 앤서니 기든스(Giddens, 1991)는 거리를 지나가는 낯선 사람들 사이에서 '시민적 무관심'이 준수될 때, 공적 상황에서 사람들 간의 신뢰가 유지된다고 하면서 다음과 같이 말했다.

시민적 무관심은 현대 사회생활의 공적 상황에 참여하는 사람들이 맺는 상호 인정과 보호의 암묵적 계약을 나타낸다. 거리에서 다른 사람과 마주친 한 사람은 시선을 통제하여 다른 사람이 존중받을 가치가 있다는 것을 보이고 그다음 시선을 조절함으로써 자기가 다른 사람에게 위협적 존재가 아님을 보인다. 그리고 그 다른 사람도 같은 일을 한다.•

기든스는 고프먼의 시민적 무관심을 "일상생활에서 이루어지는 신뢰와 재치의 의례"라고 표현하며 이것은 "단순히 자신의 자존심과 타인의 자존심을 보호하는(또는 자존심을 공격하거나 침식하는) 것에 머무르지 않는다"라고 했다. "이러한 의례

• 앤서니 기든스, 권기돈 옮김(1997), 《현대성과 자아정체성 - 후기 현대의 자아와 사회》, 새물결, 101~102쪽.

는 몸짓의 통제, 표정과 응시, 언어의 사용을 통한 일시적 상호작용의 기본적 바탕과 관련되어 있다는 점에서 안전의 가장 기초적인 측면"과 연관이 있다는 것이다. 시민적 무관심은 거리를 지나가는 낯선 사람들 사이에서만이 아니라 공적 영역에서 상호작용하는 모든 시민들에게 유효하다. 물론 시민적 무관심이 우리 사회의 젠더 구조, 특히 조직 내에 팽배해 있는 젠더 위계를 성찰하는 데 유효한 개념은 아니다. 그럼에도 불구하고 젠더폭력 예방 교육에서 "외모, 신체에 대한 비유나 평가 NO"나 "상대방이 원하지 않는 신체 접촉 NO"라는 생활 수칙을 전달하기보다는 시민적 무관심의 규범을 공유하는 것이 훨씬 더 효과적이다. 여기에는 잠재적 가해자와 잠재적 피해자라는 이분화가 들어올 틈이 없다. 나와 타 시민의 안전을 도모하고 일상생활에서 서로 간의 신뢰를 쌓는 일종의 에티켓이며 공적 시민들이 갖추어야 할 기본 태도를 공유하는 것이기 때문이다.

그렇다고 시민적 무관심이 방관자가 되어도 좋다는 의미는 아니다. 오히려 페미니스트들은 젠더폭력 예방을 위해 '피해자/가해자 되지 않기'가 아닌 시민으로서 주변에서 일어나는 일을 잘 관찰하고 적극적으로 개입하라는 '주변인의 역할'을 실천 방안으로 지속적으로 제안해 왔다. 시민적 무관심은 '타인을 시민으로 존중하라'는 것에서 출발한다. 타인을 여성, 장애인, 흑인, 나이 어린 사람 등 어떤 정체성을 담지한 '개인'으로만 인식하고 그 개인의 신상을 꼬치꼬치

캐묻거나 응시하는 것은 상대를 시민으로 존중하는 것도, 시민적인 태도도 아니라는 것이다. 반면 공동체의 책임 있는 시민이라면, 내 주변에서 폭력이나 차별, 혐오가 발생하고 있거나 발생한 상황일 때 그 상황에 적극적으로 개입해야 한다. 이 개입은 공동체를 폭력적이고 차별적인 문화로 이끄는 행동에 제동을 걸면서 타 시민과 공동체의 안전을 함께 책임지는 시민적 태도에서 출발한다. 따라서 시민적 무관심을 제안하는 것은 여성과 남성을 보호받아야 할 취약한 존재와 지키는 자로 이분화하며 젠더 위계를 유지, 강화하는 '국민 안전' 정책에 대한 비판적 제동이며 궁극적인 공동체의 안전은 시민적 무관심과 시민적 개입이 적절하게 조화를 이루었을 때 담보될 수 있을 것이다.

젠더 위계 구조 성찰에 실패한 젠더폭력 예방 교육

지금까지 살펴본 것처럼 사법적 개념과 판단이 교육을 지배하고, 내용보다는 '관리'로, 여성을 여전히 보호가 필요한 취약한 존재로 위치시키는 젠더폭력 예방 정책의 흐름 속에서, 교육을 통해 젠더 규범과 젠더 권력관계에 대한 성찰을 돕고자 한 페미니즘 지식과 관점은 설 자리를 잃어 가고 있다. 물론 젠더폭력 예방 교육에서 법령에 대한 고지와 제재 조치 같은 법률적 지식만 다루는 것은 아니다. 폭력의 원인을 불평등한 권력 구조와 사회 문화에서 찾으려는 다양한 시도들이 있었다. 그중 하나의 예는 성희롱이 조직 내 '권력power' 문제라는 것을 명확히 짚는 점이 있다. 문제는 젠더폭력의 한 형태인 성희롱을 '젠더 권력'의 문제가 아닌 '지위 권력'의 문제로만 한정하고 있다는 데 있다.

성희롱을 지위 권력의 문제로 한정하다 보면 지위 권력이 낮은 사람에 의해 발생한 성희롱을 명명할 언어를 찾기 힘들어진다. 실제로 2017년 한 중학교에서 1학년 남학생 9명이 여교사의 수업 시간에 집단 자위 행위를 한 일이 발생했다. 이때 교원 단체들은 앞다투어 교원의 명예와 교권이 실추된 심각한 상황을 토로하는 성명서를 발표하였다. 교사와 학생 사이에서 권력은 당연히 교사에게 집중되어 있다. 하지만 '젊은', '여성'이라는 지위 이면에서 작동해 온 힘의 역학은 때로는 굳건한 교사 지위를 무력하게 만들기도 한다. 즉 젠더 권력은 이 사례에서처럼 지위 권력을 넘어서서 작동하기도 하는 것이다. 이렇듯 교사-학생의 관계를 입체적으로 보지 못하고 지위 관계로만 분석하게 되면 이 사건은 교권 실추의 문제이지 성희롱 혹은 성폭력으로 명명되기 힘들어진다.

조직의 젠더 구조와 권력을 보지 못하면 소위 '대한민국 최고의 권력자'인 여성 국회의원마저도 성폭력의 피해자가 되는 현실을 설명하기도 힘들어진다. 50대, 60대 남성들에게 권력이 집중되어 있는 정치권의 젠더 위계와 시민적 주체들을 여성과 남성으로 끊임없이 분리하고 위계화하는 젠더 시스템이 국회에서 어떻게 수행되고 있는지를 분석하지 못하면 '국회의원마저도'라는 탄식과 '그럴듯한 삶을 살아가는 남성조차도'라는 실망에서 멈추고 마는 것이다.

젠더폭력이 발생했을 때 그 안에 작동되고 있는 젠더 권력을 성찰하지 않는 태도는 젠더폭력 예방 교육에서도 나타난다. 여성가족부 표준 강의안에서 성희롱을 성별의 차이에서 발생하는 문제가 아닌 업무, 고용, 지위 관계를 이용한 '권력'의 문제라고 설명하는 것이 그 예이다.(〈그림 2〉)

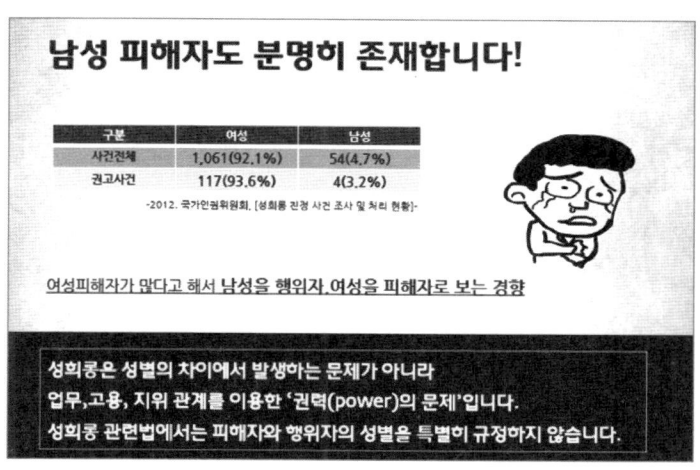

〈그림 2〉〈2013 성희롱예방교육 표준 강의안〉 중에서

물론 성희롱이 성별의 차이, 즉 젠더 위계 구조에서 발생하는 문제가 아니라고 지적하고 있는 이 표준 강의안이 궁극적으로 말하고 싶은 것은 젠더폭력이 여성에 대한 폭력과 반드시 일치하는 것이 아니며, 조직 내에서 권력이 낮은 남성들 역시 젠더폭력의 피해자가 될 수 있다는 것이다. 하지만 남성이 젠더폭력의 대상이 될 때, 그 원인은 이 표준 강의안에서 말하는 것처럼 단순히 그 남성의 지위 권력이 낮아서가 아니다. 남성성이 결핍되었다고 여겨질 때 '계집애 같은' 남성이라는 모욕을 주기 위해 폭력이 행사되기도 한다. 남성이 젠더폭력의 피해자일 때조차도 그 폭력에 작동되는 권력은 젠더 위계이며, 따라서 명확히 성별의 차이에 기반해서 발생하는 문제가 된다. 젠더폭력은 계급, 인종, 나이, 학력, 사회적 지위 등 다른 사회 위계와 성별이 상호 교차하는 속에서 발생하며, 강화되기도 한다. 그러므로 젠더폭력은 여성에 대한 폭력과 동의어가 아니며, 모든 여성이 동일한 수준의 젠더폭력을 경험하는 것도 아니다. 그럼에도 불구하고 우리 사회가 성희롱, 성폭력을 비롯한 성매매, 가정폭력을 젠더폭력의 대표적인 형태로 규정하고 있는 데에는 이 네 가지 폭력에 공통적으로 작동하고 있는 젠더 위계 구조를 포착하기 위해서이다.

촛불 시민 혁명으로 탄생한 문재인 정부는 출범 직후인 2017년 7월 국정 운영 100대 과제 중 하나로 '실질적 성평등 사회 실현'을 제시하고 젠더폭력 방지에서 국가 책임을 강화하겠다고 발표했다. 이를 위해 2018년 '젠더폭력방지기본법(가칭)' 제정 의지를 명시하였다. 국가 정책에서 젠더 위계 구조를 (성)폭력을 이해하는 핵심 개념으로 등장시킨 것이다. 그러나 '젠더폭력방지기본법'은 2018년 12월 「여성폭력방지기본법」으로 수정되어 제정되었다.

　이 법은 여성폭력을 '성별에 기반한 폭력'이 아닌 '성별에 기반한 여성폭력'으로 정의하며, 여성을 대상으로 하는 폭력으로 무게 중심을 이동시켰고, 제19조에서는 "여성폭력 예방교육을 양성평등 관점에서 통합적으로 실시할 수 있다"고 명시하며 한국 사회에서 흔히 성소수자 차별과 배제를 목적으로 사용되고 있는 양성평등이라는 용어를 또다시 등장시켰다. 여성과 남성이라는 성별 이분법이 불평등한 권력관계, 즉 위계적 구조를 갖고 있음을 드러내는 '젠더'를 통해 사회를 분석할 때, 소위 '남성성'을 획득하지 못했다고 보이는 남성이나, 사회적 여성으로 인식되는 트랜스젠더도 젠더폭력의 피해자가 될 수 있다. 하지만 2021년 한국 사회에서 통용되는 양성평등은 생물학적 여성과 남성을 구분하는 개념으로 사용되면서 이러한 젠더 위계 구조를 들여다보지 못하게 한다. 결과적으로 여성폭력 예방 교육을 '양성평등'의 관점에서 통합적으로 실시할 때, 다른 위계 구조와 상호 교차하며 폭력의 형태로 발현되는 젠더 위계 구조를 통합적으로 성찰하는 데 실패할 가능성이 크다.

젠더 권력을 비판적으로 성찰할 수 있도록

"제가 '젠더 감수성'은 있는데 '젠더'가 무엇인지 잘 모르겠어요."

어느 날 동료 연구자가 성평등교육 현장에서 만난 한 청중에게서 이 같은 질문을 받았다고 전해 왔다.● 당시 나는 젠더폭력 예방 교육 현장을 잘 몰랐기 때문에 '젠더 감수성은 있지만 젠더가 무엇인지 잘 모르겠'다는 고백의 의미를 잘 이해하지 못했다. 젠더가 무엇인지 모르는데 어떻게 젠더폭력의 구조를 가르칠 수 있단 말인가? 그 고백의 의미를 이해하게 된 것은 젠더폭력 예방 교육의 정책과 콘텐츠를 들여다보게 되면서부터였다.

교육을 통해 성차별적 구조와 개인의 의식을 변화시킬 수 있다는 믿음은 페미니즘의 기획이었다. 예방 교육 법제화는 페미니즘 운동의 주요 의제 중 하나였다. 하지만 예방 교육이 법제화된 후 무엇을, 어떻게 페미니즘 지식과 관점으로 가르칠 것인가에 대한 고민과 합의는 부족했다. 그렇게 텅 빈 공간에 법적 개념, 실태, 제재 조치, 지원 체계와 같은 법률적 지식과 대처 방안들이 비집고 들어왔다. 처벌에 대한 위협을 강조하거나, 피해자가 되지 않기 위해 단호하게 거절해야 한다는 내용이 폭력을 '예방'하는 교육으로 자리 잡았다. 이에 더해 '국민 안전'이 주요한 국정 과제로 부상하면서 젠더폭력 예방 교육은

● 이 발언이 나온 맥락은 엄혜진(2019)를 참조.

국가 주도의 품질 관리의 대상이 되었다. 이 속에서 페미니즘 지식과 관점은 더욱 설 자리를 찾지 못하였고 여성은 시민이 아닌 안전으로부터 보호받아야 할 타자로 자리매김되었다.

시민을 남성과 여성으로 이분화하고 남성을 주체로, 여성을 보호받아야 할 타자로 위계적으로 배열하는 젠더 체계를 폭력의 원인으로 인식하는 것이 젠더폭력 개념이다. 통상 1시간 정도로 교육 시간이 짧고, 대단위 집합 교육으로 진행되는 예방 교육에서 위계적 젠더 체계와 구조를 다루는 것은 쉽지 않으며 교육 효과를 기대하기도 힘들다. 때문에 많은 강사들은 젠더 구조를 가르치기보다 특정 성에 대한 편견을 버리라는 개인적 차원의 인식 개선이나 피해자 되지 않기, 가해자 되지 않기, 주변인의 역할 등 개인적 차원의 실천을 강조하게 되는 것이다.

사실 젠더폭력 예방 교육에서 '젠더'를 가르치는 것은 교육 영역을 넘어서는 것으로 인식되기도 한다. 젠더를 본격적으로 다루는 것은 성인지교육이라고 구획되어 있기 때문이다. 상황이 이렇다 보니 강사들은 젠더가 무엇인지 몰라도 젠더폭력 예방 교육을 진행하는 데 큰 무리가 없다. 앞서 살펴본 것처럼 젠더를 다루지 않고 '폭력'을 중심으로 진행되는 것이 젠더폭력 예방 교육이기 때문이다. 심지어 몇몇 강사는 교육 피로감이 누적돼 있는 수강생들의 참여를 높인다는 이유로 '재밌는' 성적 농담을 시도하다가 성인지 감수성이 부족하다는 비판을 받기도 했다.

이런 상황에서 2021년 3월 '성인지교육지원법'이 발의된 것은 환영할 만하다. 권인숙 의원은 발의 취지를 "여러 개별 법에 산재되어 있는 성평등 관련 교육을 포괄하고 모든 국민을 대상으로 체계적인 성인지 교육을 실시하기 위해서"라고 밝혔다. 실제 우리 사회에서 실시되고 있는 성평등 관련 교육은 초·중·고등학교에서의 성교육과 양성평등교육, 성인권교육, 각급 학교 및 공공 기관에서 진행되는 젠더폭력 예방 교육, 공무원 대상 양성평등교육, 성인지교육 등 이름과 형태가 다양하다. 이들 교육은 모두 젠더를 사유의 도구로 하는 성인지교육이다. 그런데 교육의 근거가 각각 다른 법에 산재되어 있기 때문에 교육 내용도 각각 달라야 한다고 인식되었고 젠더폭력 예방 교육 강사와 성인지교육 강사의 교육 영역도 다르다고 생각되었던 것이다.

젠더폭력 예방 교육은 범죄 예방 교육에서 성인지교육으로 변화해야 한다. 특히 젠더 위계 구조를 바탕으로 구성된 여성성과 남성성의 차이가 공사 영역에서 어떤 차별과 폭력을 재생산하고 있는지 비판적으로 사유할 수 있는 교육으로 변모해야 한다. 호주 정부에서 배포한 한 가정폭력 예방 교육 동영상●은 가정폭력이 폭력적인 가정에서 나고 자라 대물림되는 것이 아니라 젠더 질서를 유지시키는 주변 사람들의 '사소한' 말과 행동으로 싹

● 호주 정부의 여성폭력 반대 캠페인 "Let's stop it at the start" 영상 중 하나. www.respect.gov.au

튼다는 메시지를 담고 있다. 남자아이가 여자아이에게 행사하는 '사소한' 폭력을 "쟤가 널 좋아하나 보다"라고 웃으며 넘길 때, 남자아이는 남을 괴롭히는 것이 곧 추파를 던지는 행위라고 학습하고 여자아이는 나를 좋아하는 사람이 나를 아프게 할 수도 있다는 것을 자연스럽게 받아들인다. 또한 어른들이 남자아이에게 던지는 '계집애처럼 행동하지 마'라는 사소한 한마디가 타인에 대한 배려는 곧 사나이답지 못함을 뜻한다고 학습하게 한다. 이렇게 무의식중에 던지는 '사소한' 말들이 아이들을 폭력적인 사람으로, 임파워링empowering되지 못한 성인으로 성장하게 한다는 것이다. 이 동영상은 젠더폭력 예방 교육을 통해 피해자와 가해자로 이분화된 '범죄로서의 폭력'을 문제시하기보다 '젠더 규범을 비판적으로 성찰'할 수 있는 시각과 태도를 길러 주어야 한다는 메시지를 담고 있다.

또한 젠더폭력 예방 교육은 피해자/가해자가 되지 않기 위한 세세한 지침을 전달하는 교육을 넘어서야 한다. 젠더폭력이 계급, 나이, 지위, 학력 등의 사회적 위계와 성별이 상호 교차하는 속에서 발생함을 인식하고 각자의 위치에서 이 교차하는 권력들을 어떻게 조율하여 타인과 관계 맺을지를 상상하게 하고, 더 나아가서는 친밀한 관계에서 갈등을 민주적으로 해결하고, 동의를 윤리적으로 협상하는 기술을 터득하는 과정을 통해 궁극적으로 '폭력'이 예방될 수 있도록 해야 한다. 그리하여 직장에서, 학교에서, 길거리에서, 친밀한 관계에서도 시민적 주체로서 개인들이 누려야 할 권리와 자유가 침해당하지 않으면서, 차이를 가진 존재들이 서로의 차이를 존중하며 어떻게 민주적 관계를 함께 조직해 나갈 것인가를 상상할 수 있도록 돕는 것. 이것이 평등하고 민주적인 사회로 나아가기 위한 젠더폭력 예방교육의 상像이다.

'나쁜 재현'에 대한 비판과 성폭력 피해 예방을 넘어

디지털 리터러시 교육의 현재성과 과제

●
●
●

윤보라

디지털화된 세상, 젠더화된 세상

변화는 생각보다 빨리 온다. 코로나19 상황이 장기화되면서 줌^{zoom}으로 대표되는 비대면 모임이 일상 깊숙이 스며든 지 그리 오래 지나지 않았는데, 이번에는 메타버스^{metaverse}라고 불리는 3차원 가상 공간으로 사람들이 모여든다고 한다. 미래 신사업으로 주목받았던 메타버스가 최근 실용화되기 시작하면서 많은 대학들이 축제와 입학식, 입시 설명회 등을 활발히 열고 있다는 소식이 들린다. 인공지능^{AI} 기술도 마찬가지다. 그동안 우리에게 가장 익숙한 인공지능이 무엇인지 생각했을 때 얼마 전까지만 해도 모니터 뒤에서 바둑을 두던 얼굴 없는 프로그램 '알파고'를 가장 먼저 떠올린 사람이 많았을 것이다. 그러던 어느 날 불쑥 스무 살 여대생의 모습을 한 인공지능 '이루다'가 우리 곁에 찾아왔다. 국내 스타트업 회사 스캐터랩은 2020년 크리스마스 즈음 AI 챗봇^{chatbot} 이루다를 선보였다. 그러나 이루다는 출시되자마자 개인정보 유출 논란과 이용자들의 성적 폭언, 동성애자와 장애인 혐오 발언 등 소수자 차별 문제에 휘말렸고 결국 출시 24일 만에 서비스를 중단하기에 이르렀다. 이루다는 우리

곁을 떠났지만 그 자리는 이제 '가상 인간'들이 차지하고 있다. TV를 켜면 연예인들과 크게 다르게 생기지 않은 가상 인간들이 춤을 추고 제품을 광고할 뿐만 아니라, 각종 소셜 미디어에서 우리들과 소통한다.

세계 굴지의 OTT^{over-the-top media service} 기업 넷플릭스의 CEO 헤이스팅스는 자신의 회사의 경쟁 상대를 묻는 기자의 질문에 "우리의 경쟁 상대는 인간의 수면 시간"이라고 말했다. 인간의 존재 방식이 스마트폰으로 대표되는 디지털 기술 체계와 긴밀하게 얽혀 있는 지금 시대를 이보다 더 잘 드러내 주는 말은 없을 것이다. 불과 몇십 년 만에 우리가 생각하는 방식이나 행위하는 방식의 많은 부분이 디지털 매체에 의해 크게 바뀌었다. 크기와 정도가 다를 뿐, 여기에서 벗어난 사람은 별로 없다.

세상이 급격히 디지털화되어 가고 있다. 그러나 정작 디지털이 바꿔 낸 삶의 변화와 속도, 변화의 내용이 무엇인지 이해하기란 쉽지 않다. 우리가 디지털에 의존하며 사고하고 행위하고 있다는 사실 자체를 인지하는 것도 어려운 일이다. 마치 우리가 대기권^{aerosphere}에 살고 있으면서도 매 순간 들이마시고 내뱉는 공기를 인식하지는 않는 것처럼, 기술권^{technosphere} 안에 살면서 그 기술 시스템을 끊임없이 상기하고 내가 지금 어떤 기술적 영향력하에 존재하고 있는지 매번 의식할 수는 없는 것이다. 디지털화된 세상과 여기서 비롯하는 갖가지 사회적 현상 및 해프닝들은 이제 당연한 문화적 전제로 받아들여지고 있다. 우리를 둘러싼 디지털 기술 환경을 두고 사회 구조의 변화를 일으키는 핵심 요소로 사유하는 일은 점점 어려워지고 있다.

우리는 가끔 '모니터 뒤에 사람이 있다'는 말을 한다. 상대방에게 인격적 모독을 서슴지 않는 언행을 비판할 때 자주 쓰는 말이다. 현실이라면 대놓고 할 수 없는 발언이나 언급하기 어려운 주제를 디지털 공간에서 거리낌 없이 드러내는 것을 경계하고, 모니터를 사이에 두고 소통하는 상대방이 존엄한 인격체라는 것을 계속 기억해야 한다는 뜻이기도 하다. 이 말은 중요한 사실을 알려 준다. 디지털 공간에서 이루어지는 사람들 간의 상호작용은 결코 현실의 대면 관계와 같은 방식일 수 없다는 사실 말이다.

그럴수록 미디어이자 기술 시스템으로서 디지털을 성찰의 대상으로 올려놓는 교육이 필요하며, 동시에 젠더 관점의 디지털 리터러시 교육이 중요해진다. 디지털 공간은 지금처럼 급격히 바뀌어 가고 있는 젠더 관계를 '있는 그대로 전달하고 드러내는 매체'에 그치지 않는다. 디지털 공간과 디지털 기술 체계 그 자체가 젠더 관계를 조정하고, 새로운 젠더 관계의 상을 제시하는 곳이다. 디지털 공간에서 소통하는 시간이 현실 세계를 압도하기 시작하면서 남성성이나 여성성에 대해 기존과는 다른 의미가 만들어지기도 한다. 젊은 여성의 짧은 머리나 옷차림, 특정한 취미, 여자 대학 출신이라는 이력 등에 새로운 의미가 부착되기도 한다. 기존의 젠더 권력이 재편되는 과정에도 디지털이 크게 작용하고 있다. 성폭력의 의미와 양태가 급격히 변화한 것도 이러한 현상을 반영한다. 나의 의사에 반하여 이루어지는 성적 접촉은 더 이상 물리적인 공간에서만 발생하지 않는다. 오히려 가상 공간, 디지털 공간에서 벌어질 때 훨씬 더 위험하고 통제하기 어렵다는 두려움이 커졌다.

하지만 우리의 일상과 경험, 가치관들이 디지털 기술로 인해 급진적으로 재구조화되는 과정에서 젠더가 어떻게 작용하는지, 그리고 그 작용을 이해하도록 돕는 교육은 어떻게 진행되어야 하는지에 대한 통합적 논의의 장은 아직 개설되지 않은 것 같다. 대신 디지털 성폭력이나 온라인 혐오 표현 등 개별 사안들에 대한 즉각적 해석과 비평, 논란이 그 자리를 채우는 경우가 더 많다. 대표적으로 '이루다 성희롱 사태'가 그렇다. 당시 논란은 인공지능에 '의한', 또는 인공지능에 '대한' 혐오 표현이나 성폭력을 어떻게 다뤄야 할지 잠깐의 갑론을박으로 마무리되고 말았다.

이루다를 성적으로 모욕하고 희화화하는 발언이 심각한 문제가 아니란 뜻이 아니다. 하지만 우리가 더 많이 고민해 볼 수 있는 의제들이 미처 제기되지 못한 것은 두고두고 아쉬운 지점이다. 챗봇 이루다나 영화 〈그녀Her〉의 사만다, 〈블레이드 러너Blade Runner〉의 레이첼처럼 디지털 기술이 인간의 몸을 구체적으로 구현해낼 때, 여성의 몸을 입은 가상의 존재는 어떤 의미들을 함축하고 있는지, 이렇게 탄생한 몸이 한국 사회라는 문화적 장 안에서는 어떻게 해석되는지 등 좀 더 다양한 질문이 제기되었다면 어땠을까?

디지털 공간에서 페미니즘 의제를 두고 팽팽히 대치하고 있는 담론들을 대할 때도 마찬가지이다. 우리는 최근 수년간 손에 꼽을 수 없이 많은 젠더 이슈들을 접해 왔다. 대중화된 페미니즘의 언어가 한국 사회의 뿌리 깊은 성차별을 날카롭게 드러내는가 하면, 새로운 논리와 전략으로 무장한 반페미니즘 담론이 이러한 노력들을 무력화시키기도 한다. 모든 사회 현상이 그러하듯, 이러한 현상들의 배경에는 정치·경제·문화적 맥락이 복잡하게 숨어 있다. 많은 사람들이 젠더 문제의 이면에 청년 실업률이나 극심한 경제난, 갈수록 커지는 빈익빈 부익부 현상, 치솟는 부동산 가격과 '삼포 세대' 문제 등이 놓여 있다고 생각하는 것이 대표적이다. 디지털 기술 체계는 바로 이러한 구조적 배경의 새로운 전제 조건으로 이해해야 한다.

우리 사회가 지금보다 성평등한 사회로 나아가야 한다는 것에 동의한다면 디지털 리터러시 교육이야말로 가장 적극적으로 젠더 관점을 반영해야만 하는 영역이다. 우리는 매일같이 온라인을 통해 젠더 문제를 보고 듣고 접하며 스스로의 정체성을 구성하기도 하고 세상을 인식하는 틀을 만들어 간다. 한국여성정책연구원(2018)의 연구 결과에 따르면 20대 여성의 절반가량(48.9%)이 자신을 페미니스트라고 인식하고 있고, 81.5%는 성차별 문제에 관심이 있다고 답변하였다. 반면 한편에서는 페미니즘이 공정한 경쟁과 실력 위주의 평가 문화를 저해하고 있다며 이를 남성 청년 세대의 고통을 가중시킨 원인으로 지목하기도 한다. 과거에는 사회 통합을 저해하는 요소로 주로 지역, 빈부 격차, 세대 갈등 등이 꼽히곤 했으나 현재 20대들에게 한국 사회에서 가장 심한 사회 갈등이 일어나는 영역은 바로 젠더 문제다(부경대 지방분권발전연구소, 2021).

많은 사람들이 젠더 이슈와 관련한 중요한 정보 습득 경로로 소셜 미디어나 유튜브 등 디지털 매체를 꼽는다. 누군가는 계속해서 페미니스트 정체성을 공고히 하고, 누군가는 반대로 페미니즘을 점점 부정적으로 인식하게 되는 과정에 디지털 공간이 엄청난 영향을 끼치고 있음을 짐작할 수 있다. 이렇게 젠더 관계가 재조직되는 것과 디지털 기술 체계가 밀접한 영향을 주고받고 있으며 많은 사람들이 이 문제에 큰 관심을 기울이고 있는데, 정작 디지털 리터러시 교육에 젠더 관점이 빠져 있다면 어딘가 앞뒤가 맞지 않는 일일 테다.

디지털 리터러시 교육의 대두

디지털 리터러시 교육에 대한 관심은 날로 높아지고 있다. 특히 세계 경제 포럼WEF이 지난 2016년 4차 산업 혁명 시대에 필요한 핵심 역량 중 하나로 '디지털 리터러시'를 꼽으면서 각 나라마다 기존의 미디어 리터러시 교육을 디지털 미디어 리터러시 교육으로 확장하고 국가적 차원에서 교육을 장려하고 있다. 우리나라 또한 디지털 리터러시 교육이 국가 경쟁력을 제고하고 변화하는 산업 구조에 대응하기 위한 필수 전략임을 강조하고 있다. 하지만 디지털 리터러시 개념이 정확히 무엇을 가리키는지, 디지털 리터러시 교육은 무엇을 가르치는 교육인지 한마디로 정의하기는 쉽지 않다.

가장 좁은 범위에서 리터러시literacy란 19세기 이후 서구에서 본격적으로 등장한 개념으로, 문자화된 기록물을 읽고 쓰고 지식과 정보를 얻을 수 있는 능력을 일컫는다. 우리말로 문해력 또는 문식력으로 번역되곤 한다. 최초의 근대적 의미의 미디어라고 할 수 있는 책, 신문, 잡지 등의 인쇄물을 읽고 그 내용을 이해하는 역량이 바로 리터러시라는 점에서, 리터러시 개념은 처음부터 '미디어 리터러시'를 내포하고 있다. 인쇄물의 발명 이후 곧 라디오, 전화, 영화, 텔레비전, 인터넷과 같은 뉴미디어들이 순차적 흐름 속에 등장했고, 이에 따라 리터러시 능력 또한 수많은 미디어가 전달하는 소리, 이미지, 영상, 디지털 정보를 해석하는 것으로 확장되었다.

그래서 디지털 리터러시의 개념은 디지털 미디어 리터러시와 다소 구분되지 않은 채로 사용되곤 한다. 미디어 자체가 디지털 기술 체계 안에 전면 융합되면서 '디지털'과 '디지털 미디어'의 경계 역시 모호하기 때문이다. 뿐만 아니라 컴퓨터 리터러시, ICT 리터러시, 인터넷 리터러시, 데이터 리터러시 등 엇비슷한 관련 개념들이 파생되면서 이것들이 서로 어떻게 다른지 혼란스럽기도 하다.

하지만 이러한 개념들은 서로 명확히 구분되고 배타적인 것이라기보다, 상보적이라는 표현이 더 어울린다. 여러 학자들의 논의들을 종합했을 때 디지털 리터러시란 디지털 기술 및 미디어를 통해 전달되는 다양한 정보 양식들을 해석하고 생산하며 공유하는 역량을 가리킬 뿐만 아니라 디지털 기술에 의해 새롭게 재편되는 사회적 환경을 종합적으로 사유하고 비판적으로 바라볼 수 있는 역량이라고 정리할 수 있을 것이다.

우리나라의 디지털 리터러시 교육 현황을 살펴보기 위해서는 우선 몇 년 전 등장한 '가짜 뉴스'를 중요한 키워드로 기억할 필요가 있다. 2010년대 중반 전후로 인터넷과 소셜 미디어에서 대거 생산된 허위 조작 정보, 일명 가짜 뉴스가 미국을 비롯해 영국, 브라질, 오스트리아 등 국외 각국의 주요 선거에 영향을 끼치고 있다는 국제적 우려가 높아지고 있었다.

물론 가짜 뉴스가 최근 몇 년 사이에만 문제시되었던 것은 아니다. 이른바 음모론으로 불리며 거짓 정보가 사람들의 판단력과 정확한 사실 파악에 잘못된 영향을 끼치고 진실을 왜곡한 담론을 만들어 내는 현상은 오랫동안 보고되어 왔다. 하지만 이제는 터무니없는 음모론이나 사이비 종교에 심취하듯 일부 특정한 사람들만 가짜 뉴스에 현혹되는 것이 아니다. 합리적 판단력과 분별력을 지닌 다수의 평범한 시민들도 디지털이 유포하는 가짜 뉴스에 광범위한 영향을 받는다. 특히 국제 정세에 가장 큰 파급력을 행사할 미국 대통령 선거에까지 가짜 뉴스가 영향을 끼치고 있다는 소식은 디지털 기술의 파급력과 공동체의 민주주의를 위한 사회적 과제를 생각하게 만들었다.

한국에서 가짜 뉴스와 디지털 (미디어) 리터러시 교육의 문제가 동시에 대두되기 시작한 것도 이즈음이다. 2018년에는 국무총리가 직접 나서서 '가짜 뉴스와의 전쟁'을 선포하면서 온라인 허위 정보의 심각성을 둘러싸고 각종 사회적 대응 방안을 모색하는 움직임이 확산되었다. 특히 이 과정에서 교육부 장관이 허위 정보에 따른 병폐를 해소하기 위해 디지털 미디어 리터러시 교육의 중요성을 강조한 바 있다. 이처럼 그때까지만 하더라도 다소 생소한 개념이었던 '미디어 리터러시'가 사회적 관심을 받으며 그 중요성에 대해 널리 공감을 얻기 시작한 배경에는 가짜 뉴스를 둘러싼 국내외 논란이 자리 잡고 있다.

정보 분별 능력의 향상을 넘어 디지털 시민성 교육으로

그래서 한때 디지털 리터러시 교육이라고 하면 가짜 뉴스 판별과 분별 있는 정보 접근 능력을 기르는 것에 방점이 찍히기도 하였다. 디지털 리터러시 교육이 도구적인 기술 활용 능력에서부터 새로운 디지털 공동체에 적합한 민주적 가치관을 함양하는 역량까지 포함하는 등 그 범위가 매우 넓으나, 가짜 뉴스라는 키워드가 급속히 대두하면서 공동체의 민주주의를 위협하는 허위 정보에 어떻게 대응할 것인지에 논의가 집중된 것이다. 가짜 뉴스 문제를 해결하기 위해 국가가 규제 조치나 관련 법·제도를 개선하고, 플랫폼 기업들이 주체가 되어 온라인에서 가짜 뉴스 및 정보들이 유통되는 것을 방지하는 자율적 규제를 마련하는 것도 중요한 방법으로 제시되었으나, 그중에서도 가장 중요시된 것은 정보 소비자, 즉 우리 같은 디지털 공간의 이용자 개개인의 역할이었다. 이들이 좋은 정보와 나쁜 정보를 분별할 수 있는 능력을 기르는 것, 이용자들이 정보 분별력을 함양하는 것이 가장 근본적인 대책으로 여겨진 것이다(교육부, 2019). 때문에 디지털 리터러시 교육의 초점도 다분히 여기에 맞춰지게 되었다.

하지만 디지털 리터러시 교육의 핵심이 올바른 정보 분별 능력을 기르는 것을 넘어서야 함은 물론이다. 가짜 뉴스 문제 또한 개인의 노력과 책임성 있는 자세로 해결될 수 있는 문제도 아니다. 가짜 뉴스의 제작, 유통, 소비는 아예 '산업'이 된 지 오래되었다. 거대 글로벌 플랫폼 기업들의 구조화된 수익 모델 속에는 조회 수 높은 자극적인 뉴스를 통해 얻는 광고 수입과 트래픽 문제 등이 얽혀 있다. 게다가 개인들이 열정과 노력을 들여 허위 정보를 '자체 제작'하거나 이를 알면서도 적극적으로 유포하는 것은 최근에서야 일어난 일이 아니라 사실 오랫동안 지속되어 온 관행이다. 젠더 이슈가 가장 대표적이다. 그중에서도 온라인 공간에서 잊을 만하면 고개를 드는 여성가족부 무용론은 가짜 뉴스의 역사성을 논할 때 빼놓을 수 없다.

한국 사회에 사이버 공간이 본격적으로 열린 이후 거의 20여 년간 여성가족부 폐지론을 지탱해 온 강력한 근거들은 거의 대부분 날조와 조작을 통해 구성된 허위 정보, 즉 가짜 뉴스에 가까운 것들이다. 불과 얼마 전에도 여성가족부는 세계에서 한국에만 유일하게 존재하고, 직원 대부분이 여성 단체에서 특채되었으며, 1년 예산이 수십 조에 달하며 이는 페미니스트를 위한 예산이라는 주장이 불거졌다. 과거와 거의 똑같은 논조의 거짓 정보가 다시 확산되자 여가부는 사실 관계 설명 자료까지 공식 배포했다.* 조작된 정보들이 공동체의 민주주의를 위협하고 성평등을 가로막는 결과를 초래한다 하더라도 나의 신념을 지지하고 선택해 줄 사람을 늘릴 수만 있다면 기꺼이 가짜 뉴스 생산에 동참하는 것이 현

* ""폐지론은 페미니즘 백래시"… 여가부, 적극 대응 나선다", 〈한국일보〉, 2021년 7월 16일.

실이다. 그 속에서 개개인이 좋은 정보와 나쁜 정보를 구분하는 능력을 기르도록 하는 교육은 자칫 공허해질 우려가 있다.

최근에는 디지털 리터러시 교육의 중요한 교육 목표로 디지털 시민성digital citizenship 개념이 적극적으로 제시되어 주목을 끌고 있다. 디지털 시민성이란 디지털 기술 체계와 더불어 새로운 공동체를 살아가야 하는 시민들이 갖추어야 할 시민적 덕성과 역량, 시민 의식 등을 뜻한다. 아직 그 내용이 구체적으로 완성된 것은 아니지만, 디지털 시민성의 내용과 방향을 만들어 가는 과정에 젠더 관점이 매우 적극적으로 결합할 수 있다는 점에서 환영할 만하다. 현장에서 두루 쓰일 각종 교육안들도 점차 디지털 시민성 함양을 강조하는 내용을 담아 가고 있다. 방송통신위원회와 문화체육관광부가 2020년 8월에 발표한 '디지털 미디어 소통역량 강화 종합계획'에는 디지털 시민성의 확산이 4대 전략 과제로 들어가 있다.

디지털 시민성이 가리키는 '시민성'은 완전히 백지에서 시작해서 만들어 가야 하는 내용이 아니다. 근대 이후 인간이 서로를 평등하고 존엄한 인격체로 존중하고 특정 집단을 공동체 밖으로 배제하지 않기 위해서 각종 제도적 기반을 마련해 온 노력은, 수많은 착오와 성찰을 통해 시민적 덕목을 다듬고 갱신해 온 역사와 함께한다. 이때 페미니즘 지식이야말로 이 같은 시민성의 개발에 가장 깊숙이 개입해 왔다. 페미니즘은 상생의 삶을 지향하며 사회 구성원 모두가 주체적 시민으로 성장할 수 있도록 하는 시민성의 내용이 무엇인지 오랫동안 탐색해 왔다. 디지털 시민성을 강조하는 교육은 디지털 기술 체계를 비판적으로 해석하는 사유 방식과 새로운 소통 윤리를 습득하는 것으로 폭넓게 확장될 수 있다. 더불어 새로운 기술적 조건 속에서 살아가기 위해 갖춰야 할 시민성의 개념을 바로 성적 차이를 바탕으로 재구성해 볼 수도 있다. 페미니즘 지식과 디지털 리터러시 교육이 각각 별개의 탐구 영역을 갖고 있는 것이 아니라 서로 간의 접점을 모색하고 협력할 여지를 충분히 갖고 있다는 점에서 둘의 만남은 큰 의미가 있다.

디지털 시민성 교육에서 체계적으로 탈각된 젠더

그런데 정작 도서관에 가서 디지털 리터러시 교육에 관한 책을 찾아보거나 관련 자료들을 살펴보면 디지털 시민성과 젠더 문제를 다루고 있는 논의들은 극히 드물다는 것을 알 수 있다. 마치 정식화된 디지털 리터러시 교육의 원본은 따로 있고, 젠더는 일부 페미니스트들에게 약간의 지면을 할애하여 내용을 추가하는 정도로 다뤄도 되는 것처럼 느껴진다. 디지털 시민성에 대한 개념이 여전히 추상적이고, 일상적인 삶에서 디지털 시민성이 구성되어 가는 방식과 경험이 잘 드러나 있지 않기 때문이다.

　현재 우리나라 디지털 리터러시 교육은 다분히 디지털 미디어 리터러시 교육과 혼재되어 수행되고 있다. 교육을 맡은 주체 또한 공공 기관과 일선 학교, 시민사회운동 단체 및 민간 단체 등으로 매우 다양하다. 디지털 리터러시 교육의 중요성을 강조하는 목소리가 날로 높아지는 것과 달리, 교육의 구심점이 되는 단위가 어디인지, 혹은 기관 간 협력 체계는 어떠한지 아직 명확하지는 않다. 각 교육 시행 주체가 가진 교육의 비전과 역량, 관점, 교육 경험이 고르지 않아 똑같이 디지털 리터러시 교육을 수행하더라도 교육을 주관하는 곳의 성격에 따라 매우 다를 수 있다. 어떤 사람은 유튜브로 콘텐츠를 제작하는 방법이나 개인정보를 보호하는 법을 배울 수도 있고, 어떤 사람은 온·오프라인 생활의 균형을 잡는 것의 중요성을 배울 수도 있는 것이다. 물론 디지털 정보화 접근성이 계층과 집단마다 상이하고 디지털 리터러시 개념이 광범위하다는 것을 감안할 때, 각 교육 참여자들의 연령과 조건에 맞춰 세심하게 편성된 교육안을 적용하는 것이 마땅하지만 현재까지는 디지털 리터러시 교육이 다소 산발적으로 진행되고 있음을 부인하기 어렵다.

　가장 먼저 숙고해야 할 부분은 디지털 시민성의 개발과 새로운 시민교육이라는 중요한 사회적 화두 안에 젠더가 매우 체계적으로 탈각되어 있다는 점이다. 먼저 한국지능정보사회진흥원(이하 정보진흥원)의 교육안들을 살펴보자. 정보진흥원은 「국가정보화기본법」에 의거해 만들어진 준정부 기관으로 현재 인터넷 윤리 문화 확산을 표방한 포털 사이트 '아름다운인터넷세상만들기(이하 아인세)'를 운영하며 주로 청소년 대상의 디지털 리터러시 교육을 수행하는 대표적 기관이다. 디지털화된 시대를 살아가기 위해 함양해야 할 시민적 역량을 탐색하는 데 주력하면서, 정기적으로 '디지털시민총서' 시리즈를 발간하는 등 관련 교재와 교육안을 꾸준히 개발하고 있다. 총 6권으로 구성된 디지털시민총서 시리즈는 디지털 시민성 교육이 나아가야 할 방향과 내용을 총론의 성격으로 다루고 있다. 교육 참여자들에게 기본적으로 제공하는 필수적인 학습 요소로서 디지털 시민성의 기본 개념, 디지털 소통에 대한 사회 문화적 이해, 정보 통신 이용 윤리, 소셜 미디어의 역사와 현재, 빅 데이터 알고리즘의 구조 등이 담겨 있다. 그러나 디지털 시민성과 페미니즘적 함의는 거의 전무하다시피 하여 현재 디지털 리터러시 교육이 앞으로도 매우 탈젠더화된 방식으로 고착될 수 있다는 우려가 든다. 젠더 관계와 성적 차이의 문제는 그저 서로가 다름을 인정하고 배려하거나 공평하게 경청해야 할 다양성의 문제 정도로만 여겨지고 있다.

　아인세가 중·고등학생을 대상으로 제작한 교육 자료 〈건강한 소통의 지도 소셜 미디어〉 중 '소셜 미디어의 평판 관리' 부분을 보면 디지털 기술이 개인의 거의 모든 것을 기록하고 공유하는 환경을 설명하고, 자신의 평판 관리를 위해 이용자 스스로가 어떤 노력을 기울여야 하는지 교육 참여자들의 토론을 유도하고 있다. 그중 한 사례로서 온라인 공간에 '○○녀'와 '○○남' 용어가 범람하면서 잘못된 신상정보 누출로 개인들이 고통받는 상황이 제시되고 있다.

인터넷에 남긴 글이나 사진 같은 기록이 뜻하지 않은 낙인으로 둔갑하면서 수많은 개별 여성들이 '○○녀'로 불리는 장면들을 우리는 결코 짧지 않은 온라인 역사 속에서 지켜봐 왔다.• 주지하다시피 2010년대 중반 이후 현재까지 수많은 젠더 이슈들이 디지털 공간을 중심으로 폭발적으로 등장하게 된 직접적 계기는 바로 '온라인 여성혐오 담론'의 부상이었다. 바로 이 담론의 배경에 오랫동안 디지털 공간의 문화이자 관행으로 자리 잡은 '○○녀' 현상이 존재한다. 여성과 남성이 디지털 공간에서 안정적인 시민적 정체성을 만들어 가는 과정에서 '○○녀'와 '○○남'이라는 표현이 각각 어떤 영향을 미쳤는지, 헤아릴 수 없이 수많은 개별 여성에게 무차별적 낙인을 찍어 온 역사와 오늘날 디지털 공간에 만연한 혐오 표현은 어떤 관계에 있는지 토론에 부쳐 볼 만한 주제이다. 하지만 아쉽게도 해당 사례는 '○○녀'와 '○○남' 현상을 '둘 다 똑같이 나쁜 것'으로 나란히 다루고 '나의 사소한 실수'가 인터넷 안에서 망각되지 않고 타인에 의해 되살아나 나를 괴롭히는 상황이 발생할 수 있으므로 (남녀 모두) 평판 관리에 주의

• "○○녀 신드롬", 〈KBS〉, 2006년 8월 28일.

를 기울여야 한다고 마무리된다.

디지털 리터러시 교육의 핵심에서 젠더 관점이 탈각된 이유는 여러 가지를 꼽을 수 있을 것이다. 먼저 지금까지 페미니즘 지식이 디지털 리터러시 교육에 적극적으로 반영되지 않아 왔기 때문이고, 다른 필자들이 논의한 한국 사회의 성평등교육 및 젠더 교육이 처한 현실적 한계가 디지털 리터러시 교육에도 적용되었기 때문이기도 하다. 그리고 무엇보다 디지털 리터러시 교육과 디지털 시민성의 내용에 젠더 관점을 기입한다는 것은 생각보다 훨씬 급진적인 발상의 전환을 요구하는 것이기도 하다. 시민의 범주와 권리, 책임, 주권과 같은 요소들을 정의할 때 처음부터 성적 차이의 문제를 생각해야 하기 때문이다. 지금의 디지털 시민성 교육 현장에서는 성적 차이가 지워지고 젠더와 무관한, 혹은 '양성성'을 고루 갖춘 추상적 시민의 모습과 시민적 의무 및 권리를 주로 제시하고 있다.

교육 내용에 단순히 젠더 관련한 사례 몇 가지를 추가하거나 성평등한 사회를 지향해야 한다는 선언적 내용을 담는 것만으로 젠더 관점이 반영되기란 어려운 일이다. 더딘 이론적 작업을 필요로 할지라도 디지털 시민성 논의를 페미니즘 지식으로 재구성하고, 마치 보편적으로 보이는 디지털 시민성 개념의 불완전성을 함께 토론하는 것으로부터 젠더 관점의 디지털 리터러시 교육을 시작해 본다면 어떨까? 이는 교육의 내용과 방향성을 위해 반드시 필요한 과정일 뿐만 아니라, 함께 토론하는 것 자체로도 훌륭한 젠더 관점의 디지털 리터러시 교육 과정이 될 수 있다.

유일하게 젠더를 다루는 영역, 성폭력

디지털 시민성 교육에서 젠더가 체계적으로 탈각되어 있는 대신 이렇게 삭제된 자리를 채우고 있는 분야는 바로 폭력을 다루는 분야이다. 젠더와 성평등, 성차별 의제가 거의 다 디지털 성폭력 의제 안에 한꺼번에 용해되어 있다 해도 과언이 아니다. 처음부터 젠더 관점을 배제한 채 설계된 교육 프로그램에서 유일하게 젠더를 다룰 수 있는 영역으로 성폭력만 남은 셈이다. 그렇다면 디지털 리터러시 교육에서 성폭력은 어떻게 다뤄지고 있는지 세 가지 차원에서 검토해보고자 한다.

우선 현재 청소년 대상 디지털 리터러시 교육 내 성폭력 의제가 사이버불링을 비롯한 학교폭력의 테두리 안에서 다뤄지고 있다는 점이다. 학교폭력은 한국 사회에 오랫동안 누적되어 온 사회 문제이다. 최근 체육계와 연예계 등에서 학교폭력 관련한 폭로가 되풀이되면서 다시 한 번 그 심각성을 확인할 수 있었다. 이때 청소년들 사이의 사이버불링은 학교폭력의 연장이자 '신종 학교폭력'의 일종으로 여겨져 왔으며, 그 해결 방안 또한 디지털 공간의 특성에 초점이 맞춰졌다기보다 학교폭력 문제를 해결하려는 관점에서 마련된 측면이 크다. 이제 디지털 성폭력 문제는 이러한 사이버폭력과 왕따 사건, 괴롭힘 등 학교폭력의 범주 안에서 부차적으로 다뤄지거나 기계적으로 첨가되는 수준에 머물게 되었다. 고등학생용 사이버 폭력 예방 교육 자료 중에 '폭력없는 사이버 공간 만들기 10대 수칙' 중 하나로 "인터넷에서 성적 불쾌감을 느끼게 하는 행동을 하지 않겠습니다"라는 문구가 형식적으로 삽입되어 있는 것이 대표적이다.

다음으로는 대부분의 디지털 리터러시 교육 커리큘럼에서 사이버 성폭력 관련 내용에 전문성이 결여되어 있다는 점이다. 예를 들어 아인세가 제공하는 고등학생용 사이버 인성 교재의 일부를 보면 워터파크 샤워장에 디지털 카메라를 설치한 사건이 사례로 등장하는데, 명백한 성폭력 사건임에도 불구하고 '음란물 유포'나 '표현의 자유와 한계'라는 단원에서 다룬 것은 매우 부적절하다. 마치 불법 촬영 행위가 표현의 자유 문제와 관련된 것 같은 인상을 주고 있기 때문이다. 다소 허술한 개념 정의를 사용하고 있는 교재도 적지 않았다. 중학생용 교재에서는 사이버 성폭력에 대해 '다른 사람에게 선정적인 내용의 문자나 동영상, 사진 등을 통해 성적 수치심이나 혐오감 또는 불쾌감을 느끼게 하는 행동' 등으로 정의하고 있다. 초등학교 고학년 대상의 교육 자료 또한 음란물을 두고 '사람의 신체를 많이 드러내거나 (……) 성과 관련된 행동이 있는 글, 그림, 사진, 만화, 동영상, 게임 등'으로 설명하였다. 교육 대상의 연령을 떠나 이러한 개념과 설명이 과연 올바른 것인지, 그동안 사회적으로 논의해 온 성폭력의 개념을 충실히 반영한 것인지 생각해 볼 필요가 있다. 음란물을 자주 접하면 성폭력에 노출되거나 성폭력의 가해자가 될 수 있다고 설명한 부분도, 성폭력의 발생 원인을 성차별적 사회 구조에 두고 권력관계로서 젠더를 드러내고자 했던 그간의 노력들을 무화하고 있어 매우 우려스럽다.

디지털 성폭력을 예방하는 방법도 새롭게 고민해 보아야 한다. 스마트폰 음란물 차단 서비스를 적극 이용할 것, 여학생들은 중성적인 아이디를 사용할 것, 개인정보는 최소한의 것만 기입하고, 비밀번호는 어려운 것으로 만들며 주기적으로 변경할 것, 원하지 않는 메일이나 메시지를 받았다면 답장을 보내지 말 것 등 그다지 실효성이 없고 형식적인 대안이 자주 제시되고 있다. 특히 가해자나 사회의 구조적 노력은 추상적으로만 제시하고 피해자가 되지 않는 방법은 구체적인 행동으로 제시해 온 기존 학교 성평등교육과 성폭력 예방 교육의 문제점을 상당 부분 답습한 것이기도 하다.

디지털 성폭력 문제의 복잡성과 여성의 시민적 권리

디지털 성폭력은 한국 사회가 디지털 공간을 통해 구성해 온 젠더 권력의 구조와 그 효과가 복잡하게 얽혀 있는 의제이다. 더 이상 개인의 노력만 요구하거나 정보 통신 윤리, 디지털 에티켓을 강조하는 것으로는 해결될 수 없다. 2020년 우리 사회를 큰 충격에 빠뜨린 'n번방 사건'이 이를 극명하게 보여 주었다. n번방 사건은 극도로 잔인한 범행 내용과 상상을 초월하는 숫자의 사람들이 여기에 가담했다는 사실뿐만 아니라, 가해자들이 성을 착취하는 과정이 매우 정교하다는 점에서 디지털 성폭력을 예방하는 기존의 방식들에 대해 깊은 성찰을 요구한다. 특히 가해자들은 사건의 상당수 피해자들이 스스로 '일탈계', '섹계'로 불리는 소셜 미디어 계정을 운영해 왔다는 것을 빌미 삼아 피해를 적극적으로 드러내지 못하게 함으로써 폭력을 반복적, 구조적으로 지속할 수 있었다. 이는 역설적으로, 디지털 공간에서도 여성의 섹슈얼리티는 비정상적인 것으로 여겨지는 반면 여전히 정상적인 것으로 간주되는 것은 남성의 성욕과 섹슈얼리타라는 점을 잘 보여 준다. 오랫동안 성폭력 행위의 책임을 여성에게 전가해 온 사회적 통념이 이제는 디지털 기술을 매개하면서 성폭력과 피해자의 섹슈얼리티를 새롭게 긴박하고 있는 것이다. 이제 디지털 성폭력 문제는 비단 가상 공간 내 성적 괴롭힘, 불법 촬영물의 판매와 소비, 성적 협박과 강요, 산업화된 성 착취 영상물의 유통 체계 등 다양한 가해 양상을 포함하는 문제에 그치지 않는다. 디지털 공간에서 보여지는 여성의 몸, 인공지능을 비롯한 첨단 기술이 새롭게 재현해 낸 여성의 이미지, 여성의 섹슈얼리티 실천 등을 둘러싼 치열한 해석의 문제도 내재해 있음을 기억해야 한다.

현재 디지털 리터러시 교육은 대부분 청소년들을 대상으로 진행되고 있다. 현재 청소년들은 요동치는 젠더 질서에 가장 민감하게 반응하고 있는 세대이며 '탈코 운동'으로 대표되는 페미니즘 실천을 통해 성적 대상화 문제와 여성성의 의미들을 나름의 언어로 문제시하고 있다. 게다가 공교육 체제 속에는 스쿨 미투 운동을 적극적으로 개진하는 주체와, 남성에 대한 역차별 담론을 적극적으로 받아들이는 주체가 함께 공존하고 있다. 디지털 성폭력 의제에 대한 이들의 지적 욕구와 해소되지 않은 궁금증이 산적해 있을 것이다. 왜 온라인에서 '일탈계'로 대표되는 위험한 성적 실천을 감행하는지, 이를 어떻게 바라보아야 하는지, 그동안 디지털 공간에 누적된 성폭력적 문화는 어떻게 가능했는지, 가상 공간에서 친밀성과 폭력의 경계는 어디인지……. 이러한 질문들이 디지털 리터러시 교육의 현장에서 정식으로 받아들여지지 않은 채, 형식적인 폭력 예방 교육이나 현실과 괴리된 내용으로 채워진다면 디지털 리터러시 교육의 중요성에도 불구하고 다시 한 번 그 사회적 효과에 의문이 제기될 수밖에 없다.

중요한 것은 성폭력이 여성의 평등한 시민적 지위와 권리, 삶에 대한 주체성의 문제와 떼어 놓고 생각할 수 없는 의제라는 점이다. 디지털 성폭력이라고 해서 다를 리 없다. 성폭력이 발생하는 가장 근본적인 구조, 즉 비대칭적인 젠더 권력관계와 성별 위계, 남성 중심적 섹슈얼리티만 정상적인 것으로 용인해 온 문화와 관행들이 이제 디지털이라고 하는 기술적 특징과 교접하면서 우리의 상상과 예측을 넘어서는 새로운 폭력의 양태를 생산해 내고 있다. 디지털 리터러시 교육이 디지털 성폭력 문제의 복잡성을 포괄하고 이를 시민적 권리와 주체성의 문제와 연관시키는 교육이 되기 위해 많은 고민이 필요한 부분이다.

미디어 비평 패러다임을 갱신하기

젠더 관점의 디지털 리터러시 교육을 실천하고자 해도 막상 교육 현장에서 활용할 수 있는 커리큘럼과 교육안이 한정적인 상황도 페미니즘 지식의 개입을 요청하고 있다. 젠더 문제에 관심 있는 교·강사들이 교육을 시도할 때 가장 많이 활용하는 자료들은 한국양성평등교육진흥원을 비롯하여 젠더 교육을 체계적으로 시행하는 기관에서 생산한 교육안들이다. 지금까지 개발된 교육 자료들은 미디어 비평 패러다임에 큰 영향을 받고 있다. 그동안 페미니스트 문화 연구의 지적 전통 속에서 '미디어와 젠더'의 관계는 매우 중요한 문제로 다뤄져 왔다. 1970년대 이후 서구의 페미니스트 문화 연구가 기념비적인 연구 성과를 축적해 오면서, 미디어야말로 불평등한 젠더 권력을 강화하는 핵심적 기제임을 사회적으로 환기했다. 미디어가 성별 고정 관념을 강화하거나 여성의 삶과 경험을 제대로 드러내지 않고 문제적으로 재현하는 관행이 비판의 대상이 되었다.

한국 사회에서도 여성 단체들이 미디어 모니터링 운동과 관련 연구들을 통해 오랫동안 이 문제에 천착해 온 결과, 미디어가 강화하는 성별 고정 관념에 대한 비판은 대중적으로도 큰 호응을 이끌었고 괄목할 만한 변화를 가져왔다. 드라마 속 주인공의 폭력적 애정 표현이 데이트 폭력을 정당화하는 데 일조하고 있다는 인식과 영유아 대상 애니메이션 및 재현물에 녹아 있는 성 역할 고정 관념을 비판하는 사회적 목소리가 커진 것도 긍정적인 변화의 사례로 꼽힌다. 이러한 운동 덕분에 2002년 미스코리아 선발 대회의 지상파 중계가 중단되었고 여성에게 전신 성형 수술을 시켜 주는 케이블 TV 프로그램이 폐지되기도 하였다. 여성 단체에서 모니터링 결과를 바탕으로 '이달의 좋은(나쁜) 프로그램'을 선정하는 행사도 그리 낯설지 않다.

현재 부분적으로나마 수행되고 있는 젠더 관점에서의 디지털 리터러시 교육의 상당 부분은 이러한 미디어 모니터링 운동의 연속선 위에 놓여 있다. 한국양성평등교육진흥원이 안경을 쓴 여성 뉴스 앵커의 모습을 두고 미디어 속 성 역할 고정 관념과 변화에 대한 노력을 강조하는 교육 자료를 만든 사례나, YWCA와 함께 지상파 채널, 종편, 케이블 TV의 예능, 오락 프로그램 18개에 대한 모니터링을 실시한 결과 보고서를 교육안으로 구성한 것에서도 잘 드러난다. 이러한 자료들은 디지털 리터러시 교육에서 직접적으로 쓰이기도 하지만, 간결한 카드 뉴스나 인포그래픽 형식으로 소셜 미디어에 전파되면서 일종의 간접적 교육의 효과를 나타내기도 한다.

예전과 달라진 점이 있다면 과거에는 드라마나 광고, 언론 보도 등에 초점이 맞춰진 것이 현재는 웹툰이나 유튜브, 게임 또는 AI로 매체를 옮겨 와 여기에 드러나는 성차별적 표상과 '나쁜 재현'의 문제, 디지털 기술이 생산하는 성차별적 정보 등을 다루게 된 것이다. 예를 들어 웹툰에서 여성의 신체를 부각한 장면이나 여성에게 폭력을 행사하는 장면을 두고 '여성을 성적인 대상으로만 소비'하고 '데이트 폭력을 유머로 소비해서 문제적'이라고 비판하는 것 등이다. 이는 당연한 해석임에 틀림없지만, 역설적으로 너무 당연하기 때문에 좀 더 세심한 해석을 요구한다. 미디어를 바라보는 명확한 모범 답안과 평면적인 비판 대신, 디지털 공간의 특수성 속에서 젠더 관계가 재현되는 방식과 구조를 고민해 보도록 제시한다면 어떨까?

미디어 비평 교육의 중요성과 효과가 과거보다 줄어들었다는 것은 아니다. 디지털 미디어를 통해 드러나는 재현의 문제를 비판하고 급진적으로 해석하는 작업은 당연히 필요하고 지속되어야 할 과제다. 2010년대 중반 이후 불어닥친 거센 페미니즘의 조류가 한국 사회에 상기시킨 것이 있다면, 현재 청소년을 비롯한 젊은 여성들이 미디어뿐만 아니라 가상 공간에서의 재현 문제에 대단히 놀라운 분별력을 지니고 있으며 이를 개선하기 위한 실천을 끊임없이 고민하고 있다는 점이다. 오랫동안 온라인 공간 내에 축적된 여성혐오적 문화와 재현물에 대한 집중적 문제 제기가 대표적이다. 이른바 '미디어 성인지 감수성'은 그 어느 때보다 대중적으로 저변화되었는데, 새로운 교육의 방향이나 비전은 공백으로 남겨 두고 기존의 '미디어 성인지 감수성'을 높이기를 반복하는 교육이 과연 큰 의미가 있는지 재고해 보아야 한다.

이것은 그동안 페미니스트 미디어 리터러시 교육의 가시적 성과인 동시에 젠더 관점의 디지털 리터러시 교육이 갱신되어야 할 부분으로서 중요하게 바라볼 필요가 있다. 미디어로서 디지털 콘텐츠의 내용 비평과 그 사회적 효과를 비판적으로 바라보는 관점 갖기는 여전히 중요한 실천적 과제이지만, 아직 제대로 드러나지 않은 것이 있다. 디지털 기술이 전체 사회 구성원들의 삶과 경험을 예전과는 다르게 조직하는 방식과 개인들이 미디어를 만들고 소비하는 방식, 그리고 기술을 실천하는 과정에서 작동하는 젠더 권력의 문제이다.

지금은 미디어의 생산 방식 자체가 과거와 완전히 달라졌다. 예전처럼 자본과 기술을 바탕으로 몇몇 미디어 산업 매체가 콘텐츠를 생산해서 송출하던 시절에는 미디어의 성차별적 재현을 근절하는 방안 중 하나로 미디어 조직 내에 여성 비율을 높이고 방송사나 언론사의 의사 결정 과정에 여성이 많이 진입하도록 법·제도적 개선을 요구할 수도 있었다. 활발한 모니터링 활동을 통해 미디어에 대한 대중들의 비판적 독해 능력을 함양하는 것도 중요한 과제였다.

이제는 스마트폰을 소유한 사람 모두가 미디어의 생산과 소비에 참여할 수 있도록 환경이 변화하면서 개인들이 자신의 일상을 콘텐츠로 생산하고 서로 '시청'하는 일이 완전히 일상화되었다. 불과 몇 년 전만 하더라도 일개 개인이 음식을 먹는 모습이나 화장하는 모습, 택배 상자를 여는 모습, 남자친구 역할을 하며 ASMR을 방송하는 모습 등을 수많은 사람들이 함께 시청할 것이라고 생각하지 못했을 것이다. 이러한 매체 환경의 변화 속에서 미디어의 성차별적 재현 방식과 성 역할 고정 관념의 강화 문제에만 집중한다면, 또다시 미디어를 생산하는 개별 개인들의 성인지 감수성 문제로 논의가 귀결될 수밖에 없다는 우려가 든다. 게다가 지금의 디지털 공간은 미디어 역할만 하지는 않는다. 인공지능이나 빅 데이터 알고리즘, 가상 현실, 플랫폼 기반 노동 등 디지털 기술 체계가 우리의 삶의 형태를 직간접적으로 바꿔 가고 있는 상황에서 기술과 젠더가 맞물리며 벌어지는 현상을 포괄적으로 이해할 수 있는 교육 방법을 고안하기 위해 더 많은 지혜가 필요하다.

페미니즘 지식으로 디지털 리터러시 구상하기

한 사회가 실천하고 있는 교육은 그 사회가 어떤 공동체적 가치에 합의하고 있으며, 어떤 시민을 길러 낼 것인가 하는 질문과 직결된다. 디지털 사회라는 새로운 시대, 새로운 환경이 요구하는 가치와 철학, 윤리가 무엇인지 성찰하는 과제 안에는 성평등한 사회로 나아가기 위해 교육이 갖춰야 할 구성 요소를 탐색해야 하는 과제가 동시에 깃들어 있어야 한다. 하지만 아쉽게도 현재 수행되고 있는 디지털 리터러시 교육에는 적극적인 젠더 관점이 소실된 대신, 성폭력이라는 개별 의제를 통해 젠더 문제를 부분적, 잔여적으로만 다루고 있다. 체계적으로 젠더 교육을 시행하고 있는 소수의 공공 기관도 주로 미디어 비평 패러다임에 머물고 있는 인상을 주고 있어 아쉬움이 남는다.

서두에 언급한 것과 같이 한국의 청년 세대들은 갈등적 젠더 관계를 한국 사회의 가장 큰 문제로 꼽을 정도로 젠더 이슈에 밀착되어 있다. 비단 청년 세대만이 아니다. 많은 구성원들이 디지털 공간과 현재의 젠더 변동을 해석할 수 있는 페미니즘 지식에 목말라 하고 있고 관심을 갖고 있다. 이러한 상황에서 디지털 리터러시 교육 철학에 젠더 관점이 반영되지 않는다면, 수많은 교육들은 이들이 사회를 해석하고 성찰하기 위해 필요한 마땅한 자원을 제공하는 데 실패할 수밖에 없다.

주로 청소년에게 집중되어 있는 교육 대상을 확장하는 것도 중요한 과제이다. 디지털 리터러시 교육에 대한 일선 학교의 수요가 최근 몇 년 사이에 크게 증가하고 국가적으로도 청소년 대상의 교육을 장려하고 있는 상황에서, 관련 교육을 수행할 수 있는 예산과 인프라를 갖춘 공공 교육 기관들이 청소년 교육에 적극적으로 결합하고 있다. 하지만 페미니즘 지식을 통해 갱신된 디지털 리터러시 교육은 청소년뿐만 아니라 디지털 공간을 드나드는 우리 모두에게 필요하다. 성인이라고 해서 어느 순간 성찰과 책임, 비판적 사유가 생겨나고 디지털 시민성을 갖춘 사람으로 탈바꿈하는 것은 아니다. 디지털 리터러시 교육이 시민적 관심과 연대를 유도하는 통합적 시민교육의 지위로 나아가기 위해서는 젠더 관점을 적극적으로 결합해야 하는 것은 물론이고 다양한 교육 참여자들을 상상하고 풍부한 커리큘럼을 개발하는 데에도 관심을 기울여야 한다.

오늘날 젠더 문제의 핵심에 다가가기 위해서는 디지털 매체가 제공하는 텍스트나 정보 양식의 안쪽을 살펴보는 작업뿐만 아니라, 텍스트 안과 밖을 통합적으로 사유하는 역량도 필요하다. 우리를 둘러싼 세상은 기술로 인해 하루가 다르게 변모해 가고 있다. 우리의 모든 일상적인 상호작용과 노동, 오락, 정치, 경제 등과 같은 거의 모든 사회적 요소들이 디지털 기술을 매개로 하여 우리의 삶을 변화시키고 있다. 이러한 기술은 사람들의 삶에 결코 똑같이 관여하지 않는다. 사이버 공간이 처음 태동했을 때, 누군가는 디지털 테크놀로지가 쾌적하고 풍요로운 일상과 더 많은 자율성을 가능하게 해줄 기술이라며 환영했지만 누군가는 디지털이 새로운 억압과 불평등을 배태하는 장이 될 것이라고 경고해 왔다. 이제 디지털 기술이 가져올 미래를 단순히 낙관론과 비관론으로 예측할 수는 없다.

오늘날 디지털 기술과 함께 살아가는 우리는 좀 더 세심한 질문들을 마주하고 있다. 가령 여성들이 직간접적으로 경험하는 디지털 성폭력은 우리가 통제하고 관리해야 할 '디지털 위험'으로서 인터넷 사기나 가짜 뉴스, 디지털 치매 등과 나란히 위치할 수는 없을 것이다. 기술의 발전이 여성과 남성의 삶을 변화시키는 양상이 다르기 때문이다. 기술 시스템의 구조와 영향력이 우리가 인식하지 못하는 사이에 우리의 행위하는 방식, 생각하는 방식을 바꿔 나가고 있을 때, 성적 차이를 가진 인간이 기술을 매개로 한 삶 속에서 조화롭게 공존하는 방법을 토론할 수 있는 교육도 함께 출발해야 한다.

이는 페미니즘 이론과 자원을 디지털 리터러시 교육의 언어로 바꿔내고 현장에 적용시키기 위한 논의의 장을 개설하는 것으로 시작해 볼 수 있을 것이다.

여성성/남성성을
벗어나는 것만으로는 부족하다

'나답게'를 넘어 '관계' 속에서 성차를 재/사유하는 성평등교육으로

•
•
•

이진희

여성의 몸은 '전쟁터'… 억압과 저항이 맞물린 장소

지금으로부터 30여 년 전, '나/너'의 텍스트적 변주를 통해 '남성/여성', '주체/타자'의 의미를 탐구하는 데 천착한 미국의 1세대 페미니즘 미술가 바바라 크루거는 여성의 얼굴이 수직 축을 따라 좌우로 대칭 분할된 작품 〈무제Untitled〉(1987)에서 "여성의 몸은 전쟁터Your body is a battleground"라고 선언했다. 크루거는 이 작품에 '합법적 낙태 지지', '출산의 통제와 여성의 권리'라는 두 문구를 추가해서 낙태 합법화를 촉구하기 위해 열린 1989년 워싱턴 여성 행진Women's March의 포스터로 직접 제작, 배포했다. "여성의 몸은 전쟁터"라는 선언을 최초로 정치적 슬로건화한 워싱턴 여성 행진은 여성의 몸이 낙태죄와 여성의 자기결정권이 격돌하는 장임을 선명하게 펼쳐 보였다. 이처럼 크루거가 여성의 몸을 '전쟁터'로 은유한 기획의 핵심은 여성의 몸이 억압과 저항이 맞물린 장소라는 것이다. 여성의 몸은, 여성을 남성의 절대적 타자인 '제2의 성'에 묶어 두는 갖가지 억압이 새겨지는 곳이다. 하지만 거기에 그치지 않는다. 여성에 의해 주체적으로 체험된 몸은 성차별적 구조와 불평등한 젠더 권력관계를 변화시키려는 실천적 행위성이 적극적으로 발현되는 저항의 공간이기도 하다.

"여성의 몸은 전쟁터"라는 선언은 오늘날의 한국 사회에서 여전히 유효한 명제다. 낙태죄에서 젠더 폭력에 이르기까지 성불평등에서 촉발된 일련의 페미니즘적 논쟁들은 근본적으로 성적인 인간 존재들의 '몸', 특히 여성이 입고 있는 몸을 둘러싸고 벌어지는 문제이기 때문이다. 각자도생을 강조하는 신자유주의 시대에 여성의 몸에서는 더욱 격한 전쟁이 일어나고 있다. 신자유주의는 개인의 선택과 자유를 중요시하지만, 모든 것을 개인의 능력으로 귀결시키며, '루저'가 되지 않으려면 자기 계발을 철저히 하는 시민이 되라고 요구한다. 자아실현과 사회적 성공을 이루기 위해서는 자기 자신을 열심히 갈고 닦아서 자신의 가치를 높여야만 한다는 것이다. 신자유주의적 생존 전략이 된 자기 계발 담론에서 몸은 자아실현의 징표로서 자신의 능력을 증명하는 수단이 되고, 외모는 무한 경쟁의 세계에서 개개인의 경쟁력을 높일 수 있는 자원이자 인생의 스펙이 된다.

오늘날 외모에 대한 기준은 성별을 막론하고 획일화되었고 외모 품평은 일상이 되었다. 그러나 오래전부터 성불평등한 한국 사회의 단면을 보여 주는 문제였던 외모지상주의는 유독 여성들에게 가혹한 잣대를 들이댄다. 머리끝에서 발끝까지 몸 전체가 조각 나듯 나뉘어 각각의 부분에 대한 평가가 이루어지는 대상도 주로 여성이다. 소비 지향적이고 탈정치적인 신자유주의적 여성성이 새롭게 등장한

2000년대 이후부터는 자기 계발이라는 명목하에 외모 관리에 시간과 돈을 아낌없이 투자하면서 '꾸밈'의 행위에 강박적으로 집착하는 여성들이 더욱 많아졌다. 다른 한편, 여성의 몸에 이상적 아름다움의 기준을 새겨 넣고 그 기준에 도달할 것을 일상적으로 강요하는 규범적 여성성에서 벗어나려는 여성들도 크게 늘고 있다. 여성들의 각성을 끌어낸 것은 한국 사회에서 대중화된 페미니즘이다. 이른바 '페미니즘 리부트'로 일컬어지는 페미니즘의 대중화는 2015년 전후 트위터 등 온라인을 중심으로 본격화되기 시작했고, 2016년 강남역 살인 사건과 2018년 미투 운동 등을 거치며 전폭적으로 확산되면서 여성들의 의식화에 큰 영향을 미쳤다.

무엇보다 성평등교육의 현실과 관련해서, 이 글은 여전한 '전쟁터'로서 여성의 몸을 적확하게 포착하는 현상이자 여성 스스로가 자신을 드러내고 정체화하는 방식으로서 최근 10대 여성들에게서 두드러지게 나타나고 있는 두 대극적 현상에 주목한다. 하나는 '프로아나pro-anorexia' 현상이고 다른 하나는 '탈코escape the corset' 현상이다.

'프로아나' vs '탈코', 두 대극적 현상이 보여 주는 것

오늘날 소비의 주체가 된 10대 여성들 사이에서도 외모지상주의가 팽배하다. 소위 노는 애들이 하는 일탈쯤으로 치부되었던 과거와 달리, 화장은 또래 집단에서 배제되지 않기 위해 의무처럼 수행해야만 하는 일이 되었다. "쌩얼은 민폐, 화장은 예의"인 사회에서 10대 여성들 또한 맨얼굴이 아닌, 화장한 얼굴을 기본이라 여기면서 지각하는 한이 있어도 화장은 꼭 해야 하고, 화장에 양보할 용돈이 없으면 틴트 대신 형광펜을 바르는 일도 있다고 한다(이민경, 2019). 게다가 어릴 때부터 아이돌 걸 그룹을 보며 성장한 10대 여성들은 예쁜 얼굴과 마른 몸매를 가진 연예인을 선망하고 왜곡된 신체 이미지를 이상화하면서 성형 열풍, 다이어트 열풍에 휩쓸리고 있다. "최고의 성형은 다이어트"이고 "여자가 살찌는 것은 여자이기를 포기한 행위"이며 "못생긴 여자는 용서해도 뚱뚱한 여자는 용서가 안 된다"는 사회적 분위기 속에서 마른 몸에 대한 10대 여성들의 강박은 더욱 거세지고 있다.

마른 몸의 이상화는 신체 이미지를 왜곡하는 결과로 이어지기 쉽다. 매년 중·고등학교 학생들을 대상으로 실시되고 있는 '청소년건강행태조사 통계'에 따르면, 2009년에서 2020년 사이 청소년의 비만율은 남학생이 더 높지만, 더 높은 비율의 여학생이 체중 감소를 위해 다이어트를 시도하고 있었다.● 이러한 현상에 대해 최근에 발간된 한 보고서(김동식, 2021)는 젠더화된 몸

● 교육부·보건복지부·질병관리청(2021), 《제16차(2020년) 청소년건강행태조사 통계집》, 164~187쪽.

의 기준과 그에 따른 여성의 외모에 대한 성차별적 평가와 압박이 존재하는 사회에서 여성이 대체로 전 연령군에서 마른 체형을 이상적인 체형으로 인지하고 있다고 분석했다. 이에 따라 자신의 몸이 실제보다 더 크다고 신체 이미지를 왜곡하는 경향이 있으며, 이러한 경향은 특히 10~20대 여성들에게서 높게 나타난다는 것이다. 우려스러운 것은 2020년 9월 국민건강보험공단의 진료 현황 분석 결과를 보니 2014년부터 2018년까지 최근 5년간 국내 거식증 환자(8,417명) 중 남성은 24.6%(2,071명)인 반면 여성은 75.4%(6,346명)로 여성 환자가 3배 이상 많았고 그 가운데 특히 10대 여성 청소년이 14.4%(1,203명)로 가장 큰 비중을 차지했다는 것이다.• 한 섭식장애 전문가는 이러한 통계가 빙산의 일각일 뿐이며, 거식증을 겪고 있는 여성 청소년들이 실제로는 훨씬 더 많을 것으로 추정하고 있다.••

　10대 여성들 사이에서 트위터, 인스타그램 등 SNS를 통해 놀이처럼 빠르게 번지면서 또래 문화의 하나로 자리 잡은 프로아나 현상은 비현실적으로 마른 몸에 대한 강박을 전형적으로 보여 준다. '거식증anorexia'에 찬성한다pro'는 의미의 신조어인 데서 알 수 있듯이, 프로아나는 뼈가 도드라질 정도로 깡마른 몸을 동경하면서 체중 감량을 위해 음식을 거부하면서 극단적인 다이어트

• 국회의원 남인순 의원실, 보도자료 "프로아나 위험, 거식증 환자 10대 여성 최다", 2020년 10월 12일.

•• ""내 몸은 뚱뚱해"…거식증 여성, 신체 왜곡 현상 뚜렷", 〈메디컬투데이〉, 2020년 12월 8일.

를 하는 행위다. SNS상에서 "#프로아나"라는 해시태그를 붙이며 스스로를 "프로아나족族"이라 부르는 여성들은 "살이 찌느니 차라리 죽겠다"며 키에서 각각 120, 125를 뺀 만큼의 체중을 갖는 "개말라 인간", "뼈말라 인간"이 되기를 열망한다. "프로아나족"이 되기를 자처하는 여성들은 "#프로아나 트친소", "#프아트친소" 등의 해시태그를 달고 "오래 같이 조일(함께 살을 뺄)" 사람을 구한다. 이른바 "프로아나 8계명"은 프로아나로서 지켜야 할 여덟 가지 규칙을 정해 놓은 것으로, 1) 기름진 음식은 벌 받을 각오하고 먹어라, 2) 칼로리는 언제나 계산해야 한다, 3) 몸무게 저울이 모든 것이다, 4) 살 빼는 게 사는 길, 살찌는 건 죽음이다, 5) 무조건 말라야 한다, 6) 배고플 때는 화장실 청소를 해라, 7) 역겨운 행동을 해서 입맛을 달아나게 해라, 8) 혀를 면도칼로 베어서라도 먹지 말아라 등 상당히 충격적인 내용을 담고 있다. 이들은 프로아나 8계명에 따라 무작정 굶기, 먹토(먹고 토하기)나 씹뱉(씹고 뱉기)을 습관적으로 반복하기, 혀에 피어싱을 하기, 변비약·이뇨제 복용 등과 같이 위험한 방식의 살 빼기 '비법'을 공유한다. 그러다가 종국에는 생존이 위험할 정도로 자기 파괴적인 몸에 이르는 경우도 적잖이 생겨나고 있다.

　프로아나처럼 음식을 거부하는 행위를 통해 마른 몸을 추구하는 여성들에게서 읽어 낼 수 있는 욕구는 크게 두 가지로 나뉜다. 하나는 사회에서 요구하는 '여자다운 나'로 인정받고 싶다는 욕구다. 그러나 이들이 그토록 열망하는 "개말라 인간", "뼈말라 인간"의 깡마른 몸은 이상적인 아름다움의 기준에 부합하는 몸이 아니라 오히려 여성성이 지워진 탈성화된 몸임으로 인정 욕구는 충족되기 힘들다. 다른 하나는 "프로아나 8계명"과 같이 철저하게 자기를 감시하면서 음식을 '자발적으로' 조절하는 행위를 통해 자신의 몸에 대한 통제력을 획득한다고 느끼는 데서 자기만족을 얻으려는 욕구다. 이 여성들은 음식을 거부하는 행위를 스스로가 선택했다고 착각하기 쉽지만, 남성의 시선으로부터 완전히 자유로운 선택이란 사실상 불가능하다. 여성들은 어렸을 때부터 여성을 성적으로 대상화하고 여성의 신체적 자유를 제한하는 남성적 시선의 규범적 여성성을 내면화하게 된다. 그 결과 여성이 자신을 바라보는 시선은 오롯이 여성 자신의 시선이 아니라 마치 거울에 비친 나를 보듯 남성의 시선이 반사된 자기대상화self-objectification의 시선이다. 통제력을 얻는 과정에서 느끼는 기쁨 또한 결코 온전한 자기만족이 될 수는 없다. 근대의 원형 감옥인 판옵티콘panopticon의 수감자처럼 여성 자신이 스스로를 가혹하게 단속하고 감시하는 주체가 되어 남성적 시선에 의해 규정된 미적 규범을 철저히 따른 데서 오는 것이기 때문이다.

한편 프로아나와 대극을 이루는 '탈코', 즉 '탈코르셋' 또한 10대 여성들에게서 뚜렷하게 관찰되는 현상이다. 코르셋은 몸을 날씬하게 보이기 위해 입는 여성용 보정 속옷으로, 여성의 몸을 남성의 성적 대상의 위치에 갇히게 하는 억압을 나타내는 말로 쓰인다. 탈코는 이른바 '디폴트 운동'으로서, 페미니즘이 대중화되는 과정에서 각성을 경험한 1020 여성들에 의해 주체적으로 정치적 의제화되었고 일상에서의 미시적인 실천에서 강한 화력을 발휘하면서 대중적인 온라인 페미니즘 운동으로 진화했다. 코르셋을 벗어던진다는 의미의 탈코는 사회적으로 강요된 여성의 몸과 일률적인 아름다움의 기준을 거부하고, 여성 스스로가 자신의 몸에 대한 통제력과 자기결정권을 되찾기 위해 각자의 몸을 도구 삼아 저항을 실천하는 행위다. 탈코는 여성성을 열등한 것으로 폄하하면서 여성을 타자화하는 구조 자체에 대한 문제의식과 외모를 꾸밀 선택의 자유가 실제로는 규범적 여성성을 수행하는 한에서만 부여되고 있다는 자각에서 출발한다.

자기 자신을 페미니스트로 정체화하려는 많은 10대 여성들에게 탈코는 일종의 통과 의례가 되었다. "탈코인"들은 SNS에서 "#탈코(르셋)_인증", "#탈코르셋은해방입니다"와 같은 해시태그를 달고 화장, 긴 머리, 하이힐, 치마, 다이어트 등 사회에서 강요된 억압적 여성성을 벗겨 낸 모습의 사진과 글을 올리고 공유하는 데 적극적으로 동참한다. 탈코가 갖는 중요한 정치적 함의 가운데 하나는 여자로서의 나 자신을 스스로가 정의한 바대로 드러내는 실천적 행위를 통해 규범적 여성성에 도전하고 궁극적으로는 새로운 여성/여성성의 잠재적 가능성을 열어 간다는 데 있다. 그러나 "탈코르셋에 참여하려면 머리를 짧게 깎고, 화장을 하지 않고, 셔츠와 바지 차림을 해야 한다"(이민경, 2019)는 예에서 보듯, 탈코르셋은 여성을 성적 대상화하는 남성의 시선에 의해 '여성적인 것'으로 규정된 것들을 다 떼어 내려다 보니 모든 여성성을 삭제해 버리고 탈성화되는 경향이 나타나기도 하며 극단적 경우에는 남성화로 치닫기도 한다. 대차게 '숏컷'을 하고 났더니 '나는 누구인가'라는 의문이 들더라는 어느 탈코인의 고백은 여성 정체성을 둘러싸고 탈코의 한편에서 불거지고 있는 고민의 지점을 선명하게 드러낸다.

지금까지 살펴본 바와 같이 '프로아나'와 '탈코'는 대극적인 현상이지만, 여성적인 모든 것을 없애 버리고 탈성화된 내가 되는 것에 집중하면 여성이 '성적 존재'로서 자신을 드러내고 정체화하는 방식에 대해 성찰하기가 어려워지고 그 결과 새로운 여성/여성성을 발견할 가능성이 가로막힐 수 있다는 것을 공통되게 드러낸다. 자아 정체성은 타자와의 관계 속에서 형성되고, 성적 차이를 가진 존재로서 여성의 정체성은 여성의 성적 타자인 남성과의 관계 속에서 형성되는 것이기 때문이다. 더욱 문제적인 것은 오래도록 남성이 탈성화된 존재인 개인으로, 남성성이 개인성과 동등한 것으로 여겨진 성불평등한 사회에서, 여성의 탈성화는 은연중에 여성/남성, 여성성/남성성을 위계화하는 젠더 질서에 복무할 가능성이 있다는 것이다. 이러한 맥락에서, 이 글은 여성성과 남성성 그 차이의 관계를 위계적으로 서열화하는 이분법을 근본적으로 변화시키기 위해서는 '여자다운 나'를 강요하는 규범적 여성성에서 벗어나고자 여성적인 것을 삭제하는 것을 넘어서 여성과 남성 사이에 실재하는 성차를 관계 속에서 성찰할 필요성을 제기한다. 그렇다면 성평등교육의 현실은 어떠한가?

'나답게'를 독려하는 성평등교육의 위험성

오늘날의 교육 현장은 젠더 갈등이 표출되는 장이다. 스쿨 미투 운동은 학교가 젠더화된 공간임을 널리 인식시키는 중요한 계기였다. 한국여성정책연구원의 《또래문화를 통해 본 청소년의 성평등 의식과 태도연구 I》(최윤정 외, 2020)에 따르면, 청소년들 사이에서는 성평등 의식의 격차가 크게 벌어지고 있다. 남자 청소년들은 여성의 권리와 성평등에 대해 부정적으로 생각하고 있으며 여성을 성적 대상으로 인식하는 경향도 높아졌다. 교실에서는 또래 문화로 자리 잡은 성차별과 성희롱, 여성혐오가 빈번하게 일어나고 있었다. 여자 청소년들의 성평등 의식은 빠르게 변하고 있는 가운데 남자 청소년들의 경우에는 그 변화의 속도가 상대적으로 더디다 보니 젠더 이슈가 불거지면 종종 소모적인 성 대결의 양상으로까지 번지고 있다고 한다. 이처럼 성평등교육의 중요성은 그 어느 때보다 부각되고 있다.

그러나 학생들은 성평등 수업을 '노는 시간' 정도로 여기고 있는 것이 현실이다. 성평등교육의 주체들이 토로하는 가장 큰 고민은 어떻게 가르쳐야 할지 모르겠다는 막막함이다. 앞의 글 〈성평등교육은 왜 '위험한 교육'이 되었나〉에서 살펴본 것처럼 성평등 교육을 "옵션" 교육이자 '위험한' 교육으로 인식하는 경향도 나타나고 있다.

이러한 상황에서 많은 성평등교육이 "나다움에는 성별이 중요하지 않아야 한다"며 "'여자답게/남자답게'가 아니라 '나답게'" 살 것을 독려하는 내용으로 구성되고 있다. 성평등교육의 핵심적인 기획으로서 '나답게'를 강조하는 전략은 애초의 의도대로 성별 고정 관념으로부터 탈피해서 규범적 여성성/남성성을 격파하라는 강력한 메시지를 전달할 수 있다. 나아가 개인적 의제를 넘어 일상에서의 정치적 실천을 추동할 수 있는 잠재력도 분명 지니고 있다. 문제는 "저마다의 특성과 개성을 그대로 발현하는 나다움"이 자칫 여성적인/남성적인 '모든' 것을 떨쳐 버려야 할 성별 고정 관념으로 쓸어 담고 정작 현실태로 존재하는 성차를 무화시킬 가능성이다. 그렇다면 '여자답지 않은 여자다운 나'로서, '남자답지 않은 남자다운 나'로서 도대체 어떻게 살아가라는 말인가?

성적 차이가 무화된 성평등교육의 담론적 구조 안에서 '나다운 인간'이 되라는 호소는, 온전히 '나답게' 산다는 것이 곧 '여자인/남자인 내가 인간으로서 어떻게 살 것인가'에 대한 질문이며 이는 근본적으로 인간관계 즉 '성적 차이를 가진 인간들이 서로 어떻게 관계를 맺을 것인가'라는 질문이라는 사실을 가려 버린다. 성차가 무화된 '나답게' 담론에는 성적 차이를 가진 타자가 들어설 자리가 없다. 따라서 그 관계 맺기의 출발점이 되는 성차를 올바르게 이해하고 성찰하기 어려워진다. 성평등교육에서 성차가 무화될 때 '나답게'의 나는 단지 탈성화된 주체이기보다 남성화된 주체로 수렴될 여지가 있다는 것은 더욱 우려스럽다. 여전히 성불평등한 한국 사회에서 많은 여성들은 '나'가 아닌 '너'로 타자화되고 있고, 열등한 것으로 버려져야 할 속성의 대부분은 여성적인 것이지 남성적인 것이 아니기 때문이다. 남성이 나답게 살고자 할 때와 달리, 여성이 나답게 살기 위해서는 '프로아나'와 '탈코' 현상이 보여 주듯 남성의 성적 대상 또는 탈성화된 주체라는 양자택일의 선택지 앞에서 위태로운 줄타기를 하는 상황에 놓이기 쉽다. 어떤 선택을 하든 여성은 결국 남성의 성적 타자라는 지위에 머물게 되고 여자인 동시에 인간인 나의 주체 되기는 불가능한 상상에 그칠 수밖에 없다. 여성이 주체가 되지 못하고 타자로 분리될 때 남성 또한 오롯이 '나다운 나'로서 주체적인 삶을 실현하기는 힘들다. 우리는 서로가 연결되어 살아가는 인간관계 안에서만 나를 주체로 인식할 수 있기 때문이다.

공교육 체제의 성평등교육에 대해서는 그간 여러 비판이 제기되어 왔다. 최근 들어서는 성적 차이와 관련된 논의가 활발하게 전개되면서 '나답게'를 독려하는 성평등교육의 위험성이 쟁점으로 떠오르기 시작했다. 그 물꼬를 튼 중요한 비판 가운데 하나는, 앞의 글 〈경쟁 교육 체제는 성평등을 어떻게 상상하게 하는가〉에서 살펴 본 것처럼, 시장화된 공교육 체제에서 폭력의 구조적 책임과 안전의 권리를 개인화하고 자기 관리에 매진하는 주체를 이상화하고 있으며 성차별과 성평등 의제를 개인 간 이해 및 권리 충돌의 문제로 환원시키고 성적 차이를 해부학적 차이로 협소화, 본질화하고 있다는 것이다. '나답게'를 독려하는 성평등교육에 대한 비판적 흐름 속에서 이 글이 제안하는 지금 여기 성평등교육의 현실 앞에 놓인 시급한 과제는, 여성성/남성성을 벗어나는 것만으로는 부족하다는 것을 인식하고, 성별 고정 관념에 속박되지 않는 내가 되라고 독려하는 것을 넘어 성적 차이를 가진 존재로서 어떻게 더불어 살아갈 수 있을 것인가, 그 가능성을 모색하는 일이다. 학생 시민이 각자 '나'의 성적 주체성을 온전히 발휘하면서 서로가 연결된 '우리'로 공존하며 살아가는 민주적 시민으로 성장할 수 있도록 관계 속에서 성차를 재/사유하는 성평등교육으로의 전환이 필요한 것이다. 이를 위해서는 존재 자체에 내재한 힘을 뜻하는 '존재론적 역량'으로까지 그 사유의 지평이 넓어지고 있는 페미니즘에서의 성차 논의를 경유해야만 한다.

새로운 젠더 관계와 성평등 민주주의를 위한 '존재론적 역량'으로서 성차

'타자화된 여성'에 대한 근본적인 문제 제기에서 출발해 성평등의 실현을 궁극적 목표로 삼는 페미니즘의 정치학에서 '차이'는 여러 층위의 개념적 긴장을 돌파해 온 핵심적인 의제다. 페미니스트 역사학자인 조앤 스콧은 《페미니즘 위대한 역사》(Scott, 1996)라는 책을 펴낸 바 있다. 프랑스 페미니스트들이 시민권 쟁취를 위해 벌였던 여성 참정권 투쟁의 궤적을 더듬어 가면서, 스콧은 페미니즘의 역사를 차이와 평등의 딜레마로 명명되는 '역설'을 던져 온 여성들의 역사로 읽어 낸다. 스콧이 지적한 역설의 의미를 '기울어진 운동장'에 빗대어 보면, 기울어진 운동장에서 살아가는 여성들은 기울어진 운동장을 똑바로 세워야 할 뿐 아니라 기울어진 운동장에서 똑바로 서 있어야 하는 이중적 과업을 동시에 달성해야만 하는 모순과 부딪히며 고군분투해야 했다는 것이다.

근대의 평등한 시민권의 이상을 실현하고자 했던 프랑스 혁명은 페미니즘의 제1물결로 알려진 여권운동의 기폭제가 되었다. 프랑스 혁명으로 탄생한 〈인간과 시민의 권리 선언Declaration of the rights of man and of the citizen〉(1789)은 천부인권 사상을 근본 토대로 삼아 "인간은 권리에 있어서 자유롭고 평등하게 태어나 생존한다. 사회적 차별은 공동이익을 근거로 해서만 있을 수 있다"(제1조)고 천명했다. 그러나 〈인간과 시민의 권리 선언〉은 서구의 부르주아 백인 '남성'과 '남성 시민'의 권리 선언이었고, 남성의 성적 대상으로 타자화된 여성은 '인간', '시민'에서 철저히 배제되었다. 이에 맞서서 페미니스트 올랭프 드 구즈(1748~1793)는 〈여성과 여성 시민의 권리 선언Declaration of the rights of woman and the female citizen〉에서 "여성은 단두대에 올라설 권리가 있는 것과 마찬가지로 연단에 올라설 권리를 지녀야 한다"(제10조)고 외쳤다. 이후로 페미니즘을 관통해 온 것은 '누가 인간, 시민인가'라는 문제의식이었다.

　페미니즘은 여성을 '인간', '시민'에서 배제하기 위해 차별을 정당화하는 근거가 되었던 성차를 정치적인 힘의 토대로 삼아 나아갔다. 하지만 여성'도', '인간', '시민'이라고 주장하기 위해서는 성차를 거부하는 동시에 받아들여야 하는 역설과 늘 마주해야 했다. 여성참정권 운동을 전개해 간 페미니스트들이 여성의 정치적 능력은 생물학적 성sex과 무관하며 남성의 정치적 능력에 못지않다고 주장하면서 남성과 동등한 여성의 권리를 요구했지만, 그 능력을 입증하기 위해서는 모성애나 공감 능력과 같이 전형적인 여성성을 동원해야만 했던 것이 단적인 예다. 성평등 실현의 전략을 모색하는 데 있어서 남성과의 '같음'을 강조할 것인지 아니면 남성과의 '다름'을 강조할 것인지를 둘러싼 차이와 평등의 딜레마는 페미니즘의 역사에서 반복되었고 오늘날까지도 그 모습을 바꾸어 가면서 부단히 계속되고 있다.

그러나 평등의 대립항은 차이가 아니라 차별이며, 평등은 근본적으로 차이에 대한 존중을 전제로 성립하는 개념이다. 우리는 모두 다르지만 평등해야 하고 차이를 이유로 차별받지 않아야 하며, 모두 평등하지만 저마다 다르고 그 차이는 존중되어야 한다. 차이는 여성이 남성과 얼마나 같은지 혹은 다른지의 문제가 아니다. 성별의 차이는 무수히 많은 다른 차이들과 우선순위를 다툴 문제도 아니다. 차이가 그것을 열등한 것으로 환원하는 권력관계에 의해 위계적인 개념이 되고, 타자성이 차별로 전환되는 차이 속에서 폄하되는 것이 문제다. 성불평등한 사회에서 여성과 남성의 성적 차이는 성차별을 정당화하기 위한 논리적 기제가 된다. 여성은 남성과 달라서가 아니라 남성이 아니라서 차별받는 것이다. 운동장이 기울어져 있는 한 남성의 성적 타자인 '비非남성'으로 존재하는 여성은 필연적으로 '차이 VS 평등'이라는 양자택일의 딜레마에 빠질 수밖에 없다. 이러한 딜레마를 근본적으로 해결하기 위해서는 남성이 기본값이라는 '기울어진 운동장'의 전제 자체를 바꿔야 한다. 그 변화를 위한 출발점은 성차를 본질화하거나 무화시켜 여성의 타자화를 초래하는 사유에서 벗어나 여성과 남성 모두가 성적 주체로서 서로의 차이와 타자성에 기반해 동등한 관계를 맺는 것이다.

차이를 이론화하기 위한 페미니즘의 사상적 여정 속에서 성차는 새로운 젠더 관계를 모색하고 성평등 민주주의의 실현을 위한 존재론적 역량으로 그 개념적 지평이 넓어지고 있다. 이러한 지평의 확산을 추동한 핵심은 인간 존재의 취약성과 상호의존적 관계성이다. 저마다의 차이를 지닌 우리는 혼자서는 결코 삶을 꾸려 갈 수 없는 취약한 인간이기 때문에 상호의존을 존재 조건의 기반으로 서로가 연결된 관계를 끊임없이 맺으면서 더불어 살아간다. 성차는 존재론적 차이로서 인간의 주체성이 생성되고 규정되는 수많은 차이의 근간이다. 차이는 나 자신과의 관계뿐만 아니라 타자와의 관계, 그리고 세계와의 관계 속에서 성차로 체현된다. 우리는 관계들 속에서 이미 언제나 성적인 존재들로 살아가고 있다는 뜻이다.

상호의존적이고 상호 연결된 인간관계 안에서 각각의 '나'는 주체인 동시에 서로에게 '타자'이다. 인간관계의 역설은 우리가 나와 다른 타자들과 연결되어 살아가는 한에 있어서만 나 자신을 개별적 주체로 볼 수 있고, 나를 타자와 구별하는 한에 있어서만 인간관계를 경험할 수 있다는 것이다(Gilligan, 1982). 주체는 타자와의 관계 속에서만 '나'로 경험될 수 있고 자아의 주체성은 타자의 타자성 없이는 형성될 수 없다. 타자는 자아가 성립하기 위한 전제 조건이지, 자아를 공고히 하기 위한 대상이나 주체의 정체성을 확인하기 위한 수단이 아니다. 성차는 여성과 남성이 관계 안에서 성적 존재로서의 자아와 타자를 구별할 수 있게 해 준다. 그러나 성적 차이를 지닌 존재로서

'나'의 온전한 주체 되기는 성적 타자의 타자성을 차별과 배제의 근거로 삼는 위계적, 억압적 관계 속에서가 아닌, '나로 환원될 수 없는 차이'로, '타자의 고유한 주체성'으로 받아들이고 존중하는 수평적, 민주적 관계 속에서 이루어진다. '성평등한 관계 맺기'는 "성차를 존중하는 상호주체성"(Irigaray, 1995: 96; 황주영, 2017에서 재인용)과 성차로 인한 상호타자성의 토대 위에서 성적 주체이자 성적 타자로 존재할 때 가능한 것이다.

그러나 내가 타자와 '우리'로 공존하고 공생할 수 있는 관계를 맺기 위해서는 타자의 차이와 타자성을 인정하고 타자도 나와 같이 존중받아야 할 인간 주체라는 것을 깨닫는 것만으로는 충분치 않다. 독자적 생존이 불가능한 나와 타자는 서로가 서로에게 영향을 미치는 상호의존적이고 역동적인 관계망 속에 언제나 함께 연루되어야만 삶을 지속할 수 있다는 사실, 나는 무수히 많은 타자들 덕분에 존재하며 그들이 살아야 나도 살 수 있다는 사실, 따라서 나는 나의 타자인 모든 사람들에게 무한히 윤리적 책임을 다하는 주체가 되어야 한다는 사실을 알아차리는 것이 중요하다. 이러한 자각은 타자에 대한 존중이 곧 나에 대한 존중이며 관계를 온전하게 유지하기 위해서는 타자를 돌볼 책임이 있다는 인식, 더 나아가 지속 가능한 공동체를 만들 책임이 우리 모두에게 있다는 인식을 일깨워 준다. 제러미 리프킨의 지적대로, 우리는 코로나19 팬데믹으로부터 세상에 있는 모든 것이 하나의 망으로 연결되어 있다는 것, 우리가 한 가족이라는 것, 우리가 함께하지 않으면 다 같이 무너진다는 것을 너무나도 뼈저리게 배우고 있지 않은가(안희경 외, 2020).

페미니즘을 '긍정의 윤리학affirmative ethics'으로 제시한 페미니스트 철학자 로지 브라이도티는 "차이 그 자체를 존재론적 역량으로 긍정affirmation"(Braidotti, 2006)하고 "타자성을 열등성이 아니라 긍정적인 차이들을 위한 출발점"(Braidotti, 1994)으로 삼을 것을 요청한다. 인간의 존재적 취약성과 상호의존적 관계성을 사유의 핵심에 놓고 보면, 차이는 취약한 인간들이 더불어 사는 삶을 지속할 수 있도록 지금보다 더 나은 존재 방식을 모색하고 관계를 구축하며 공동체를 창출하기 위한 생성적이고 변혁적인 힘으로서 긍정해야 할 타자의 존재론적 역량이라는 것이다. 이와 같은 차이의 사유는 타자에 대한 차별과 배제를 생산하는 우열의 이분법적 사유를 돌파하는 것이며, 차이를 정태적인 것이 아닌 생성과 변혁을 위해 변화를 거듭하는 역동적인 힘으로 이해하는 것이다.

차이 그 자체를 존재론적 역량으로 긍정하는 기획에서, 성차는 본질적인 것도 보편적인 것도 고정된 것도 아니다. 성차는 특정한 상황들을 살아가는 구체적인 성적 타자들과의 무수한 관계들 속에서 역동적으로 변화하는 것이 되며, 성차별을 정당화하는 우월과 열등의 이분법적 위계를 넘어서는 것이 된다. 더욱이 존재의 취약성은 인간

본래의 실존적 취약성뿐만 아니라 특정 사회에서의 구조적 취약성을 의미하는 것이기도 하다(Butler, 2004). 그러므로 성불평등한 사회에서 성차를 존재론적 역량으로 긍정한다는 것은, 누구도 성별을 이유로 차별받지 않고 성적 차이를 지닌 존재로서 더불어 살아갈 수 있는 새로운 젠더 관계와 성평등 민주주의를 실현할 원동력으로 이해한다는 것을 뜻한다. 특히 남성과의 성적 차이를 이유로 타자화되면서 구조적 취약성을 지니게 된 여성의 타자성은 성차별적 권력 구조에 균열을 가할 저항의 잠재력을 가지고 있다. 아울러 타자에 대한 윤리적 책임이 무한히 요구되는 상호의존적 관계, 서로가 서로에게 영향을 미치며 타자가 살아야만 나도 살 수 있는 그 역동적 관계 안에서 여성을 구조적으로 취약한 존재로 만드는 성차별이 여성뿐만 아니라 남성에게도, 따라서 '우리'로 연결된 모두에게 해롭다는 깨우침은 성평등 민주주의의 실현을 위해 함께 나아갈 연대적 힘의 가능성을 담보하고 있다.

성차가 성적 차이를 지닌 존재들의 상호의존적 관계 맺기에 있어서 긍정적 역량으로 발현되고 발휘되기 위해서는 두 가지 노력이 병행되어야 한다. 우선은 여성이 성차를 긍정하고 그로부터 새로운 여성 주체를 발견해 나갈 필요가 있다. 성차의 긍정은 여성이 자기 스스로가 성적 주체라고 주장하는 출발점이자 성적 주체가 되기 위한 전제 조건이기 때문이다(Braidotti, 1994). "여자는 여자로 태어나는 것이 아니라 여자로 만들어진다"고 언명한 페미니스트 철학자 시몬느 드 보부아르가 《제2의 성The second sex》(De Beauvoir, 1952)에서 지적했듯이, 역사적으로 '인간 남성'은 '인간'으로 규정되었던 반면 '인간 여성'은 '여성'으로 규정되어 왔기 때문에, 여성이 남성의 성적 타자라는 위치에서 벗어나기 위해서는 무엇보다 먼저 여성 자신으로서의 주체가 되어야 한다. 그래야만 여성은 차이를 지니고 존재하는 성적 주체로서 남성과 동등한 관계를 맺을 수 있게 된다.

이와 함께, 인간 존재의 취약성과 상호의존적 관계성을 인식하고 차이와 타자성을 열린 마음으로 기꺼이 환대하면서 타자와 윤리적 관계를 맺어 갈 힘을 키워 내야 한다. 이러한 힘기르기empowerment는 더불어 사는 삶을 지속하기 위해 서로가 의존해야만 하는 관계 속에서 어떤 식으로든 나와 얽혀 있고 영향을 주고받는, 그리고 내가 알게 모르게 빚을 지고 있는 취약한 타자들을 돌볼 책임이 있다는 것을 깨우치고 돌봄을 실천하는 데서 시작된다. 브라이도티의 말로 하자면, 힘기르기로서의 돌봄은 특정 상황에서의 책임성 있는 실천이자 자아와 타자의 상호의존성을 강조하는 것으로 활동적인 시민권과 같은 입장으로 확대될 수 있는 것이다(김은주, 2019). 이러한 점에서, 브라이도티의 '긍정의 윤리학'은 관계 속에서 성차를 재/사유하기 위한 성평등교육에서 민주적 관계의 윤리적 토대로 삼아야 할 페미니스트 윤리로서 돌봄의 윤리를 제안하면서 특히 청소년기의 중요성을 강조한 캐럴 길리건의 통찰과 깊숙이 맞닿아 있다.

민주적 관계를 위한 페미니스트 윤리로서 돌봄의 윤리와 청소년기의 중요성

서구에서 부르주아 백인 남성으로 환원된 개인이 사유의 주체로 중요하게 인식되기 시작한 것은 근대로 이행하는 과정에서였다. 철학자 데카르트가 "나는 생각한다. 고로 나는 존재한다"라는 유명한 철학적 명제로 계몽 사상의 자율적이고 합리적인 주체의 근본 원리를 확립한 이후 인간은 이성을 가진 자율적이고 합리적인 존재라는 신념이 평등한 시민권의 이상 속에서 폭넓게 확산한 데 따른 것이다. 남성적 개인의 탄생 이후 자아실현과 개인적 성취에 몰두할 것을 요구하는 오늘날의 신자유주의 시대에 이르러 개인화는 성인기까지 더욱 강조되고 있으며, 관계가 단절된 고립적 자유주의의 극단화 현상 또한 만연해 있다. 이러한 경향은 남성을 인간의 기준으로 삼아 개인화를 인간의 발달로 전제하고 인간의 발달을 직선적으로 서열화하는 주류 심리학의 발달 이론들에서도 오랜 역사를 갖는다. 이 이론들 가운데 특히 모든 심리학 교과서에 실릴 만큼 지배적인 영향력을 발휘했던 (그리고 지금도 여전히 발휘하고 있는) 콜버그의 도덕 발달 이론에서는 자아가 타자로부터 뚜렷하게 분리된 '독립적인 자아'의 성취를 인간의 성장으로, '정의의 윤리ethics of justice'를 도덕적으로 성숙한 인간의 표상으로 가정했고, 여성의 경험이 삭제된 남성적 인간 발달 모델에 들어맞지 않았던 여성을 발달에 실패한 것으로 평가했다.

페미니스트 심리학자 캐럴 길리건은 《다른 목소리로 - 심리 이론과 여성의 발달In a different voice: Psychological theory and women's development》 (Gilligan, 1982)(이하《다른 목소리로》)에서 콜버그가 남성 인간의 발달을 전제하는 정의의 윤리를 유일한 기준 삼아 남성이 여성보다 도덕적으로 성숙하다고 주장한 것을 비판하고, 상호의존적 관계성에 근거한 '돌봄의 윤리ethics of care'를 도덕성 발달의 새로운 판단 기준으로 제시했다.* 심리학 이론을 구축하는 과정에서 꾸준히 소외되었던 여성 집단의 발달을 포함해 남성과 여성 모두의 삶을 보다 포괄적으로 조망할 수 있는 이론을 위해 '다른 목소리'에 귀 기울인 결과다. 정의의 윤리와 돌봄의 윤리에 대해서 살펴보면 다음과 같다. 먼저 정의의 윤리는 '권리'의 도덕으로서 권력에 따라 서열화된 위계

• 《다른 목소리로》는 페미니즘의 제2물결로 불리는 여성 해방 운동이 벌어지던 1970년대 초부터 집필되기 시작해 1982년에 출간되었으며, 1994년에 미국에서 제정된 '교육의 젠더 형평법'에도 영향을 끼친 것으로 알려져 있다. 아울러 지면의 한계로 인해 아쉽게도 이 글에서는《다른 목소리로》에서 다루고 있는 성평등교육을 위해 귀 기울여 들어야 할 다른 목소리들의 생생함을 충분히 담아내지 못했다. 《다른 목소리로》와 함께 이후의 저서인《담대한 목소리》를 읽어 보길 권한다.

구조에서 힘의 차이를 이유로 누구의 권리도 침해되지 않도록 모든 사람을 동등하게 존중해야 한다는 평등을 전제로 하며 '공정성'을 원칙으로 한다. 다음으로 돌봄의 윤리는 '책임'의 도덕으로서 자아와 타자가 상호의존적으로 연결된 관계의 그물 조직에서 누구도 다쳐서는 안 된다는 비폭력 사상을 전제로 하며, 사람들의 필요에 차이가 있음을 인식하고 자신을 포함한 누구도 돌봄에서 소외되지 않게 할 책임을 요구하는 '형평성'의 개념으로 정립된다. 어디에나 있고 그 무엇에도 적용 가능한 돌봄의 사회적 보편성을 고려해 보면 돌봄의 윤리는 정의의 윤리를 포괄하는 보편적 윤리로 확장된다.

돌봄의 윤리는 '여성만의 윤리'나 '여성적 윤리 feminine ethics'가 아니며, 성평등 민주주의를 실현하기 위한 페미니스트 윤리다. 책의 제목이 '여성의 목소리로'가 아닌 '다른 목소리로'인 데서 알 수 있듯이, 길리건은 정의의 윤리를 남성의 윤리, 돌봄의 윤리를 여성의 윤리로 이분법적으로 나눠서 본질화하거나 일반화하려 하지 않았다. 기존의 남성 중심적 심리학 이론들에서 듣지 못했던 '다른 목소리'에 귀 기울이고 성별이 아닌 연구 대상이 집중하는 주제를 해석하는 데 초점을 맞췄더니 돌봄의 윤리가 경험적으로 여성들에게서 더 많이 관찰되었는데, 이는 남성들의 경험에서도 마찬가지로 포착된다는 것이다. 돌봄의 윤리는 또한 타자에 대한 책임에만 치우쳐서 타자를 일방적인 자기희생으로 돌보는 윤리, 즉 주로 양육자, 보호자, 배우자 등의 역할을 도맡는 여성들에게 무조건적인 자기희생이 강제된다는 의미에서의 여성적 윤리가 아니라 관계망 속의 나와 타자 모두를 돌볼 책임을 갖는 윤리다. 《다른 목소리로》의 논의를 이어 간 《담대한 목소리 - 가부장제에서 민주주의로, 세상을 바꾸는 목소리의 힘 Joining the resistance》(Gilligan, 2011)(이하 《담대한 목소리》)에서는 돌봄의 윤리를 여성적 윤리와 페미니스트 윤리feminist ethics로 구분하고 있다. 그에 따르면, 돌봄의 윤리는 가부장적 관점에서는 여성적 윤리지만, 민주주의적 관점에서는 인간의 윤리다. 길리건은 돌봄의 윤리는 페미니스트 윤리로서 민주주의의 실현을 위해 필수적인 인간의 윤리이며, 민주주의를 가부장제로부터 해방시켜 주는 역사적 투쟁을 이끌어 온 윤리라고 지적한다. 성평등의 실현을 궁극적 목표 삼아 성차를 이유로 타자화된 성적 존재들의 '다른 목소리'에 관계적으로 공명 relational resonance하고 연대하는 돌봄의 실천을 통해 폭력적 인간관계를 민주적 인간관계로 바꾸어 가고자 한 페미니즘의 역사에서 돌봄의 윤리는 언제나 페미니스트 윤리였다.

관계 속에서 성차를 재/사유하기 위한 성평등교육 또한 페미니스트 윤리로서 돌봄의 윤리를 민주적 관계를 위한 윤리적 토대로 삼아야 한다. 돌봄의 윤리는 비폭력적인 인간관계를 위한 심리적 기반으로서, 나와 타자가 독립된 동시에 서로 연결되어 상호의존적이고 역동적인 관계를 맺고 있다는 것을 알아차리고 그로부터 생겨나는 공감과 돌봄에 관한 이해심에 토대해 관계에서의 상호적 책임을 인식하면서 돌봄을 실천하는 행위가 관계 안에 놓인 나와 타자 모두를 향상시킨다는 것을 깨우칠 때 발달하게 된다(Gilligan, 1982). 성평등 교육에 있어서 특히 주목해야 할 시기는 청소년기다. 길리건은 《담대한 목소리》에서 '성인기의 문턱'인 청소년기가 관계적 위기를 불러오는 시기인 동시에 민주적 관계를 위한 돌봄 능력을 교육할 기회의 시기라며 유독 강조하고 있다. 이를 이해하기 위해서는 우선 인간관계를 통해 형성되는 성 정체성에서의 차이를 짚어 보고 이것이 개인화와 관계 경험에서 어떠한 차이로 나타나는가를 청소년기와 연관 지어 살펴봐야 한다.

성 정체성은 타고나는 것이 아니며, 성별에 상관없이 보통 3세 즈음에 형성되는 것으로 알려져 있다. 길리건은 초기 사회화가 이루어지는 유아기의 양육 환경에서 어머니-자녀 관계에 주목한 페미니스트 정신분석학자 낸시 초도로우의 논의를 끌어와서 성 정체성이 어떻게 형성되는지 설명한다. 유아기에 대체로 여성, 특히 어머니가 어린 자녀의 양육을 도맡는다는 사실에 주목해 보면, 자신과 성별이 다른 어머니에 의해 길러지는 남아가 남성으로 발달해 가기 위해서는 어머니로부터의 분리가 필수적이다. 따라서 남성적 정체성은 독립을 통해서 규정되고 타자와의 경계가 확실한 개인적 독립성을 우선시하게 된다. 길리건은 남아가 어머니로부터 분리되어 개인화를 이루는 이 과정을 남성이 관계적 위기를 경험하는 개인화의 첫 번째 과정이라고 본다. 이 과정이 중요한 의미를 지니는 것은 남성의 여성으로부터의 분리, 즉 어머니로 대표되는 여성을 타자화해서 배제하는 시발점이 되기 때문이다. 반면에, 같은 성별의 어머니에 의해 양육되는 여아는 어머니가 딸을 여성인 자신과 동일시하는 연속선상에서 경험하게 되기 때문에 여성적 정체성은 분리나 개인화의 과정이 아니라 자아와 타자가 지속적으로 연결되는 애착에 의한 관계의 맥락 안에서 형성된다. 그 결과 여성적 정체성은 애착을 통해 규정되며 자아와 타자가 서로 연결된 관계성을 중요시하게 된다. 여성에게는 또한 아주 어렸을 때부터 타자의 욕구 및 관계에 대한 민감성, 타자에 대한 공감적 관심, 그리고 돌봄에 대한 책임감과 같은 자질이 생겨난다.

유아 발달을 설명하며 등장한 독립과 애착의 개념은 인간의 삶의 주기에 깊이 관여하고 있고, 청소년기에는 친밀성과 정체성의 형성에서, 성인기에는 사랑과 일에서 등 인간의 경험에서 상호작용하며 반복적으로 나타난다고 한다. 문제는 독립이 기반이 되는 남성적 삶의 주기 속에서 관계의 개념이 독립의 개념과 대립적인 것으로 여겨지고 점점 더 강조되는 개인화의 과정에 자리를 내어주면서 관계의 중요성이 지속해서 간과되는 경향에 있다. 그 가운데 청소년기를 위기의 시기이자 기회의 시기라고 길리건이 힘주어 말한 이유는 청소년기가 여성성/남성성 규범에 맞춰 살 것을 강요하는 '가부장제로 편입되는 통과 의례'를 겪으며 개인화를 이루어야 하는 시기로서 소녀와 소년 모두에게 관계 단절이 요구되지만, 동시에 이들이 그러한 관계 단절에 저항하기 때문이다.

《담대한 목소리》에서는 남성의 경우 관계적인 위기를 유아기에 겪고 가부장제로 편입되는 통과 의례인 남성성 규범을 초기 아동기인 4~5세에 받아들이지만, 여성은 초등교육에서 중등교육으로 진학하면서 자신을 성인 여성과 동일시하는 나이가 되는 청소년기에 경험한다는 것을 포착해 낸다. 소녀들은 독립을 위한 중요한 시기인 청소년기에 접어들면서 규범적 여성성을 요구하는 사회적 현실이 이제까지의 자신의 경험과는 다르며, 성인 여성이 된다는 것은 여성성 규범의 기준에 부합하는 '착한 여자'가 되어야 한다는 것을 의미하기 때문에 그 기준에 맞지 않는 자신의 경험과 사회적 현실을 분리시켜야 한다는 사실을 깨닫기 시작한다. 이러한 상황에서, 애착을 통해 정체성이 규정되는 소녀들이 관계를 유지하면서도 자신을 지키기 위해 선택하는 방법은 여성성 규범의 기준에서 벗어난 자신의 솔직한 목소리를 침묵시켜서 내면에 묻어 버리는 것이다. 그러나 관계와 자신을 위해 선택한 자기 침묵은 소녀들이 관계에서 자신의 솔직한 목소리를 배제함으로써 타자들로부터 자신을 단절시킬 뿐만 아니라 스스로조차 자신의 목소리를 듣기가 어려워지기 때문에 자기 자신으로부터 스스로를 단절시키는 결과를 낳는다. 청소년기에 타자와의 관계와 자신과의 관계 모두에서 단절이 이루어지기 때문에 소녀들은 관계적 위기를 경험하게 되는 것이다. 그러나 《담대한 목소리》에서 열여섯 살의 한 소녀가 "내 믿음을 지지해 주는 목소리는 내 안 깊은 곳에 묻혀 있었어요"라고 말했듯이, 소녀들은 자신의 목소리를 완전히 상실한 것이 아니라 내면에 묻어 두고서 자신의 목소리를 잃지 않기 위해 애쓰며 자기 침묵에 끊임없이 저항하는 모습을 보여 준다.

한편 소년들의 경우에는 '여자애' 혹은 '계집애'처럼 굴지 않으면서도 여자보다, 그리고 다른 남자들보다 우위에 있으라는 규범적 남성성을 발달의 초기 단계에 접한다. 앞서 살펴본 바와 같이, 소년들은 유아기에 개인화의 첫 번째 과정에서 관계적 위기를 경험하는데, 남성성 규범을 따라야만 하는 아동기 초기에 이르면 관계에 대한 욕망을 어머니, 즉 여성과 연결 지으면서 이를 남자답지 못한 의존적이고 취약한 것이라 여기고 멀리하게 된다. 그런데 '소년들의 우정과 관계의 위기'에 주목한 연구를 보면 청소년기에 접어들면서 개인화의 두 번째 과정을 맞이한 소년들에게서는 친밀한 우정을 나누려는 관계적 욕망이 발견된다고 한다. 사춘기 초입에 비슷한 또래의 고등학생 소년들은 가까운 우정에 관한 질문에 "그게 인간 본성이죠"라며 "서로를 이해하고 정말로 믿고 존중하고 사랑하는" 능력에 관해 이야기하거나 비밀을 털어놓을 수 없는 누군가가 없다면 "미칠 것" 혹은 가까운 친구가 없다면 "돌아 버릴 것"이라고 이야기하면서 친밀한 우정에 대한 관계적 욕망을 솔직한 목소리로 말하는 경향이 있다. 길리건(Gilligan, 2011)의 지적대로, 이는 소년들이 우정의 가치를 알고 있다는 것을 뜻하며, 사랑과 공감, 상호이해, 돌봄에 대한 능력을 깊이 지니고 있다는 것을 드러낸다. 그러나 청소년기가 끝나 가는 고등학교의 마지막에 이르면 이 똑같은 소년들이 동성 친구들과의 친밀감에 대해 "난 호모가 아니라고요"라고 얼버무리면서 남성성을 독립성과 연결 짓고는 친구와 친밀한 관계를 맺고 싶은 욕망을 남성성 규범에 맞지 않는 '남자답지 못한 것'으로 여기면서 깊은 비밀로 만든다고 한다. 진즉에 여성들과의 관계를 단절시켰던 소년들은 청소년기에 '진짜 남자'가 되기 위해 자신의 목소리를 감추면서 다른 소년들과의 관계도 단절시킴으로써 관계적 위기를 겪게 되는 것이다. 그러나 소년들은 게이나 여자애처럼 행동한다고 괴롭힘의 표적이 되는 것 등으로 인해 자신이 진실을 감추고 있다는 것을 알고 있으며, 단지 감추기만 하는 것이 아니라 자신을 괴롭히는 무력의 힘을 폭로하면서 저항하기도 한다.

지금까지 살펴본 바와 같이, 청소년기는 여성성/남성성 규범의 가부장제로 편입되는 통과 의례를 거쳐 개인화를 이루어 내야 하는 시기로, 관계의 단절이 일어난다는 점에서 소녀들과 소년들이 관계적 위기를 경험하는 시기다. 그러나 청소년기는 또한 민주적 관계를 위한 기회의 시기이며 돌봄의 능력을 교육하기 위한 적기이다. 소녀들이 목소리의 상실에 저항하고 소년들이 친밀한 우정에 대한 욕망을 되찾는 시기로서 여성성/남성성 규범을 변화시킬 수 있는 중요한 시기이며, 나아가 성적 욕망뿐만 아니라 주체성이 강해지면서 감정적 친밀감을 추구하는 능력이 강화되는 때이기도 하기 때문이다. 따라서 청소년기는 상호의존적 관계 속에서 성적 차이를 지닌 존재로서의 여성과 남성이 민주적인 관계를 맺을 수 있는 시민적 역량을 함양하고자 하는 성평등교육에서 매우 중요한 시기다. 성평등교육의 주체들은 페미니스트 윤리로서 돌봄의 윤리를 이해하고, 개인화와 관계 경험에서의 차이를 고려해야 한다. 그러면서 청소년기에 소녀들과 소년들이 각각 '착한 여자', '진짜 남자'가 될 것을 강요하는 여성성/남성성 규범으로 인해 어떠한 관계적 위기를 겪는지를 알아차릴 필요가 있다. 그리고 관계적 위기를 초래하는 관계의 단절이 결국은 성적 차이를 지닌 존재들을 타자화해서 배제하는 폭력적 인간관계의 성차별적 젠더 질서를 영속화하고 있다는 것을 인식해야 한다. 마지막으로 상호의존적 관계성 안에서 각각 자신의 목소리를 가진 성적 주체이자 타자로서 서로의 차이를 공감하고, 성차별에 저항하는 목소리와의 관계적 공명을 통해 연대적 힘을 갖추어 발화할 수 있도록, 관계적 위기의 시기를 민주적 관계를 위한 기회의 시기로 바꾸어 갈 방안을 고민해야 한다.

'나답게'를 넘어 '관계' 속에서
성차를 재/사유하는 성평등교육으로

"#우리에겐_페미니스트_선생님이_필요합니다" 해시태그 운동, 페미니즘 교육 의무화 청원, 포괄적 성교육 도입 등을 둘러싼 각종 논란은 공교육이 중대한 전환점에 서 있음을 보여 준다. 의식과 행동의 변화를 요구하는 성평등교육 또한 '나답게'를 넘어 '관계' 속에서 성차를 재/사유할 수 있는 방안을 모색해야 할 때다. 안타깝게도 그 실천적 방안을 지금 당장 구체적으로 제시하기는 어렵다. 현행 교육 체계에서뿐만 아니라 연구자들 사이에서도 이에 대한 논의는 아직 활발히 이루어지지 못하고 있기 때문이다. 그러나 앞으로의 성평등교육에 있어서 우선적인 핵심은 첫째, 페미니스트 윤리로서 돌봄의 윤리를 민주적 관계를 위한 윤리적 토대로 삼는 것, 둘째, 여성과 남성이 성적 차이를 지닌 주체이자 타자로서 또한 연결되어 있으면서 독립된 나로서 성적 타자와 맺고 있는 상호의존적 관계성을 일깨워 주는 것, 그러면서 서로가 서로에게 영향을 미치는 역동적인 인간관계가 어느 상황에서나 돌봄의 윤리적 책임이 있는 민주적 관계여야 하며, 돌봄의 실천이 자아와 타자 모두를 동시에 향상시킨다는 사실을 인식할 수 있게 하는 것이다. 흔히 인간관계의 뿌리로 일컬어지는 '공감'은 자아와 타자의 상호의존적 관계성에서 출발한다. 그렇기 때문에 일반화된 타자가 아닌 특정한 타자가 경험한 성적 차이를 함께 체험함으로써 타자의 구체적인 상황을 이해할 힘을 키우며, 타자를 관계에서 배제하지 않고 돌봄을 능동적으로 실천할 수 있는 역량을 높일 수 있다.

이러한 점에서, 우리는 다음과 같은 성평등교육 수업 사례를 경계해야 할 것이다. 이 사례는 "모두가 행복해지는 성인지 감수성을 바로 알기"라는 부제를 달고, 남녀공학 청소년을 대상으로 성평등교육을 진행할 때 맞닥뜨릴 수 있는 상황에서의 사례별 대처법을 다룬 어느 책*에 소개되어 있다.

여학생들이 운다고요? 시험 문제 잘못 풀었다고 울기도 한다고요? 안 그러길 바라지만 그냥 두세요. 슬픈 거야 감정이니 어쩔 수 없지만 우는 걸로 이익을 본다면 그거야말로 온정적 성차별이죠. 여학생의 역량 강화에도 방해가 됩니다.

여기서 시험 문제를 잘못 풀어서 '우는 여학생'을 사례로 삼은 저자의 의도는 성평등을 이루려면 여성에 대한 성차별적 고정 관념을 탈피해야 한다는 것으로 읽힌다. '걸핏하면 우는 여자'와 같이 눈물로 표상되는 나약함이 여성성의 전형이라

* 변신원(2020), 《이야기로 풀어가는 성평등 수업 - 모두가 행복해지는 성인지 감수성 바로 알기》, BMK, 39쪽.

는 고정 관념을 타파하는 것은 물론 중요하다. 문제는 "시험 문제 잘못 풀었다고 울기'도' 한다고요?"라는 반응이 "시험 문제 잘못 풀었다고 뭘 울기까지 해. 여자라 나약해서 그렇지"처럼 애초에 타파하고자 했던 여성에 대한 고정 관념을 되레 강화하는 효과를 가져올 뿐만 아니라 우는 여학생을 비난하게 만들어서 결과적으로 성차별의 근절을 가로막을 수 있다는 것이다. "우는 걸로 이익을 본다면 그거야말로 온정적 성차별이죠"라는 지적 또한 마찬가지다. '눈물은 여자의 최대 무기'와 같이 여학생이 우는 행위를 원하는 바를 얻을 수 있는 수단적 행위로 손쉽게 치환시켜 버림으로써 "여자는 원하는 게 있으면 울고 본다"라는 인식으로 이어지게 할 가능성이 크기 때문이다.

이러한 문제는 근본적으로 타자에 대한 공감을 기반으로 돌봄의 윤리적 책임과 그 실천적 행위가 필수적으로 요구되는 상호의존적 관계성에 대한 인식의 부재에서 기인한다. 그렇기에 "안 그러길 바라지만 그냥 두세요. 슬픈 거야 감정이니 어쩔 수 없지만"과 같이 단지 울지 않기만을 바라는 조언자의 입장에서만 생각할 뿐, 우는 여학생의 입장에서 슬픈 감정을 공감하고 이해해서 그 학생에게 필요한 게 무엇인지 알아보고 돌봐 주려는 노력을 기울이는 것이 아니라 '그냥 두라'는 조언이 가능한 것이다. 학급공동체의 일원인 여학생이 슬퍼함으로써 그것이 공동체에 미칠 영향에 대해서는 전혀 고려하지 않고 있다. 운다는 이유로 여학생을 그냥 두는 것은 공동체로부터 배제, 타자화하는 결과를 가져올 수 있다는 점에서 비민주적일 뿐만 아니라 여학생의 역량이 발휘될 기회를 막을 위험도 있다. 돌봄이 필요한 상황에 놓인 우는 여학생을 내버려 두는 것, 길리건(Gilligan, 1982)의 용어를 빌자면 대화로 시작되는 인간관계에서 발화하는 목소리에 필수적인 '관계적 공명'의 부재가 오히려 여학생의 역량 강화에 방해가 되는 것이다. 따라서 이 성평등교육 수업 사례가 "'모두'가 행복해지는 성인지 감수성 바로 알기"라는 부제에 들어맞기 위해서는 다음과 같이 새롭게 쓰여야 한다.

여학생들이 운다고요? 성적·학력 위주의 사회이니, 여학생이든 남학생이든 성별에 상관없이 누구나 시험 문제를 잘못 풀면 울 수도 있죠. 이 상황에서 중요한 건 성별이 아니라, 우는 학생을 교사로서 어떻게 돌봐 줄 것인가 하는 것입니다. 다른 학생들이 있는 곳에서 이야기하면 민망해할 수도 있으니 따로 불러서 "시험 문제 잘못 풀어서 속상했지? 선생님도 그 맘 너무 잘 알지"라고 공감하면서 위로의 말을 먼저 건네 보세요. 학생의 말을 주의 깊게 잘 들어 주면서 혹시 함께 고민해야 할 문제나 도움이 필요한 일이 있는지를 물어보고 있다면 같이 나눠 주세요. 우리는 서로가 다 연결되어 있기 때문에 한 명의 학생이 느끼는 슬픔은 학급공동체 전체에 영향을 미친답니다. 학생 한 명의 슬픔은 학급공동체 모두의 슬픔인 거죠.

교육 현장은 다양한 차이를 지닌 존재들이 사회의 구성원으로서 차별받지 않고 더불어 살아갈 수 있도록 일상의 민주주의를 익히는 경험의 공간이자 학생 시민을 성평등 실현을 위한 주체적, 실천적 힘을 지닌 민주적 시민으로 길러 내기 위한 교육의 장이다.

지금까지 성평등교육은 성적 존재들의 차이를 이분법적으로 위계화했던 규범적 여성성/남성성의 성별 고정 관념으로부터 탈피하는 것을 우선시하는 전략 속에서 "여자답게/남자답게'가 아니라 '나답게'" 살 것을 독려하는 기획에 집중되어 있었다. 그러나 이제는 성적 차이가 무화된 '나답게'를 독려하는 성평등교육의 위험성을 인식해야 한다. 페미니스트 윤리로서 돌봄의 윤리와 상호의존적 관계성에 대한 인식을 토대로 '나답게'를 넘어 여성과 남성 사이에 실재하는 성차를 관계 속에서 성찰하고 재/사유하면서 민주적 관계를 맺도록 돕는 구체적이고, 실천적인 교육의 방안을 모색해 나가야 한다. 자기 자신, 타자, 세계와 관계를 맺는 방식에 대해 비판적 의식을 가지고, 성차를 성평등 민주주의를 실현하기 위한 존재론적 역량으로 발휘할 수 있게 하는 교육 콘텐츠 등의 개발은 앞으로의 성평등교육에 있어서 중요한 과제다. 그 첫 단계는 학생 시민이 상호의존적 관계성 속에서 성적 차이를 지닌 주체이자 타자로서 돌봄의 윤리적 관계를 맺고, 차이와 타자성을 긍정하며 '우리'로 어울려 공존하는 삶을 살아갈 수 있는 역량을 갖추는 것을 성평등교육의 궁극적 목표로 삼는 것이다. 성차별은 근본적으로 인간관계에서 비롯된 문제이고, 성평등의 실현 또한 인간관계에서 가능한 것이기 때문이다.

연애와 사랑을 페미니즘의 언어로 배운다는 것

페미니즘 지식으로 친밀한 관계를 탐구하기

-
-
-

임국희

연애와 사랑을 페미니즘의 언어로 '배울' 수 있을까?

연애와 사랑에 대한 한국 사회의 몇 가지 통념이 있다. 첫째, 연애나 사랑을 알기 위한 최고의 방법은 그것을 경험하는 것이라는 생각이다. '연애를 글로 배웠어요'라는 말은 연애하지 못하는 자신의 신세를 한탄하거나, 연애에 서툰 사람을 놀리는 말로 사용되곤 한다. 이 말에는 연애나 사랑은 직접적으로 경험하는 것이야말로 그것을 가장 잘 아는 방법이라는 생각이 숨어 있다. 둘째, 연애나 사랑에 대해서 웬만큼 경험했다면, 그것에 대해 금세 전문가가 된다는 통념이다. 연애에 대해 시도 때도 없이 '상담'을 마다하지 않는 주위의 사람들을 비롯해, 남녀 관계나 부부 관계의 전문가를 자처하며 '참견'하는 전통적인 포맷의 예능 프로그램까지, 우리 주위에는 연애와 사랑에 대해 '잘 아는' 사람들이 너무나 많다. 그래서 대부분의 사람들은 연애와 사랑을 굳이 배우지 않아도 안다고 생각하거나, 흥미롭지만 일상적인 소재라서 굳이 배울 필요까지는 없다고 생각한다. 그러나 연애와 사랑은 오늘날 한국 사회에서의 젠더 관계의 역동이 노골적으로 드러나기도 하고, 반대로 연애 관계를 맺는 주체들 간의 미시적인 실천을 통해 젠더 관계가 적극적으로 구성되는 장소이다. 그런 의미에서 연애와 사랑에는 페미니스트적 분석과 지식이 적극적으로 접합되어야 할 필요가 있다.

페미니즘이 연애와 사랑에 대해 의미 있는 언어를 제공할 수 있다는 주장이 다소간 낯설게 느껴질 수도 있다. 왜냐하면 한국 사회에서 꽤 오랫동안 연애와 페미니즘은 불화하는 것처럼 보였기 때문이다. 1990년대 후반에 시작되어 2000년대 이후 널리 확장된 의무화된 젠더폭력 예방 교육은 성폭력에 대한 사회적 민감성을 제고하는 큰 성과를 거두었지만, 한편으로는 이로 인해 페미니즘이 친밀한 관계 내의 폭력만을 주로 다룬다는 대중의 심증이 굳어졌다. 더불어 2010년대 중반 이후, 여성혐오 살인 사건, 데이트 폭력 사건, 미투 운동, 온라인을 중심으로 한 여성 착취 범죄처럼 페미니즘의 긴급한 개입이 필요한 성범죄 사건이 연이어 발생하면서 페미니즘이 과연 친밀한 관계의 가능성에 대해 이야기할 수 있느냐에 대해서 회의적인 시각이 드리워지게 되었다. 그래서 페미니즘과 사랑은 불화하는 것으로, 어쩌면 페미니즘은 (연애를 포함한) 친밀한 관계가 파탄 났을 때야 비로소 개입하는 것으로 여겨진다. 더욱이 '비연애', '탈연애', '4B[非] 운동'(결혼, 출산, 연애, 섹스를 하지 않겠다는 운동)과 같이 남성과 맺는 친밀한 관계에 대한 전면적인 전환을 요구하는 젊은 여성들의 목소리가 터져 나오는 오늘날, 연애와 사랑을 다루는 페미니즘은 낡은 것일 뿐만 아니라 반동적인 것처럼 보이기도 한다.

    그러나 아니, 그래서 오늘날 페미니즘은 연애와 사랑을 설명하는 데 적극적으로 접합되어야 할 필요가 있다. 특히나 지식을 전달하고 건강한 시민을 길러 내는 교육 현장에서는 더욱 그렇다. 왜냐하면 연애는 타자와 사랑을 나누고 일상을 쌓아 올리는 등 결국은 누구와 함께 어떻게 살 것인가의 문제, 즉 개인이 자신의 삶과 생애 과정을 구체화하여 미래를 전망하고, 어떤 삶을 살지에 대해 고민을 독려하는 교육의 목적과도 맞닿아 있기 때문이다. 그리고 거기에 페미니즘의 언어가 필요한 이유는 가장 '개인적인' 친밀한 관계를 정치화하고자 했던, 타자와의 만남으로 인해 발생하는 책임의 윤리를 오랫동안 고민해 왔던 학문이 바로 페미니즘이기 때문이다. 그러나 정작 교육 현장에서는 친밀한 관계를 설명하고 분석할 수 있는 페미니즘의 언어를 다각도로 활용하기보다는 관계의 위험과 폭력에 대응하는 것에 초점을 맞추어 진행되고 있는 실정이다. 물론 친밀한 관계 내의 폭력이 점차 심각한 사회 문제로 대두되고 있는 상황에서 이러한 전략이 아예 불필요하다고만은 할 수 없다. 그러나 페미니즘 교육의 목적이 자신이 맺고 있는 관계에 대한 성찰을 통해 보다 민주적이고 평등한 관계를 독려하는 것에 궁극적인 초점이 있음을 상기한다면 친밀한 관계를 폭력과 위험만으로 다루는 전략은 충분하지 않다. 연애와 사랑을 지식으로 가르치기에도, 페미니즘 언어로 가르치기에도 곤란하게 되어 버린 오늘날 한국 사회에서, 친밀한 관계에 대한 교육에 페미니즘의 지식을 어떻게 접합해야 하는지에 대한 고민이 필요한 시점이다.

이 장에서는 현재 의무화된 폭력 예방 교육, 청소년 대상 성교육, 대학 교양 교육 등에서 친밀한 관계를 다루는 방식의 공통된 한계를 먼저 살펴보고, 교육 참여자들이 보다 평등하게 친밀한 관계를 맺을 수 있는 역량을 키울 수 있도록 하기 위해 교육의 현장에서 페미니즘 지식의 자원들을 어떻게 결합해야 할지에 대한 내용을 제시하고자 한다.

성애화된 연애, 위험으로서의 성

사랑과 연애가 우리의 삶과 긴밀한 연관을 갖는 이유는 그것이 친밀한 관계를 맺고 유지하는 데 핵심적인 정서이자 실천이기 때문이다. 연애와 사랑을 포함하는 친밀성intimacy이라는 개념의 사전적 정의는 다음과 같다. 사회학 사전에서는 친밀성을 "매우 특별한 형태의 '가까움closeness', '자아개방self-disclosure', 그리고 상대방에 대한 '앎과 이해'에 근거한 '특별함'"으로 정의하고 있다(Jamieson, 2005: 2411; 김혜경, 2019: 234). 요컨대 친밀한 관계란 가까운 타자와 맺는 특별하고 의미 있는 관계를 지칭하는 것이다. 이러한 견지에서 보자면 연애와 사랑의 핵심적인 속성도 타인과 특별하고도 의미 있는 관계를 쌓아 가는 것에 있다고 할 수 있다.

그러나 아이러하게도, 오늘날 한국 사회에서 연애나 사랑을 다루는 교육에서는 친밀한 관계의 풍요로움보다 관계에서 발생하는 폭력에 초점을 맞추고 있는 경우가 대부분이다. 2010년대 중반 이후 한국 사회에서 친밀한 관계에서 발생하는 폭력과 범죄 사건이 심각한 사회 문제로 대두되는 가운데 친밀한 관계에서 일어날 수 있는 폭력에 대한 관심은 어느 때보다 높아졌다. 데이트 폭력의 개념뿐만 아니라 '가스라이팅'과 같은 용어에 대한 대중의 민감도는 가파르게 상승했고, 의무화된 예방 교육에서 친밀한 관계에서 일어날 수 있는 폭력을 다뤄 달라는 요구도 많아졌다. 물론 교육 현장에서 친밀한 관계를 다룰 때 위험을 강조하는 것은 꼭 최근의 현상이라고 할 수는 없다. 그렇다면 왜 유독 친밀한 관계를 다루는 교육에서 관계의 긍정적인 측면보다 부정적이고 폭력적인 측면을 강조하게 되었을까를 질문해 볼 필요가 있다.

우선 한국 사회에서 연애와 사랑이 성애화된sexualized 관계로만 여겨지는 데 핵심적인 원인이 있다. 연애와 사랑은 성적 친밀감과 행위를 포함하지만, 너무나 당연하게도 키스나 섹스와 같은 육체적인 행위로만 이루어지지 않는다. 연애를 해 봤다면 밤새 대화를 나누고,

음식을 나누어 먹고, 음악과 영화를 감상하기도 하는 등 일상을 공유하는 것이 성적 행위보다 훨씬 더 많은 부분을 차지한다는 것을 안다. 때로는 육체적인 행위보다 일상적인 대화가 짜릿하기도 하다. 그러나 한국 사회에서 일반적으로 '연애하다'라는 표현을 해석할 때 성적 의미가 지나치게 강조되는 경향이 있다. 특히 청소년 연애 문제에 대한 편견이 만연한 이유가 바로 여기에 있다. 문제는 친밀한 관계를 다루는 교육 역시 교육의 개입 지점을 섹슈얼리티의 문제에 한정함으로써, 섹슈얼리티 중심으로 연애를 사고하는 기존의 고정 관념을 강화한다는 사실이다.

또 다른 이유는 오늘날 친밀한 관계를 다루는 교육이 섹슈얼리티를 위험으로 파악하는 인식 틀에 기반하고 있기 때문이다. 섹슈얼리티를 위험으로 다루는 견해는 페미니즘의 운동과 이론에 빚지고 있다고 해도 과언이 아니다. 1960년대 후반부터 1970년대 중반까지 미국을 중심으로 발전했던 급진주의 페미니즘의 이론가들은 여성이 남성에 의해 억압될 수밖에 없는 이유를 섹슈얼리티에서 찾았다. 이들은 여성의 섹슈얼리티에 대한 남성의 지배가 가부장제의 핵심이기 때문에, 여성이 해방되는 길은 친밀한 관계를 급진적으로 변화시키는 것이라고 여겼다.

제2물결 페미니즘 운동이 한창 일어나던 당시 미국 여성들은 의식 고양 그룹consciousness-raising group이라고 불리는 사적인 모임을 만들어서 동료의 집 부엌이나 거실에 모여 육아, 가사 노동, 성생활, 낙태, 취업, 경제적 독립, 외모 가꾸기 등에 대한 경험을 낱낱이 나눴다(Echols, 1990). 여성들은 서로의 이야기에 울고 웃으면서 공감했다. 가장 내밀한 경험은 역시나 섹슈얼리티에 관한 것이었다. 가령 성폭력, 가정폭력, 데이트 강간에 대한 공개적 말하기와 공감의 경험은 여성들의 페미니스트 정체성을 고양시키는 데 핵심적인 역할을 했다. '개인적인 것이 정치적인 것이다the personal is the political'라는 말은 가장 사적이고 개인적인 관계가 가장 첨예한 정치적 장소가 될 수 있다는 급진 페미니즘의 핵심적 통찰을 담고 있다. 급진 페미니스트 덕분에 그 전까지 가려져 있던 섹슈얼리티 폭력이 수면 위로 끌어올려지고 이를 적극적으로 해결하려는 움직임으로 이어졌다.

더불어 급진 페미니스트들은 현실에서의 통찰을 강력한 이론의 언어로 구성해 내는 데에도 탁월했다. 이를테면 급진 페미니즘의 정수를 담고 있다고 평가되는 슐라미스 파이어스톤의《성의 변증법The dialectic of sex》(1970)에서는 마르크스주의에서 사용하는 계급 개념과의 유비를 통해 여성들을 동일한 이해 관계를 공유하는 하나의 성계급sex class으로 파악한다. 이때 파이어스톤이 여성을 하나의 집단으로 여기는 데 핵심적인 근거가 바로 여성은 남성과 불평등한 친밀 관계를 맺는 공통점을 가진다는 것이다. 파이어스톤이 보기에 서구 문화를 지탱하는 핵심적 요소인 생물학적 가족은 여성과 남성의 친밀

관계로 이루어지는데, 이로 인해 여성의 재생산 능력, 곧 임신과 출산이 가부장적 권력하에 종속된다. 그런가 하면 또 다른 급진 페미니즘의 중요한 저작인 케이트 밀렛의 《성의 정치학Sexual politics》(1970)에서는 가부장적 질서가 여성 섹슈얼리티에 대한 폭력적인 억압을 통해 기능한다는 점을 밝혔다. 밀렛은 그 전까지 아름답다고 여겨져 온 고전 영문학에 포함되어 있는 여성의 섹슈얼리티에 대한 착취적 묘사를 비판함으로써 섹슈얼리티의 문제가 사실은 개인적인 문제가 아니라 정치적인 문제임을 이론적으로 드러낸다.

이처럼 친밀한 관계 내의 젠더 위계와 폭력에 대해 비판적으로 사고할 수 있게 된 것은 급진주의 페미니즘 이론의 덕이 크다. 친밀한 관계 내의 폭력의 가능성을 인정하게 하고 섹슈얼리티의 위험성을 강조한 것이 급진주의 페미니즘의 성과라고 하더라도, 이를 한국 사회의 교육 현장에 적용하는 것은 여러 가지 현실적 문제를 발생시킬 수 있다. 우선 섹슈얼리티를 위험으로 다루는 경향은 한국 사회의 보호주의 담론과 결합하여 청소년의 성에 대한 보수적인 접근을 낳았다. 그 결과 청소년의 섹슈얼리티는 침해당하거나 오염되기 쉽고, 한번 침해당하면 다시 복구할 수 없는 '위험한 것'으로 생각되었다. 청소년을 대상으로 한 성교육이 오랫동안 '순결교육'이나 '청소년 임신 예방'에 집중한 것은 청소년을 보호해야 할 대상으로 여기는 한국 사회의 오랜 관습과 섹슈얼리티를 위험으로 다루는 성교육의 인식 틀이 착종한 결과라고 볼 수 있다. 이러한 교육은 청소년의 연애를 지나치게 성애화하면서, 그릇된 성적 가치관을 학습하게 하는 결과를 낳았다. 이제는 청소년의 연애를 곧바로 탈선으로 연결하는 것이 철지난 틀이라는 데 대부분 공감하지만, 여전히 청소년 대상 성교육은 청소년의 섹슈얼리티 실천을 터부시하며 성적 행동을 억제하는 방향으로 이루어져 오고 있는 것이 현실이다.

대학생을 대상으로 한 연애와 사랑에 대한 교육도 상황이 별반 다르지 않다. 조금 다른 점이 있다면 스무 살이 넘은 성인에게는 청소년과 다르게 연애를 적극적으로 권장한다는 것이다. 그러나 그 관계 내에서 발생할 수 있는 섹슈얼리티의 위험을 강조한다는 점은 비슷하다. 2010년 중반 이후 데이트 폭력 사건이 대대적으로 사회 문제로 떠오르게 되면서 최근 몇 년 동안 대학생을 대상으로 하는 데이트 폭력 예방 교육에 대한 수요가 크게 늘었다. 그런데 데이트 폭력 예방 교육은 대부분 섹슈얼리티를 실천하는 상황에서 '무엇이 데이트 폭력인가?'를 판별하는 내용으로 이루어져 있다고 해도 과언이 아니다. 이러한 교육 전략을 택하게 된 이유는 친밀한 관계 내 폭력의 특성 중 하나가 오랫동안 폭력을 당하면서도 자신이 피해자임을 깨닫지 못한다는 점을 고려한 것이다. 그러나 이것이 과연 데이트 폭력을 '예방'하는 데 효과적인지 질문해 볼 필요가 있다. '무엇이 데이트 폭력인지'를 예민하게 살펴볼 것을 권하는 교육은 폭력의 신호를 일찌감치 알아차리고 그 관계를 끊어 내는 것이 폭력을 예방하는 것이라고 말하는 것과 같다. 이러한 교육은 근본적으로 친밀한 관계를 평등하게 만들어 나가는 역량을 기르도록 돕는 것이 아니라, 문제가 생기거나 혹은 문제의 기미가 보일 때 그 관계를 중단하는 것만이 올바른 해결 방법이라는 메시지를 준다는 한계가 있다. 페미니즘 교육의 궁극적 목표는 친밀한 관계를 중단하는 것이 아니라, 그 관계를 보다 평등하게 만들어 나가는 데 필요한 자원을 제공하는 것에 있다.

연애와 사랑을 다루는 성차 과학의 한계

연애와 사랑에 대한 교육의 또 다른 전략은 여성과 남성의 차이를 강조하는 것이다. 이는 연애와 사랑을 흥미롭게 다루고자 하는 대중 강좌나 대학 내 사랑이나 결혼에 대한 교양 강의에서 많이 보이는 방식이다. 이러한 교육은 여성과 남성의 성차를 강조하는 과학 담론에 기대고 있는 경우가 많다. 성차 과학 담론이란 쉽게 말해 '구애에 있어 남성은 적극적이고 여성은 소극적이다', '남성은 여성의 외모에, 여성은 남성의 경제력에 끌린다'와 같은 과학적 가설이 사랑에 있어 여성과 남성의 서로 다른 반응이나 심리를 설명해 줄 수 있다고 여기는 것이다. 이와 같은 이야기는 대중매체에서 수없이 반복되어 사랑과 연애에 대한 상식이 된 지 오래다.

남녀 간의 친밀성의 문제가 대중화된 심리학의 의제로 흡수된 데에는 20세기 중·후반부터 발전하기 시작한 사회생물학의 영향이 크다. 사회생물학은 사회학적 현상을 생물학적 지식을 이용하여 탐구하는 학문으로서 동물의 사회적 행동과 조직을 연구하여 이를 인간의 사회적 행위나 조직의 진화를 해명하는 데 사용한다. 사회생물학은 1975년에 미국의 곤충학자이자 진화 이론가인 에드워드 윌슨이 쓴 《사회생물학Sociobiology: The new synthesis》(1975)으로부터 전개되었다. 이 책에서 윌슨은 성별에 따른 행동 특성이 유전자에 의해 결정된다고 설명한다. 남성의 공격성이나 여성의 양육성은 환경에 적응하여 진화된 인간 유전자의 결과라는 것이다(윤선희, 2013: 107). 윌슨은 동물에게서 발견된 사실을 인간에게 그대로 적용하는 방식으로 사회생물학을 정초함으로써 많은 비판을 받았다. 사실 인간의 행동이 유전자에 의해 결정되는지 아니면 환경에 의해 결정되는지를 확인하기는 어렵다. 그러나 사회생물학자들은 어떤 행동이 모든 사회에서 발견된다면, 이것은 인간 행동이 유전자에 의해 결정되는 것이라고 성급히 가정했고, 이러한 가정은 대중적으로 빠르게 흡수되었다(위의 글). 우리에게 이제는 너무나 익숙한 성차에 대한 설명, 즉 남성은 공격적인 데 반해 여성은 소극적이라는 식의 설명은 사회생물학으로부터 비롯되었다고 해도 과언이 아니다.

사회생물학뿐만 아니라 그 이후에 발전한 진화심리학, 비교적 최근에 발전하기 시작한 신경과학까지 과학 담론 내에서는 여성과 남성의 유사성보다 차이에 집중하는 경향이 이어져 오고 있다. 1990년대에 발전하기 시작한 진화심리학은 사회생물학에서 전개한 성차 개념을 좀 더 정교화하면서 성별 고정 관념을 과학의 이름으로 정당화하고 이를 대중화하는 데 크게 기여했다. 사회생물학이 인간 행동의 원인을 유전자에서 찾았다면 진화심리학은 인간의 내면적 심리 기제를 행동의 원인으로 보고 이를 규명하고자 했다. 진화심리학의 교과서라고 일컬어지는 책인 데이비드 버스의 《욕망의 진화 The evolution of desire》에 따르면, 남성은 파트너로서의 여성의 젊음과 육체적 매력을 중요한 선택 기준으로 삼고 반대로 여성은 남성의 지위, 성숙함, 경제적 자원을 중요하게 여기는데 이런 차이들은 유전적이다. 이 책의 저자인 데이비드 버스는 여성과 남성의 차이가 발생하는 이유가 인간이 후대에 유리한 유전 형질을 남기기 위해 진화한 결과라고 말한다(Buss, 1994). 버스의 연구는 많은 사람이 알고 있던 통념인 '여자는 외모', '남자는 경제력'이라는 해묵은 공식을 과학이라는 이름으로 정당화하는 결과를 낳았다.

이러한 과학 담론이 여성과 남성의 유사성보다 차이에 집중하고 있는 것은 인간의 재생산을 다루면서 짝짓기와 번식이라는 생물학적 이벤트에 집중한 결과다. 생물학적으로 인간이 번식하기 위해서는 이성애가 의심할 바 없는 당연한 전제이다 보니, 여성과 남성을 반대의 항에 두고 이들의 차이를 강조하는 방식으로 발전된 배경이 있다. 그래서 과학 담론은 여성과 남성의 차이를 자연화하는 것과 더불어 인간의 사랑 역시 생물학적 요구로 다룬다. 연애와 같은 친밀한 관계를 갖는 인간의 욕망과 실천은 번식이라는 최종적 목표를 위한 것으로 해석된다. 이성애를 사회적으로 구성된 여성 지배 체제로 봤던 20세기 중반의 제2물결 페미니스트들의 노력에도 불구하고, 20세기 후반의 강력한 대중 담론으로서 자연 과학은 연애를 생물학적 여자와 남자의 짝짓기의 문제로 환원했다. 그런데 더 큰 문제는 사회생물학, 진화심리학, 그리고 비교적 최근에 발전한 신경과학 등에서 주장하는 남녀의 성차가 의심할 바 없이 '진실'로 여겨지기 때문에 이에 대해 비판적으로 질문하려는 시도가 드물다는 것이다. 성차 과학이 대중화됨에 따라 성차는 연애 관계 속 갈등을 해결하기 위해 현대 사회를 살아가는 사람들이 습득해야 할 과학적 상식으로서 강력하게 자리 잡게 되었다.

    이에 반박하는 페미니스트 학자들은 과학 담론에서 증명하고자 하는 가설이 그 사회의 젠더 규범의 영향으로부터 자유로울 수 없으며, 과학 지식 역시 사회 문화적인 맥락에 의해 구성되는 상황적 지식situated knowledge이라는 점을 강조한다(Haraway, 1988). 게다가 과학자들 역시 성차에 대해 이미 검증된 것으로 취급하기보다 가설을 재설정하고, 최신의 과학 기술을 통해 재검증하고자 하는 갱신의 과정을 거치면서 성차에 대한 진리를 상대화하고 있다(윤선희, 2013). 그러나 막상 사랑이나 연애를 주제 삼은 대중 교육의 현장에서는 성차에 대한 갱신된 내용을 다루거나 성차 자체가 재구성에 열려 있을 수 있다는 가능성을 고려하지 않는 것처럼 보인다. 심지어 대학에서 진행되는 성 심리학이나 사랑과 결혼에 대한 교양 수업에서 성차를 다룰 때 성별에 따른 뇌의 차이를 표로 만들어 제시하는 경우도 있다. 남성은 우뇌가 여자보다 크기 때문에 언어 능력이 상대적으로 부족하고 여성은 전두엽이 남성보다 크기 때문에 상대적으로 감정 이입 능력이 더 뛰어나다는 식이다. 연애와 사랑을 다루면서, 여성과 남성의 생물학적인 차이를 구분해서 가르치는 것이 어떤 효과를 발휘하는지에 대해 성찰할 필요가 있다.

여성과 남성의 차이를 강조·과장하는 과학 담론이 친밀성을 다루는 교육에서 비판 없이 사용될 때 우려스러운 것은 젠더 관계를 표면적인 갈등으로만 다루면서 젠더 관계의 위계에 대한 근본적인 질문을 불가능하게 한다는 점이다. 대부분의 과학 담론에서 성차를 다룰 때, 강력한 젠더 이분법에 근거하고 있기 때문에 여성과 남성은 화해할 수 없는 것처럼 보인다. 성차 과학에서 여성과 남성의 차이는 선험적으로 전제되어 있기 때문에 연애와 사랑을 다루면서도 표면적인 의사소통 테크닉을 다루는 것만이 최선의 방식이 될 수밖에 없다. 그것 말고는 변화시킬 수 있는 것이 없기 때문이다. 이러한 접근법의 문제는 젠더의 불평등에서 비롯된 권력이나 위계의 문제를 타인의 기질과 의사소통이라는 테크닉의 문제로 협소화한다는 점이다(엄혜진, 2015: 189).

성차 과학을 비판 없이 친밀한 관계에 대한 교육에 활용할 경우, 갈등에 대한 해석이 '남녀는 애초에 다르니까 어쩔 수 없다'거나 '남녀의 다름을 이해하자'는 식으로 손쉽고 편리하게 뭉뚱그려져 버릴 수 있다. 두 전략은 표면적으로 달라 보이지만 결국 여성과 남성 간의 친밀한 관계의 첨예한 갈등의 핵심도 제대로 해석하지 못하고, 해결하는 역량을 키우지도 못하게 만든다는 점에서 같다. 과학적 지식을 활용해 성차를 강조하는 전략은 겉으로는 최신의 지식을 배울 수 있는 것처럼 보이지만, 결국 친밀한 관계 속 민주적인 소통을 막는다는 점에서 퇴행적인 가치관을 학습하게 한다. 성적 차이에 대한 올바른 이해는 여성과 남성의 특징을 각각 반대의 항에 두고 상대편 젠더의 특징을 학습하는 것이 아니다. 오히려 그 차이가 사회 문화적 맥락에서 어떻게 구성되며 변화하는지, 그리고 그것이 나의 삶과 나에게 중요한 타자의 삶, 그리고 우리의 관계에 어떤 영향을 주는지 살피면서 가능해진다. 페미니즘은 성차를 주어지거나 증명된 지식으로 인정하고 마는 것이 아니라, 관계에 대한 사유와 통찰을 통해 끊임없이 갱신되는 지식으로 여기기 때문이다.

친밀한 관계에 대한 교육에 페미니즘을 접합하기

지금까지 연애와 사랑과 같은 친밀한 관계를 다루는 교육 전략의 문제를 두 가지 정도로 살펴보았다. 연애를 성애화된 것으로 여기면서 섹슈얼리티를 위험으로 다루는 전략과 성차 과학 담론에 기반하여 연애를 해명하고자 하는 전략은 공통적으로 친밀한 관계를 '남녀 갈등'으로만 다룬다는 한계를 가진다. 그러나 친밀한 관계를 다루는 교육은 단지 연애 관계에서 발생한 폭력에 대응하는 법이나 갈등을 해결하는 법을 알려 주는 소극적인 태도에서 벗어나, 교육 참여자로 하여금 자신이 맺고 있는 친밀한 관계를 안팎으로 성찰할 수 있도록 격려해야 한다. 이를 위해 필요한 것이 바로 페미니즘 지식을 적극적으로 접합하고자 하는 노력이다. 이 부분에서는 가이드가 될 만한 몇 가지 교육 전략을 제시해 보고자 한다.

첫째, 자신이 맺고 있는 친밀한 관계의 구조를 조망할 수 있게 하는 역사적 관점의 교육이 필요하다. 일반적으로 연애와 같이 내밀하고 낭만화된 인간관계는 개인의 선택과 자유에 의한 것으로 여겨지기 때문에 구조나 역사와 같이 거시적인 개념과는 동떨어진 것으로 여기기 쉽다. 그러나 기성세대와 젊은 세대의 연애가 다른 모습을 띠는 것이나, 서로 다른 사회에서 연애가 상이한 방식으로 실천되는 것은 연애 역시 젠더 관계의 변화와 조응하는 사회적 구성물이기 때문이다. 그래서 연애 관계를 맺는 개인들은 사회가 규정하는 여성성과 남성성의 규범뿐만 아니라 정상성의 기준을 참조하여 행동할 수밖에 없다. 친밀한 관계를 다루는 교육은 교육 참여자로 하여금 자신이 맺고 있는 관계가 어떤 역사적 변화 속에서 구성되었고, 현재 어떻게 변화하고 있는지를 살펴볼 수 있도록 하면서 자신이 맺고 있는 친밀한 관계를 성찰하는 데 필요한 지식을 제공해야 한다.

오늘날 연애나 사랑을 개인의 자유로운 선택으로 여기는 것은 낭만적 사랑 복합체romantic love complex의 패러다임에 기대고 있기 때문이다. 낭만적 사랑의 개념을 발전시킨 영국의 사회학자인 앤서니 기든스는 《현대 사회의 성, 사랑, 에로티시즘 - 친밀성의 구조 변동The transformation of intimacy: sexuality, love, and eroticism in modern society》에서 근대 사회를 중세에 비해 위험이 증대된 사회로 본다. 근대는 중세에 비해 인간의 자율성이 크게 향상되었지만 동시에 불확실성이 커졌다는 것이다. 근대의 인간은 중세의 공동체가 제공하던 안락함으로부터 떨어져 나오면서 삶의 확실한 토대를 잃게 되었다. 확대 가족에서 핵가족으로, 농촌으로부터 도시로, 농사꾼에서 공장의 임금 노동자로 삶의 토대와 정체성이 변화하게 됨으로써 이전에 누렸던 삶의 안정성을 기대할 수 없게 되었다. 이때 개인들은 자신의 불확실성을 견디기 위해 기댈 수 있는 '단 한 사람$^{the one}$'을 찾게 된다. 근대의 사랑이 자아의 불안정성을 보완해 줄 수 있는 유일한 안식처로서 낭만화되는 이유다. '영혼의 반쪽'인 한 사람과 성적 욕망과 실천을 나누고 그 사람과 사랑하고 결혼하는 것, 즉 성과 사랑과 결혼의 결합을 특징으로 삼는 낭만적 사랑은 다른 시대와 구분되는 근대의 특유한 사랑 방식이다(Giddens, 1992).

그러나 후기 근대로의 변화는 근대의 낭만적 사랑의 해체를 끊임없이 예고하고 있다. 울리히 벡과 엘리자베스 벡-게른스하임은 《사랑은 지독한, 그러나 너무나 정상적인 혼란$^{Das\ ganz\ normale\ chaos\ der\ liebe}$》(1990)에서 근대의 낭만적 사랑이 기대고 있는 남성 중심적인 일대기^{biography}가 해체되면서 사랑이 매우 '혼란스러운 것'으로 변화해 간다고 본다. 후기 근대 사회의 변화 중 대표적인 것은 여성의 경제 활동이 늘어난다는 점이다. 노동시장이 분화함에 따라 여성 역시 노동 시장에 적극적으로 참여할 것이 요구되면서 여성도 경제 활동을 하고 이를 토대로 자신의 삶을 꾸려 나가는 것이 점차 표준적인 삶의 그림이 되어 가고 있다. 근대의 낭만적 사랑은 남성이 생계 부양자의 역할을 하고 여성이 가사노동을 전담하는 근대적 성별 분업의 토대 위에 세워졌기 때문에, 여성과 남성의 일대기의 조율은 상대적으로 수월했다. 경제 활동을 담당하는 남성의 삶의 조건을 중심에 두고 여성은 그에 맞추면 되었기 때문이다. 그러나 오늘날 남성과 여성 모두 경제 활동을 중심에 둔 삶을 살게 되면서 이들의 일대기를 조율하는 것은 훨씬 어려운 일이 되었다. 남성과 여성의 삶을 조율하는 문제는 '퇴근 후 저녁 식사 준비는 누가 해야 하는가?'와 같은 일상적인 문제부터 '아이 양육이나 가족 돌봄의 책임은 누구에게 있는가?'처럼 훨씬 복잡한 논쟁이 필요한 문제는 물론, '돌봄은 여성의 역할인가?'와 같이 사회적 수준의 논의를 요청하는 문제까지, 매우 넓은 스펙트럼을 아우르는 것이 되었다. 이와 같은 이유로 오늘날 남성과 여성이 맺는 친밀한 관계는 훨씬 더 복잡하고 갈등적인 것이 될 수밖에 없다.

오늘날 한국 사회에서 연애나 사랑이 특히나 매우 갈등적인 것으로 재현되는 이유는, 단지 여성과 남성이 생물학적으로 달라서이거나 폭력적인 남성 문화 탓이라고만 할 수 없다. 친밀한 관계 내 폭력의 원인이 불평등한 젠더 관계에서 기인한다는 것을 인지하고 그에 대한 예방과 대처를 교육하는 것도 중요하지만, 갈등적인 젠더 관계를 모두 폭력의 문제로만 환원하는 것은 곤란하다. 오히려 갈등적인 젠더 관계가 문제가 되는 현재 상황을 후기 근대로의 변화 속에서 근대적 사랑의 낭만성이 해체되는 국면으로 보고 접근할 필요가 있다. 오늘날 우리가 교육 현장에서 만나는 젊은 세대의 여성들은 페미니스트 의식을 가지고 친밀성 자체를 비판하는 실천들을 실제로 삶의 중요한 원칙으로 삼거나, 실천하지는 않더라도 이와 같은 주장에 공감대를 가지고 있는 사람들이다. 젊은 여성들이 친밀한 관계에 대한 적극적인 변화를 주장하게 된 것은 더 이상 근대적 성별 분업에 기대고 있는 낭만적 사랑 각본이 유효하지 않다는 것을 깨달은 데서 기인한다. 다른 말로 하자면 교육 현장에서 우리는 이미 근대적 낭만적 사랑에 대한 비판 의식을 가진 주체를 만나고 있다는 것이다. 이들에게 갈등을 다시 한 번 확언하는 것보다 더 필요한 것은 자신이 서 있는 구조를 거시적으로 조망할 수 있는 비판적 언어일 것이다. 교육의 목적은 현재 젠더 관계의 갈등과 폭력을 승인하는 것이 아니라, 그 원인과 토대를 해석함으로써 교육 참여자로 하여금 자신이 딛고 있는 구조를 성찰하게 하는 데 있다. 낭만적 사랑의 역사적 구성과 변화에 대한 지식을 연애와 사랑에 대한 교육의 자원으로 활용함으로써, 친밀한 관계를 맺는 남성과 여성의 관계를 가해와 피해로 고정시키는 것을 넘어, 현재의 젠더 관계의 토대를 성찰하고 보다 평등한 관계를 모색하는 역량을 키울 수 있도록 하는 것이 필요하다.

둘째, 친밀한 관계에 대한 교육은 자신의 생애 과정을 구체적으로 상상할 수 있게 하는 교육으로 거듭나야 한다. 연애와 사랑이 인간에게 중요한 과업인 이유는 자신의 삶에 중요한 타자를 개입시키기 때문이다. 그리고 타자와 친밀한 관계를 맺는다는 것은 생애 전망을 변화시키는 일이기 때문에 중요하다. 요컨대 누군가와 친밀한 관계를 맺는다는 것은 어떤 삶을 살지에 대한 청사진을 변화시키는 일이다. 그러므로 연애와 사랑을 다루는 교육에 자신이 어떤 삶을 전망하는지에 대한 서사가 접합되면 훨씬 풍성한 교육이 가능할 수 있다. 특히 연애와 사랑을 다루는 교육의 주요 참여자가 청소년이나 대학생과 같은 젊은 세대라는 점에서도, 친밀한 관계를 다루는 교육에 자신의 생애 전망을 구체화할 수 있는 자원을 제공하는 것이 필요하다. 이러한 교육 전략은 연애와 사랑을 성적인 것과 필연적으로 결부시키는 편견에도 도전할 수 있다.

교육 참여자가 자신의 생애 과정을 구체적으로 상상하도록 하기 위해서 중요하게 활용되어야 할 페미니스트 지식은 돌봄에 대한 것이다. 일반적으로 한국 사회에서 돌봄이란 취약한 사람을 돕는 것으로, 특히 육아나 노인 돌봄 등으로 의미가 한정되어 있기 때문에, 젊은 세대의 연애나 사랑을 다루는 교육에서 돌봄을 접합하는 것이 낯선 일일 수 있다. 그러나 친밀한 관계의 핵심은 서로를 돌보는 관계라는 점에서 연애와 사랑을 다루는 교육에서도 돌봄은 중요한 의제가 될 수 있다. 페미니스트 학자들은 돌봄을 인간적 삶의 기본 요소로서 자신과 타인에 대한 책임과 윤리를 필요로 하며 타인에 대한 준비된 자세까지 포함하는 종합적 활동으로 정의한다. 누군가와 친밀한 관계를 맺는다는 것은 그에게 관심을 기울이고 신경 쓰고 보살피는 활동 전반을 의미한다는 점에서 돌봄이라는 개념과 멀리 떨어저 있지 않다.

친밀한 관계의 삶을 구체적으로 상상할 수 있게 하기 위해서는 모든 사람이 평생에 걸쳐 일을 하는 동시에 누군가를 돌봐야 한다는 사실을 중요하게 지적해야 한다. 젊은 세대의 교육 참여자들은 미래 삶의 가장 중요한 구심점을 일하는 것으로 상정하는 경향이 있다. 이것은 오늘날 교육이 신자유주의적인 경쟁 체제에서 다른 사람보다 우위를 점하는 것을 목표로 삼도록 꾸준히 독려한 탓이기도 하다. 그 결과 돌봄 노동은 언제나 부담스러운 비용으로 여겨지게 되었다. 대학에서 친밀성에 관련된 수업을 진행하면서, 여학생들은 친밀한 관계에서 자신이 수행해야 할 미래의 돌봄 노동에 지나치게 압도되어 있는 반면, 남학생들은 돌봄 노동을 자신이 수행해야 한다는 사실조차 자각하지 않는 경우가 많다는 것을 알게 되었다. 이 차이를 좁히기 위해서 여성이든 남성이든 일하는 삶과 돌보는 삶이 따로 떨어질 수 없음을 강조하는 것이 필요하다. 학생들에게 미래에 자신이 수행하게 될 돌봄 노동에 대한 구체적으로 상상하도록 독려해야 한다. 학생들은 대부분 파트너와 가족 구성원을 돌보는 일에 대해 이야기하지만, 때로는 반려동물·식물이나 우정으로 맺어진 친구 등을 돌보는 것을 상상하면서 기존의 가부장적 관계 맺기의 틀을 넘어 관계를 확장하는 훈련을 한다. 누군가와 친밀한 관계를 맺고 돌보는 것의 즐거움 역시 이러한 상상력을 통해 환기될 수 있다.

하지만 돌봄 노동을 더욱 구체적으로 상상할 수 있기 위해서는 돌봄 노동을 반려동물, 파트너, 가족 구성원 등을 돌보는 개인적인 것으로 축소하지 않고 사회 구조와 연결된 행위로 해석할 수 있는 자원이 필요하다. 왜냐하면 돌봄 노동은 애석하게도 늘 갈등 상황을 야기하는데, 이 갈등은 불평등한 젠더 관계를 기반으로 구성된 근대적 성별 분업 체계 비판을 경유하지 않고는 해결될 수 없기 때문이다. 대학 수업 시간에 돌봄 노동에 대한 토론을 할 때면 학생들은 함께 살게 될 파트너와의 갈등을 해결하기 위해 상대방을 배려하는 마음을 가질 것이라고 이야기하곤 한다. 물론 파트너에 대한 선한 마음을 가지는 것은 필요한 덕목이지만, 개인적인 배려심에 기대서 갈등에 대한 해결책을 찾고자 하는 것은 불충분한 방법이다. 이것은 앞으로의 삶을 순전히 '배려심 넘치는 파트너를 찾는 운'에 기대는 방식이기 때문이다. 개인적인 삶의 측면에서 파트너에게 돌봄 노동을 전가하지 않는 윤리적인 태도에 대한 강조가 보다 설득력 있게 다가가기 위해서는 남성 생계 부양자와 여성 양육자 모델에 근거하고 있는 근대적 성별 분업에 대한 비판이 선행되어야 한다.

우리가 살고 있는 사회는 노동과 돌봄의 영역이 엄격하게 분리되어 있다. 한마디로 일과 돌봄을 양립하기에 어렵다는 것이다. 장시간 노동, 잦은 회식, 짧은 휴가, 유연하지 않은 노동 시간 등과 같은 노동 시장의 대표적 특징만 보아도 한국 사회에서 노동자가 타인을 돌볼 수 있는 시간적·물리적 가능성 자체가 매우 제한적임을 알 수 있다. 이것은 한국의 노동 시장에서 노동자에 대한 이상적인 상像을 '누군가를 돌볼 필요가 없는 남성'을 표준으로 삼고 있기 때문이다. 기혼 유자녀 여성이 노동 시장에 적합하지 않거나 기준에 미달하는 노동력으로 여겨지는 이유는 그들이 적절한 자격을 갖추지 못한 노동력이어서가 아니라, 노동자상 자체가 남성 중심적으로 구성되었기 때문이다. 그렇다고 해서 실제로 여성이 노동 시장에 참여하지 않거나, 반대로 남성이 언제나 돌봄의 책임으로부터 자유로운 삶을 살 수 있는 것도 아니다. 우리는 모두 9시에 출근해서 6시에 퇴근하는 정규직 직장에 취직하기를 원하는 것처럼, 남성이든 여성이든 상관없이 부모의 병간호를 해야 할 수도 있고, 육아의 책임을 나누어 질 수도 있으며, 하다못해 평일에 급히 가전기기의 수리를 맡겨야 할 수도 있다. 그러나 현재 한국 사회는 노동 시장에 적합한 성별은 남성으로, 돌보는 일에 적합한 성별은 여성으로 이분화하는 원리가 강고히 유지되고 있기 때문에, 노동과 돌봄의 영역은 늘 갈등을 빚게 되고 이는 번번이 '남녀 갈등'으로 재현되기 일쑤다.

근대적 성별 분업에 대한 구조적 성찰은 친밀한 관계를 평등하게 만들어 나가는 데 필요한 것으로서 정답처럼 여겨지는 '개인적 배려'로부터 한 걸음 더 나아갈 수 있게 해 준다. 상대방의 선한 마음에만 기대어서는 문제를 해결할 수 없다는 것뿐만 아니라, 친밀한 관계

속 파트너와의 갈등이 불평등한 젠더 관계라는 구조적 문제와 연관되어 있다는 통찰은 오히려 평등한 관계를 더욱 단단히 구축하는 토대가 될 수 있다. 갈등을 파트너와의 개인적 의견 차이로 축소하는 것이 아니라 갈등을 통해 보다 거시적인 구조에 대한 전망이 가능해진다면, 이를 통해 평등한 관계란 무엇인지에 대한 근본적인 고민을 함께 해 나갈 수 있기 때문이다. 또한 성별 분업에 대한 구조적 비판은 교육 대상자로 하여금 개인적인 삶이 결국 정책, 제도, 사회 구조와 연관되어 있다는 통찰에 이르도록 도울 수 있다. 이는 자신의 삶의 전망을 구체화하는 데 필요한 비판적 상상력을 제고하는 것으로 이어질 것이다.

그리고 또 하나의 중요한 전략은 돌봄을 민주적인 공동체를 위한 덕목으로 이해하도록 독려하는 것이다. 돌봄 노동은 자신과 개인적으로 친밀한 관계를 맺고 있는 존재를 살피는 일이기도 하지만, 궁극적으로는 사회 구성원으로서 함양해야 할 시민적인 역량과 맞닿아 있는 가치이기도 하다. 페미니스트 심리학자인 캐럴 길리건은 《다른 목소리로 – 심리 이론과 여성의 발달In a different voice: Psychological theory and women's development》(1982)에서 돌봄에 대한 획기적인 가치 전환을 이루어 냈다. 길리건은 남성의 윤리와 여성의 윤리의 위계화를 당연시했던 과거의 관점을 뒤집어 남성과 여성이 서로 다른 도덕성을 가지고 있음을 밝혔다. 길리건의 중요한 연구 이후, 페미니스트 학자들은 돌봄의 의미를 시민의 덕목으로서 확장하기 위해 노력해 왔다. 페미니스트 학자들은 단지 남성과 여성의 도덕성이 다르다는 것을 설명하는 데 돌봄을 활용하는 것이 아니라, 어떻게 하면 사회를 보다 평등하게 만드는 데 돌봄이 기여할 수 있을지를 부단히 고민하고 있다. 페미니스트 정치학자인 조안 트론토는 "민주주의 사회에서 시민으로 산다는 것은 다른 시민을 돌본다는 뜻"이라고 쓴다(트론토, 2014: 24). 즉 돌봄이라는 가치를 통해, 관계 맺기의 상상력이 연애나 사랑, 가족처럼 개인화된 관계를 훌쩍 넘어서 민주적인 공동체로까지 확장될 수 있다는 것이다.

《아빠의 아빠가 됐다》는 20대 청년인 작가가 치매 환자인 아버지를 돌본 경험을 담고 있다. 저자는 한국 사회에서 아픈 사람이나 약자를 돌보는 것을 전적으로 가족 중심으로 해결해야 한다는 메시지가 여전히 강력히 작동하고 있음을 지적한다. 돌보는 행위가 사적인 관계인 가족의 테두리 안에서만 그 의미가 해석되다 보니, 자신이 아버지를 돌보는 행위가 고작 젊은 사람이 "대견하다거나 효자라는 말"로만 설명되는 것이 오히려 자신을 소외시킨다고 말한다(조기현, 2019: 207). 저자는 아버지가 단지 자신을 낳아 준, 혈연으로 묶인 사람이라서가 아니라 사회적·신체적·경제적 약자이기 때문에 돌본다는 점을 분명히 하면서, 가족 테두리를 넘어 시민적 의무로 돌봄의 의미를 확장시키고자 한다. 즉 저자에게 아버지를 돌보는 행위란 사적인 의미로 통용되는 효孝를 초과하는 것으로서 약자와 더불어 살려는 공적인 의지에서 비롯된 것이다. 이 책은 자신과 가장 친밀한 관계를 맺는 사람을 성실히 돌보는 행위가 결국 약자와 함께 살아가는 정의로운 사회를 추구하는 가치로 확장될 수 있음을 잘 보여준다. 길리건 이후의 페미니스트들이 돌봄의 의미를 풍요롭고 정의로운 사회를 만드는 일과 관련되어 있는 것으로 전환하고자 했던 것이 바로 이런 맥락이다. 친밀한 관계를 다루는 교육에서 돌봄 노동을 시민적 덕목으로서 의미화한다면, 친밀한 관계를 성실하게 맺는 것이야말로 정의로운 시민 사회를 만드는 데 초석이 될 수 있다는 확장된 감각을 함양할 수 있을 것이다.

관계의 복잡성을 다루는 교육으로

친밀성을 다루는 교육에서 섹슈얼리티를 위험으로 다루는 것과 과학 담론을 활용하여 성차를 강조하는 지식이 유독 활용되는 이유는, '젠더 전쟁'으로까지 불릴 정도로 현재 한국 사회에서 젠더 관계가 매우 갈등적으로 재현되기 때문이기도 하다. 그러나 반대로 이러한 교육이 오히려 성적 주체로서 욕망을 탐색하는 것을 방해하고, 친밀한 관계의 즐거움을 이야기할 수 없게 하며, 친밀한 관계가 가진 저마다의 복잡성을 젠더 이분법의 틀에 가두게 하면서 갈등적인 젠더 관계를 다시금 강화하는 데 영향을 주고 있는 것은 아닌지 질문해 볼 필요가 있다.

친밀성을 다루는 교육에서는 애정 관계가 위험에 봉착할 수 있음을 가르치는 것을 넘어 인간관계의 역동성을 사유하도록 도울 필요가 있다. 즐거움은 사적으로 '알아서 하는 것'이고 문제나 위험만을 교육에서 다루는 것은 교육과 삶의 괴리를 오히려 심화하는 방식이다. 그래서 친밀한 관계는 즐거움만으로 혹은 위험만으로 설명될 수 없고, 피해와 가해를 증명하는 것만이 친밀한 관계 속 폭력을 넘어서는 유일한 방법이 아니며, 여성과 남성의 차이 또한 고정불변의 진리가 아닐뿐더러, 일과 돌봄은 복잡하게 연관되어 있다는 사실을 풍부하게 교육에 포함할 수 있어야 한다.

친밀한 관계를 해석하기 위해서는 타자를 만나는 즐거움과 환희, 누군가와 관계를 맺으면서 촉발되는 윤리적 질문과 책임성, 그리고 그 관계를 유지하기 위해 수행하는 고단한 노동을 해석할 자원이 있어야 한다. 페미니즘은 일찍이, 그리고 계속해서 그에 대한 질문을 던지고 언어를 만들어 내고 있다. 이것이 바로 연애와 사랑에 대한 교육이 다양한 페미니즘 지식과 접합해야 하는 이유다. 페미니즘 지식은 자기 자신의 정체성을 정당화하기 위해서만 복무하는 것이 아니라, 자신이 맺고 있는 관계를 민주적으로 조직해 나가는 데도 유용한 자원이다. 그래서 친밀한 관계를 다루는 교육에서는 좀 더 성실히 페미니즘이 발전시킨 이론적 언어를 교육의 언어로 번역해 낼 필요가 있다. 이 글에서 제안한 두 가지 전략, 즉 친밀한 관계에 대한 교육에 역사적 관점을 접합하는 것과 돌봄 개념을 활용하여 친밀한 관계에 대한 상상력을 확장시키고 더불어 시민적 역량을 고양하도록 하는 것은 페미니즘 지식을 친밀한 관계의 교육에 접합하는 방식의 가이드를 제시한 것이다. 이 글에서 제시한 전략은 교육의 구체적인 맥락과 참여자의 수준에 따라 재번역되거나 또 다른 페미니즘 지식과 접합될 수 있다. 교육 현장에서 성실한 시도가 이어져 친밀한 관계를 풍성하게 해석할 수 있는 교육 전략이 발전하기를 기대해 본다.

참고 문헌

페미니즘 교육은 가능한가 | 엄혜진

곽삼근(2008), 《여성주의 교육학 - 학습 리더십의 출현과 그 의미》, 이화여자대학교 출판부.

박민영(2015), 〈학교, 성범죄의 온상 ③ 학생 간 성폭력〉, 《인물과 사상》, 212, 139~154쪽.

박소진(2009), 〈'자기관리'와 '가족경영' 시대의 불안한 삶 : 신자유주의와 신자유주의적 주체〉, 《경제와사회》, 84, 12~39쪽.

송현주(2002), 〈대안적 패러다임으로서의 페미니스트 페다고지〉, 《Andragogy today》, 5(3), 1~28쪽.

엄기호(2013), 《교사도 학교가 두렵다 - 교사들과 함께 쓴 학교현장의 이야기》, 따비.

이계삼(2011), 〈오늘날 학교 현장의 '교육 불가능'에 대한 사유〉, 《교육 불가능의 시대》, 교육공동체 벗.

이수빈·최성수(2020), 〈한국 대학들의 사회이동 성적표 : 경제적 지위의 세대 간 이동과 유지에서 대학이 하는 역할〉, 《한국사회학》, 54(1), 181~240쪽.

조순경(2000), 〈한국 여성학 지식의 사회적 형성 : 지적 식민성 논의를 넘어서〉, 《경제와사회》, 45, 172~197쪽.

천관율·정한울(2019), 《20대 남자 – '남성 마이너리티' 자의식의 탄생》, 시사IN북.
Hofstadter, R.(1963), *Anti-intellectualism in American life*, New York, NY: Vintage Books. 유강은 옮김(2017), 《미국의 반지성주의》, 교유서가.
Hooks, B.(1984), *Feminist theory: From margin to center*, Cambridge, MA: South End Press. 윤은진 옮김(2010), 《페미니즘 – 주변에서 중심으로》, 모티브북.
Sommers, C. H.(2013), *The war against boys: How misguided policies are harming our young men*, New York, NY: Simon and Schuster. 서의윤 옮김(2019), 《소년은 어떻게 사라지는가》, 좁쌀한알.

성평등교육은 왜 '위험한 교육'이 되었나 | 신그리나

김대유(2016), 〈국가수준 학교성교육표준안의 쟁점과 논의〉, 《한국보건교육학회지》, 2(1), 1~23쪽.
여성가족부(2017), 《2017년 폭력예방교육 운영 안내》.
여성가족부(2021), 《청년의 생애과정에 대한 성인지적 분석과 미래 전망 연구》.
정해숙·마경희·최윤정(2013), 《초·중등학교에서의 양성평등교육 활성화 방안 연구》, 한국여성정책연구원.
최윤정·박성정·장희영·김효경·최윤정(2019), 《초중등 성평등 교육의 요구 현실과 활성화 방안》, 한국여성정책연구원.
UNESCO(2018), *International technical guidance on sexuality education*.
Weeks, J.(2011), *The languages of sexuality*, London: Routledge.

〈1차 자료〉
우옥영 외(2018), 중학교 《보건》, 와이비엠.
유인숙 외(2018), 중학교 《보건》, 천재교육.
정성봉 외(2018), 중학교 《기술·가정2》, 교학사.
추병완 외(2018), 중학교 《도덕1》, 지학사.

경쟁 교육 체제는 성평등을 어떻게 상상하게 하는가 | 김서화

교육부(2021),《학생정서·행동특성검사 및 관리 매뉴얼》, 교육부 학생건강정책과·학생정신건강지원센터.

김미란(2012), 〈청소년 이행(transition)과 '위기 청소년' 담론에 대한 분석〉,《교육사회학연구》, 22(1), 57~76쪽.

김진아·하경희·홍현주·김희영(2015), 〈2013 학생 정신건강 지역협력모델 구축·지원 사업 : 정신건강 고위험군 관리와 학교 내 정신건강 인식의 변화〉,《소아청소년정신의학》, 26(2), 94~103쪽.

김희정·손준종(2017), 〈한국교육에서 의료화 담론의 계보 분석 : 학생에 대한 의료적 개입을 중심으로〉,《교육사회학연구》, 27(2), 35~67쪽.

류진희(2018), 〈청소년을 보호하라? : 1990년대 청소년 보호법을 둘러싼 문화지형과 그 효과들〉,《상허학보》, 54, 97~121쪽.

배성신(2019), 〈'우울한 여성'의 우울하지 않기 위한 선택 : 신자유주의 시대 젠더화된 자기 관리 담론 분석〉,《한국여성학》, 35(4), 69~97쪽.

시민건강증진연구소(2012), 〈검사가 능사? 학생 전원 정신건강검사 도입을 비판한다〉, 미발간 이슈페이퍼.

이선형·송이은(2014),《생애주기별 서울시 여성의 정신건강 지원방안》, 서울시 여성가족재단 연구사업보고서.

추주희(2019), 〈소년 혐오인가 사회 위기인가? : 위기청소년 담론에 대한 비판적 시론〉,《경제와사회》, 124, 127~161쪽.

Harding, S.(1991), *Whose science? Whose knowledge?: Thinking from women's lives*, Ithaca, NY: Cornell. 조주현 옮김(2009),《누구의 과학이며 누구의 지식인가 – 여성들의 삶에서 생각하기》, 나남.

갈등과 긴장을 배움으로 만드는 페미니즘 교육 | 김수자

송현주(2002), 〈대안적 패러다임으로서의 페미니스트 페다고지 : 그 가능성을 찾아서〉, 《한국성인교육학회》, 5(3), 1~28쪽.

전희경(2013), 〈지역의 구체성과 만난 여성학 강의 : 살림의료생협 여성주의 학교 프로그램을 중심으로〉, 이화여대 여성학과 30주년 기념 학술마당 발표문.

Hooks, B.(1984), *Feminist theory: From margin to center*, Cambridge, MA: South End Press. 윤은진 옮김(2010), 《페미니즘 – 주변에서 중심으로》, 모티브북.

Hooks, B. (1994), *Teaching to transgress: Education as the practice of freedom*, London: Routledge. 윤은진 옮김(2008), 《벨 훅스, 경계 넘기를 가르치기》, 모티브북.

젠더폭력 예방 교육은 왜 반복해서 실패할까 | 최기자

배유경(2015), 〈여성주의 관점에서 본 한국 양성평등교육에 관한 연구〉, 서울대학교 대학원 협동과정 여성학 전공 박사 학위 논문(미간행).

배유경(2016), 〈여성단체 교육프로그램의 특성과 전략적 고민〉, 《한국여성학》, 32(1), 219~252쪽.

양철수(2015), 〈공공영역의 폭력예방교육 정책 성과와 향후 과제〉, 《폭력예방교육 현황과 정책과제 세미나 자료집》, 국회미래여성가족포럼·국회성평등정책연구포럼·국회입법조사처.

엄혜진(2009), 〈운동사회 성폭력 의제화의 의의와 쟁점 : '100인위' 운동의 수용과 현재적 착종〉, 《페미니즘연구》, 9(1), 31~78쪽.

엄혜진(2019), 〈대학 여성학 교양교육 연구에 나타난 페미니스트 페다고지의 역사와 현재성〉, 《한국여성학》, 35(3), 113~147쪽.

여성가족부(2013), "2013년 여성가족부 업무보고", 대한민국 정책브리핑 사이트(www.mogef.go.kr/nw/rpd/nw_rpd_s001d.do?mid=news405&bbtSn=690875).

장다혜(2019), 〈정책영역에서의 젠더 폭력 개념 도입의 의의와 한계〉, 《제116차 양성 평등정책포럼 자료집》, 한국여성정책연구원, 47~52쪽.

Giddens, A.(1991), *Modernity and self-identity: Self and society in the late modern age*, Stanford, CA: Stanford university press. 권기돈 옮김(1997), 《현대성과 자아정체성 - 후기 현대의 자아와 사회》, 새물결.

Goffman, E.(1971), *Relations in public*, London: Allen Lane.

'나쁜 재현'에 대한 비판과 성폭력 피해 예방을 넘어 | 윤보라

교육부(2019), 〈가짜뉴스, 어떻게 대응해야 할까〉, 《행복한 교육》, 2019년 9월호.

부경대 지방분권발전연구소(2021), 《2021 서울·부산시장 보궐선거 유권자 정치의식 조사》.

한국여성정책연구원(2018), "20대 여성 2명 중 1명은 자신을 페미니스트라 생각", 〈KWDI Brief〉, 49.

여성성/남성성을 벗어나는 것만으로는 부족하다 | 이진희

교육부·보건복지부·질병관리청(2021), 《제16차(2020년) 청소년건강행태조사 통계》, 164~187쪽.

김동식(2021), 〈여성의 신체이미지 왜곡 및 외모관리 행동과 정책적 시사점〉, 《보건복지포럼》, 299, 40~56쪽.

김은주(2019), 《여성-되기 - 들뢰즈의 행동학과 페미니즘》, 에디투스.

안희경 외(2020), 《오늘부터의 세계 - 세계 석학 7인에게 코로나 이후 인류의 미래를 묻다》, 메디치미디어.

이민경(2019), 《탈코르셋 - 도래한 상상》, 한겨레출판.

최윤정·박성정·김은경·김인순·김애라·김효경·박민주(2020), 《또래문화를 통해 본 청소년의 성평등 의식과 태도연구 I》, 한국여성정책연구원(미간행).

황주영(2017),《뤼스 이리가레》, 커뮤니케이션북스.

Braidotti, R.(1994), *Nomadic subjects: Embodiment and sexual difference in contemporary feminist theory*, New York, NY: Columbia University Press. 박미선 옮김(2004),《유목적 주체 – 우리 시대 페미니즘 이론에서 체현과 성차의 문제》, 여성문화이론연구소.

Braidotti, R.(2006), *Transpositions: On nomadic ethics*, Cambridge, UK; Malden, MA: Polity Press. 박미선·이현재·김은주·황주영 옮김(2011),《트랜스포지션 – 유목적 윤리학》, 문화과학사.

Butler, J.(2004), *Precarious life: The powers of mourning and violence*, London: Verso. 윤조원 옮김(2018),《위태로운 삶: 애도의 힘과 폭력》, 필로소픽.

De Beauvoir, S.(1952), *The second sex*, New York: Bantam Books. 이희영 옮김(2009),《제2의 성》, 동서문화사.

Gilligan, C.(1982), *In a different voice: Psychological theory and women's development*, Cambridge, MA: Harvard University Press. 허란주 옮김(1997),《다른 목소리로 – 심리 이론과 여성의 발달》, 동녘.

Gilligan, C.(2011), *Joining the resistance*, Cambridge, MA: Polity Press Ltd. 김문주 옮김(2018),《담대한 목소리 – 가부장제에서 민주주의로, 세상을 바꾸는 목소리의 힘》, 생각정원.

Scott, J. W.(1996), *Only paradoxes to offer: French feminists and the rights of man*, Cambridge, MA: Harvard University Press. 공임순·이화진·최영석 옮김(2017),《페미니즘 위대한 역사》, 앨피.

연애와 사랑을 페미니즘의 언어로 배운다는 것 | 임국희

김혜경(2019), 〈가족구조에서 가족실행으로 : '가족실천'과 '가족시연' 개념을 통한 가족연구의 대안 모색〉,《한국사회학》, 53(3), 217~253쪽.

엄혜진(2015), 〈신자유주의 시대 한국의 자기 계발 담론에 나타난 여성 주체성과 젠

더 관계 : 1990년대 이후 베스트셀러 여성 자기 계발서 분석을 중심으로〉, 서울대학교 대학원 협동과정 여성학 전공 박사 학위 논문.

윤선희(2013), 〈역사적인 맥락에서 담론의 흐름 읽기 : '성차' 연구와 차이에 대한 담론〉, 《한국과학기술학회 학술대회 자료집》, 104~113쪽.

조기현(2019), 《아빠의 아빠가 됐다》, 이매진.

Buss, D. M.(1994), *The evolution of desire: Strategies of human mating*, New York: Basic Books. 전중환 옮김(2007), 《욕망의 진화》, 사이언스북스.

Echols, A.(1990), *Daring to be bad: Radical feminism in America 1967-1975*, University of Minnesota Press. 유강은 옮김(2017), 《나쁜 여자 전성시대 – 급진 페미니즘의 오래된 현재, 1967~1975》, 이매진.

Giddens, A.(1992), *Transformation of intimacy: Sexuality, love, and eroticism in modern society*, Stanford, Calif: Standford University Press. 배은경·황정미 옮김(1996), 《현대 사회의 성, 사랑, 에로티시즘 – 친밀성의 구조 변동》, 새물결.

Haraway, D.(1988), Situated knowledges: The science question in feminism and the privilege of partial perspective, *Feminist studies*, 14(3), pp. 575-599.

Tronto, J. C.(2013), *Caring democracy*, New York, NY: NYU Press. 김희강·나상원 옮김(2014), 《돌봄 민주주의 – 시장, 평등, 정의》, 아포리아.

이 책의 집필에 참여한 분들

엄혜진 umagyn@gmail.com
젠더교육연구소 이제IGE 소장이며 경희대학교 후마니타스칼리지 교수로 재직 중이다. 주요 논문으로는 〈여성의 자기계발과 페미니즘의 불안한 결속 : '82년생 김지영'에 대한 비판적 담론분석을 중심으로〉(2021), 〈여성의 자기계발, 소명의 고안과 여성성의 잔여화〉(2016), 〈신자유주의 시대 여성 자아 기획의 이중성과 '속물'의 탄생 : 베스트셀러 여성 자기 계발서 분석을 중심으로〉(2016) 등이 있으며, 저서로는 《그럼에도 페미니즘》(공저, 2017), 《페미니즘의 개념들》(공저, 2015) 등이 있다.

신그리나 grina83@hanmail.net
젠더교육연구소 이제IGE 연구원이다. 경희대와 중앙대 등에서 여성학을 가르쳤고, 젠더폭력과 여성인권 이슈에 관심을 가지고 연구하며 실천하고 있다. 현재는 라오스에 파견되어 한국국제협력단KOICA 여성폭력 예방 및 대응 체계 구축 사업을 수행 중이다.

김서화 postqua@gmail.com
젠더교육연구소 이제IGE 연구원이자 동국대학교에서 강의하고 있다. 저서로 《페미니스트 엄마와 초딩 아들의 성적 대화》(2018)가 있으며, 몸의 젠더화된 문제들에 대해 관심을 두고 있다.

김수자 jinbono1@hanmail.net
젠더교육연구소 이제IGE 연구원이다. 16년간 제천간디학교 교사로 지냈으며 현재는 충남청소년성문화센터 센터장으로 재직 중이다. 10대 시민과 함께 우리 사회를 성평등한 공동체로 만들기 위해 고민하고 실천 중이다.

최기자 smilekija@gmail.com
젠더교육연구소 이제IGE 부소장이며, 전 서울대학교 인권센터 인권교육부 전문 위원으로 활동하였다. 폭력 예방 교육 전문 강사, 다수의 공동체 내 성희롱·성폭력 사건 조사 위원으로 활동 중이다.

윤보라 judith@snu.ac.kr
젠더교육연구소 이제IGE 연구원이며, 서울대 여성학 협동과정 박사 과정에 재학 중이다. 논문으로 〈디지털 거주지digital dwelling와 성폭력 : '카카오톡 단체 채팅방 성희롱 사건'을 다시 보기〉를 썼고, 공저로 《그럼에도 페미니즘》(2017), 《여성혐오가 어쨌다구?》(2015)를 썼다.

이진희 jinee321@snu.ac.kr
젠더교육연구소 이제IGE 연구원이다. 대학에서 여성학과 섹슈얼리티를 가르쳤고 서울대 여성연구소 객원 연구원, 한국양성평등교육진흥원 폭력 예방 교육 전문 강사로 활동하고 있다. 권력의 정신적 삶, 성적 주체성의 형성 과정과 저항적 행위성의 발현에 관심을 갖고 있으며 우울증을 비롯한 정신건강 연구에 몰두하고 있다.

임국희 youniboth@gmail.com
젠더교육연구소 이제IGE 연구원이자 경희대학교 여성학 강사이다. 한국 사회 친밀성의 변화에 대해 관심을 갖고 연구 중이다. 주요 논문으로 〈'비연애' 담론이 드러내는 여성 개인 되기의 열망과 불안 :《계간홀로》를 중심으로〉(2020)가 있다.

교육공동체 벗

교육공동체 벗은 협동조합을 모델로 하는 작은 지식공동체입니다.
협동조합은 공통의 목적을 가진 사람들이 모여서 만든
권력과 자본으로부터 독립된 경제조직입니다.
교육공동체 벗의 모든 사업은 조합원들이 내는 출자금과 조합비로 운영됩니다.
수익을 목적으로 하지 않기에 이윤을 좇기보다
조합원들의 삶과 성장에 필요한 일들과
교육운동에 보탬이 될 수 있는 사업들을 먼저 생각합니다.
정론직필의 교육전문지, 시류에 휩쓸리지 않는 정직한 책들,
함께 배우고 나누며 성장하는 배움 공간 등
우리 교육 현실에 필요한 것들을 우리 힘으로 만들고 함께 나누고 있습니다.

조합원 참여 안내

출자금(1구좌 일반 : 2만 원, 터잡기 : 50만 원)을 낸 후 조합비(월 1만 5천 원 이상)를 약정해 주시면 됩니다. 조합원으로 참여하시면 교육공동체 벗에서 내는 격월간 교육전문지 《오늘의 교육》과 조합통신을 받아 보실 수 있습니다. 출자금은 종잣돈으로 가입할 때 한 번만 내시면 됩니다. 조합을 탈퇴하거나 조합 해산 시 정관에 따라 반환합니다. 터잡기 조합원은 벗의 터전을 함께 다지는 데 의미와 보람을 두며 권리와 의무에서 일반 조합원과 차이는 없습니다. 아래 홈페이지나 카페에서 조합 가입 신청서를 내려받아 작성하신 후 메일이나 팩스로 보내 주세요.

홈페이지 communebut.com
카페 cafe.daum.net/communebut
이메일 communebut@hanmail.net
전화 02-332-0712
팩스 0505-115-0712

교육공동체 벗을 만드는 사람들

※하파타순

후쿠시마 미노리, 황지영, 황정일, 황정인, 황정원, 황이경, 황윤호성, 황순임, 황봉희, 황기철, 황규선, 황고운, 황정인, 홍유지, 홍용덕, 홍순성, 홍세화, 홍성구, 홍석근, 현북실, 현미열, 허효인, 허창수, 허윤영, 허성균, 허보영, 허기영, 허광영, 함점순, 함영기, 한학범, 한채민, 한지혜, 한은숙, 한영욱, 한영선, 한소영, 한성찬, 한봉순, 한민혁, 한만중, 한날, 한길수, 한경회, 하정호, 하인호, 하유나, 하숭우, 하숭수, 하순배, 탁동철, 최희성, 최현숙, 최현미, 최진규, 최주연, 최정윤, 최정아, 최은희, 최은정, 최은숙, 최은경, 최윤미, 최원혜, 최영식, 최영미, 최연희, 최연정, 최애영, 최숭훈, 최숭복, 최슬비, 최선영, 최선경, 최봉선, 최보람, 최병우, 최미영, 최미선, 최류미, 최대현, 최기호, 최광용, 최경미, 최경련, 최경년, 최강도, 채효정, 채종민, 채음, 채옥엽, 채민정, 차종숙, 차용훈, 진현, 진주형, 진웅용, 진영준, 진냥, 지정순, 지수연, 주유아, 주순영, 주수원, 조희정, 조형식, 조현민, 조향미, 조해수, 조진희, 조지연, 조준혁, 조주원, 조정희, 조웅현, 조윤성, 조원희, 조원배, 조웅진, 조영현, 조영옥, 조영실, 조영선, 조여은, 조여경, 조수진, 조성희, 조성실, 조성배, 조성대a, 조성대b, 조석현, 조석영, 조문경, 조남규, 조경애, 조경아, 조경삼, 조경미, 제남모, 정희영, 정희선, 정홍윤, 정혜령, 정현진, 정현주, 정현숙, 정혜레나, 정태회, 정춘수, 정철성, 정진영a, 정진영b, 정진규, 정종헌, 정종민, 정재학, 정이든, 정은희, 정은주, 정은균, 정유진, 정유숙, 정유섭, 정원탁, 정원석, 정용주, 정예슬, 정영현, 정영수, 정애순, 정수연, 정선영, 정보라, 정민형, 정미숙, 정미숙b, 정명옥, 정명영, 정득년, 정대수, 정남수, 정광호, 정광필, 정광일, 정관모, 정경원, 전혜원a, 전혜원b, 전정희, 전정훈, 전유미, 전세란, 전병기, 전민기, 전미영, 전명훈, 전난희, 장홍월, 장현주, 장인하, 장은하, 장은미, 장윤영, 장원영, 장시준, 장상옥, 장병훈, 장병학, 장근영, 장군, 장경훈, 임혜정, 임향신, 임한철, 임지영, 임중혁, 임길, 임정은, 임전수, 임은우, 임수진, 임성빈, 임성무, 임선영, 임상진, 임동헌, 임덕연, 이희욱, 이희연, 이효진, 이화현, 이해정, 이혜란, 이현희, 이현, 이혁규, 이향숙, 이한진, 이태영a, 이태영b, 이대구, 이충근, 이진혜, 이진주, 이진숙, 이지혜a, 이지혜b, 이지현, 이지향, 이지연, 이중석, 이주희, 이주탁, 이주영, 이종찬, 이종은, 이정희a, 이정희b, 이재형, 이재익, 이재영, 이재두, 이인사, 이은선a, 이은선b, 이은향, 이은진, 이은주a, 이은주b, 이은영, 이은숙, 이음정, 이윤습, 이윤선, 이윤미, 이용준, 이유진요, 이월녀, 이원님, 이용본, 이용석a, 이용석b, 이용기, 이영화, 이영혜, 이영주, 이영아, 이영상, 이연진, 이연주, 이연숙, 이연수, 이숭현, 이숭태, 이숭연, 이숭아, 이슬기a, 이슬기b, 이순일, 이수정a, 이수정b, 이수연, 이수미, 이소영, 이성희, 이성호, 이성숙, 이성수, 이설희, 이선표, 이선영a, 이선애a, 이선애b, 이선미, 이상훈, 이상화, 이상직, 이상욱, 이상미, 이상일, 이빙곤, 이범희, 이민아, 이민경, 이미숙, 이미라, 이문영, 이명훈, 이명형, 이매남, 이동철, 이동준, 이덕주, 이노민, 이남숙, 이난영, 이나경, 이기규, 이근희, 이근철, 이근영, 이광연, 이계삼, 이경화, 이경은, 이경옥, 이경언, 이경림, 이건진, 윤홍은, 윤지형, 윤유원, 윤우람, 윤영훈, 윤영백, 윤수진, 윤상혁, 윤병일, 윤규식, 유효성, 유재울, 유은아, 유영길, 유수연, 유병은, 위지영, 위양자, 원지영, 원윤희, 원성제, 우주영, 우지영, 우은지, 우숭인, 우수경, 오혜원, 오중근, 오정오, 오재홍, 오은정, 오은경, 오유진, 오수민, 오세희, 오민식, 오명환, 오동석, 염정신, 여희영, 여태진, 엄창호, 엄지선, 엄재훈, 엄기호, 엄기옥, 양회전, 양해준, 양지선, 양은주, 양은숙, 양영희, 양애정, 양선희, 양선영, 양서영, 양상진, 안효희, 안찬원, 안지현, 안지윤, 안지영, 안준철, 안덕원, 안옥수, 안영빈, 안순억, 심향일, 심호숙, 심수현, 신혜선, 신진영, 신창호, 신복복, 신중휘, 신중식, 신정환, 신은정, 신은경, 신유준, 신소희, 신미옥, 신관식, 송호영, 송혜란, 송현주, 송한별, 송정은, 송인혜, 송용석, 송숭훈, 송명숙, 송근희, 손호만, 손현아, 손진근, 손정란, 손은경, 손연영, 손민정, 손미숙, 소수영, 성현석, 성유진, 성용해, 성열관, 성상업, 설우진, 선혜옥, 선미라, 석옥자, 석경순, 서혜진, 서지연, 서정오, 서인선, 서이슬, 서은지, 서우철, 서예원, 서명숙, 서금자, 서강선, 상형규, 변현숙, 백현희, 백영호, 백숭범, 배희철, 배주영, 배정현, 배정원, 배이상헌, 배영진, 배아영, 배경내, 방득일, 방경내, 반영진, 박회진, 박회영, 박효정, 박효수, 박환조, 박혜숙, 박형진, 박형일, 박현회, 박현주, 박현숙, 박춘배, 박철호, 박진현, 박진수, 박진교, 박지훈, 박지혜, 박지인, 박지원, 박정화, 박정아, 박정미a, 박정미b, 박재선, 박은하, 박은정, 박은아, 박은경a, 박은경b, 박유나, 박옥주, 박옥균, 박영실, 박신자, 박숙현, 박수진, 박세영a, 박세영b, 박성규, 박선영, 박복선, 박미희, 박명진, 박명숙, 박동혁, 박도정, 박도영, 박덕수, 박노해, 박내현, 박나실, 박경훈, 박경화, 박경주, 박경이, 박건형, 박건진, 민애경, 민병성, 문정용, 문용석, 문영주, 문순옥, 문수현, 문수영, 문수경, 문성철, 문명숙, 모은정, 모은성, 마숭희, 매형우, 류창모, 류정희, 류재영, 류우종, 류영애, 류명숙, 류경원, 도정철, 도방주, 데와 타카유키, 노영현, 노상경, 노미경, 노경미, 남효숙, 남정민, 남윤희, 남유경, 남원호, 남예란, 남미자, 남동현, 남궁역, 날맹, 나규환, 김희정, 김희옥, 김흥규, 김훈태, 김효숭, 김환희, 김홍규, 김혜영, 김혜림, 김형렬, 김현진a, 김현진b, 김현주a, 김현주b, 김현실, 김필임, 김태훈, 김찬일, 김찬영, 김찬우, 김찬양, 김진희, 김진숙, 김진명, 김진, 김지훈, 김지연a, 김지연b, 김지미a, 김지미b, 김지광, 김중미, 김준연, 김주영, 김종현, 김종진, 김종원, 김종욱, 김종성, 김정희, 김정주, 김정식, 김정삼, 김재황, 김재민, 김인순, 김이은, 김이민경, 김은파, 김은영, 김은아, 김은숙, 김은숙, 김융주, 김원석, 김유희, 김유, 김용훈, 김용영, 김용만, 김은만, 김요한, 김영희, 김영진a, 김영진b, 김영주c, 김영주a, 김영주b, 김영아, 김영순, 김영삼, 김연정a, 김연정b, 김연일, 김연오, 김연미, 김애숙, 김아현, 김숭천, 김수현, 김수진a, 김수진b, 김수정a, 김수정b, 김수경, 김소희, 김소영, 김세호, 김성탁, 김성진, 김성숙, 김성보, 김선철, 김선우, 김선미, 김선구, 김석규, 김상희, 김상정, 김상일, 김상숙, 김빛나, 김봉석, 김보현, 김병희, 김병기, 김민회, 김민선, 김민곤, 김민결, 김민영, 김미회, 김미경, 김문오, 김미자, 김묘선, 김명희, 김명섭, 김동현, 김동춘, 김동일, 김동원, 김도식, 김다회, 김다양, 김남철, 김나혜, 김기용, 김기연, 김규태, 김명민, 김고종호, 김경호, 김경일, 김경엽, 김경미, 김갑용, 김가연, 기세라, 금현트, 금옥, 금명순, 권희중, 권혜영, 권혁천, 권태운, 권자영, 권용해, 권미지, 국찬석, 구의숙, 구자혜, 구자욱, 구완회, 구수연, 구본회, 구미숙, 쾡이눈, 광룡, 곽혜영, 곽현주, 곽진경, 곽노현, 곽노근, 광경훈, 공현, 공영아, 고춘식, 고진선, 고은미, 고윤경, 고유준, 고영주, 고영실, 고병헌, 고병연, 고민정, 강화정, 강현주, 강현진, 강현이, 강한아, 강태식, 강준희, 강인성, 강이진, 강은영, 강윤진, 강영일, 강영구, 강순원, 강수미, 강수돌, 강성규, 강석도, 강서형, 강병용, 강경모

※2021년 11월 23일 기준 813명